《北京市提高全民信息能力行动纲要》培训教材

农民信息技能一点通

北京市信息化工作办公室
北京市农村工作委员会 组织编写

孙素芬 吴钢华 主编

中国农业科学技术出版社

图书在版编目（CIP）数据

农民信息技能一点通/孙素芬，吴钢华主编．—北京：中国农业科学技术出版社，2008.11

ISBN 978－7－80233－706－0

Ⅰ．农…　Ⅱ．①孙…②吴…　Ⅲ．电子计算机－基本知识　Ⅳ．TP3

中国版本图书馆 CIP 数据核字（2008）第 143455 号

责任编辑　鲁卫泉　李华　魏蕾
责任校对　贾晓红　康苗苗

出版发行　中国农业科学技术出版社
北京市中关村南大街 12 号　邮编：100081
电　　话　（010）82106631（编辑室）（010）82106624（发行部）
（010）82109703（读者服务部）
传　　真　（010）82106636
社 网 址　http：// www. castp. cn
经　　销　新华书店北京发行所
印　　刷　北京华正印刷有限公司
开　　本　787 mm×1 092 mm　1/16
印　　张　15. 5
字　　数　380 千字
版　　次　2008 年 11 月第 1 版　2008 年 11 月第 1 次印刷
定　　价　38. 00 元

《农民信息技能一点通》编委会

主　　任　李　洪

副 主 任　曹四发

委　　员　聂观涛　孙素芬　吴钢华　马俊强　张峻峰

　　　　　张立东　赵建宏　赵家如　胡文明

主　　编　孙素芬　吴钢华

副 主 编　张峻峰　马俊强　张立东

编写人员　孟　鹤　崔运鹏　罗长寿　郑怀国

　　　　　赵继春　张春鹏　魏　蕾　李　征

前 言

为加快推进首都社会主义新农村建设，培养和造就新型农民，提高农民信息能力，缩小城乡数字鸿沟，按照《北京市提高全民信息能力行动纲要》的要求，北京市信息化工作办公室、北京市农村工作委员会和北京市农林科学院共同组织编写了这本书。

本书内容分为两大部分共8章，第一部分为“基础篇”，主要介绍了电脑的组成、电脑的基本操作、病毒防治及用电脑打字、用电脑绘制表格、用电脑上网等基础知识，可使很少接触电脑的初学者较快地掌握电脑的基本操作和上网的一般方法；第二部分为“应用篇”，主要内容包括如何应用网络获取农业科技信息、利用网络进行农产品展示和销售、网上办事、网上娱乐、网上交流等内容，使初学者在学会电脑的基本使用方法后，了解如何应用电脑解决生产、生活中的具体问题。

通过本书的学习，受众不仅可以了解电脑、了解计算机网络，更重要的是可以学会并充分利用身边的农村数字家园、农村远程教育站点、爱农信息驿站、农业信息触摸屏、移动农网等信息服务设施和场所，体验一种全新的现代农村生活方式，享受信息技术带来的便利与实惠。

编　者

2008年7月

第一部分 基础篇

第二部分 应用篇

第一部分

基础篇

走近电脑

第一章

提起电脑，您可能觉得很神秘，操作起来很复杂。其实，只要您会使用电视、DVD，那么使用电脑对您来说就一点也不难。通过本章节的学习，您会感觉到使用电脑就像使用电视一样简单有趣。

1.1 电脑的组成

要使用电脑，首先您需要了解电脑的组成。图 1-1 为电脑的外观图。

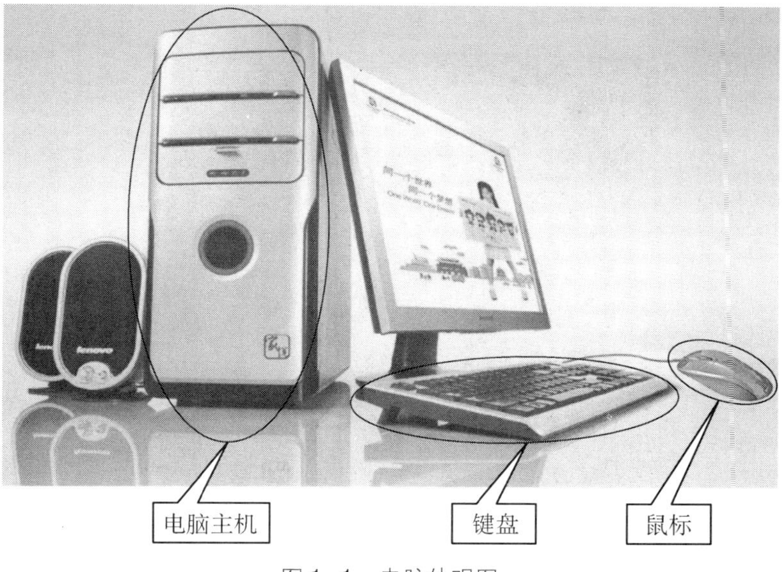

图 1-1 电脑外观图

电脑组成中最重要的部分就是主机，电脑没有主机就像人没有心脏。主机部分主要包括：CPU、内存条、主板、显卡、声卡、网卡/调制解调器、电源、机箱、硬盘、光驱和软驱等。这些东西都装在一个机箱里，构成电脑的主机，这是电脑组成中最重要的部分。其外观如图 1-2 所示。

图 1-2　电脑机箱外观

电脑外设部分有：键盘、鼠标、显示器、音箱、打印机和扫描仪等。这些东西都需要通过线缆与主机相连，其中键盘、显示器、鼠标是使用必备的配件，而音箱、打印机等则可根据需要添加。

这些电脑的组成部件有个统一的名称叫“硬件”，下面介绍一下这些硬件，以使您对电脑有个初步的认识。

1.1.1　电脑的主机

1.1.1.1　机箱

机箱就像是一个箱子，主板、CPU、内存、显卡、软盘驱动器、硬盘驱动器、光盘驱动器（CD-ROM、DVD-ROM、康宝）和电源供应器等零件都放在里面。机箱的主要功能是避免静电和防尘。机箱的内部结构，如图 1-3 所示。

图 1-3　机箱内部

1.1.1.2　主板

打开机箱，可以见到机箱内部最主要的部件就是一块大的布满电路和各种元器件的电路板，这块电路板叫“主板”，如图 1-4 所示。主板上布满了各种电子元器件、插槽和接口等，CPU、内存、声卡、显卡、网卡等就安装在主板上的相应安装插座（槽）里。

图 1–4　电脑主板

1.1.1.3　硬盘

硬盘是电脑中不可缺少的部件之一，电脑中所有的软件和我们自己制作的各种文件都存贮在这里。根据硬盘存贮空间的大小，市场上出售的硬盘分为 40G、80G、160G、200G 等不同规格，您可以根据自己的需要选购。硬盘的外观如图 1–5 所示。

图 1–5　硬盘的外观

1.1.1.4 光驱

光驱也是电脑最基本的设备之一，其实它就像我们家中使用的 VCD 或 DVD，当您把光盘放入光驱中时，电脑就能通过播放软件将光盘内容播放出来。光驱外观如图 1-6 所示。

图 1-6 光驱外观

1.1.1.5 调制解调器、网卡

- 调制解调器

调制解调器（Modem）是拨号上网必备工具，俗称“猫”，分为内置与外置两种，如图 1-7 和图 1-8 所示。内置调制解调器是一块 PCI 插卡，只需插入电脑主板上的 PCI 扩展槽中即可固定；外置调制解调器是可移动的，并不装入电脑机箱内固定，而是通过电缆与电脑相连，可随时拆卸。

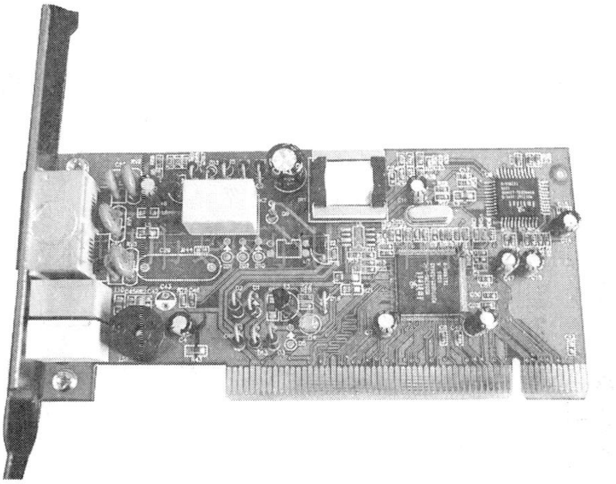

图 1-7 内置调制解调器

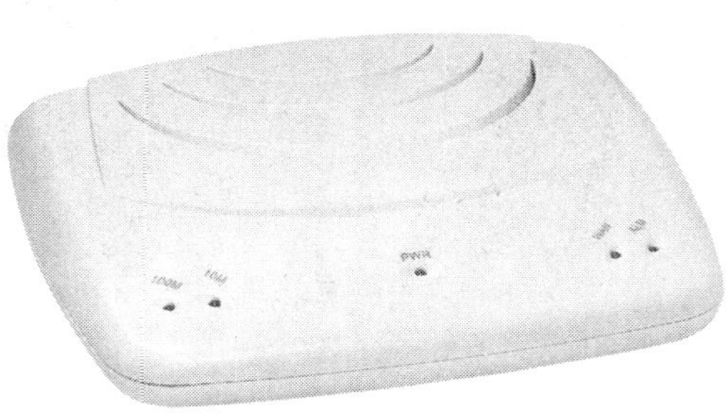

图 1-8 外置调制解调器

● 网卡

网卡是电脑联网不可缺少的部件，也需要安装在主板上的扩展槽中，如图 1－9 所示。

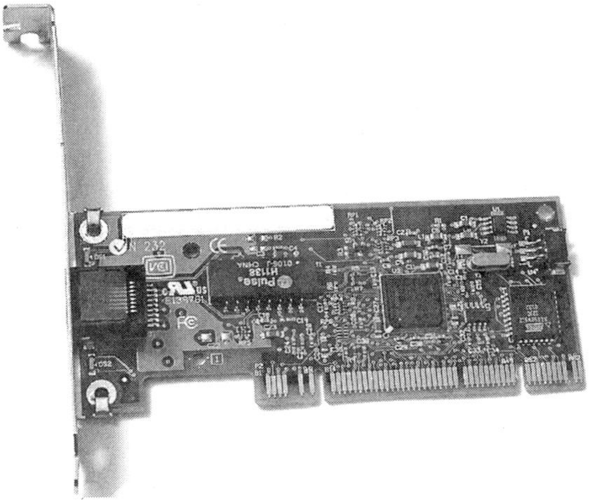

图 1－9 网卡

1.1.2 电脑的外接设备

1.1.2.1 显示器

显示器是指与电脑主机相连的显示设备，用于显示电脑输出的字符与图形图像。主要分为 CRT 显示器和液晶显示器，如图 1－10 和图 1－11 所示。

图 1－10 CRT 显示器

图 1－11 液晶显示器

1.1.2.2 键盘

键盘是电脑中最基本而且也是最重要的输入工具，如图 1－12 所示，通过键盘可以把操作命令和文本数据等信息输入到电脑。当您需要写文章或制表时，都需要通过键盘输入。

图 1－12　键盘

1.1.2.3　鼠标

鼠标是一种点击式的输入设备，使电脑的操作更加简便。鼠标分为“机械鼠标”和“光电鼠标”两大类，如图 1－13 所示为光电鼠标。

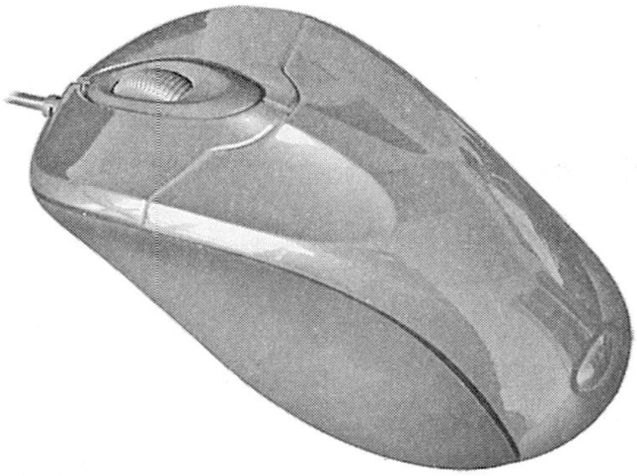

图 1－13　光电鼠标

1.1.2.4　音箱

音箱是声音的输出设备。音箱外观如图 1－14 所示。

图 1－14　音箱

1.1.2.5 打印机

打印机是打印文件及图形的工具，可分为点阵打印机、喷墨打印机和激光打印机3种；按照打印效果分，可分为黑白打印机和彩色打印机两种，打印机外观如图1-15所示。

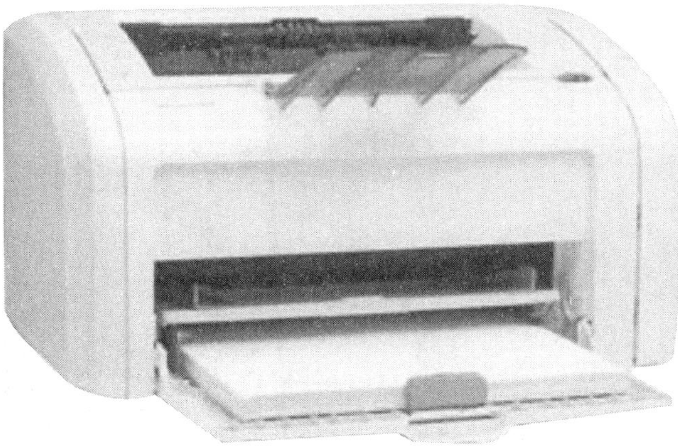

图1-15 打印机

1.1.2.6 扫描仪

扫描仪是电脑的另一种输入设备，可以将纸本的文件、图片存储在电脑中。扫描仪外观如图1-16所示。

图1-16 扫描仪

1.1.2.7 数码摄像头

在网络聊天中，数码摄像头的作用很大，它实现了可视电话的功能。如果您和您的家人、朋友身在两地，您可以通过电脑连接数码摄像头通过网络与他们面对面进行对话。数码摄像头外观如图1-17所示。摄像头所拍摄的图像可直接存储到电脑的硬盘中。摄像头镜头的焦距调整范围不大，不可拍摄太近和过远的物体。

1.1.2.8 耳麦

耳麦（耳机和麦克风）作为电脑的一个声音输入、输出设备，是视频通信和多媒体制作与欣赏的必备工具。耳麦最方便的地方就是它同时具有耳机与麦克风的双重功效，其样式多为头戴式，可以将麦克风（话筒）固定在嘴边的适当位置，使用这种麦克风效果虽然不太理想，但却可以腾出双手做其他工作。如图 1－18 所示。

图 1－17 数码摄像头

图 1－18 耳麦

1.2 电脑的连接

1.2.1 主机与显示器的连接

在主机机箱后面，有各式各样的连接口，包括电源连接口、独立显卡接口、鼠标接口、键盘接口等。图 1－19 所示为主机背面截图。图 1－20 所示为主板外设连接区域放大图。

实现主机与显示器的连接，首先找到主机上面的显卡接口，然后把显示器接口连接到主板外设连接区域的显示卡连接口或独立显卡的接口上即可。如图 1－21 所示。

1.2.2 鼠标与主机的连接

鼠标的接口分为：USB、PS/2、串口 COM 几种类型，其中 USB、PS/2 最为常见，我们就以这两种类型为实例来讲解鼠标与主机的连接。在主机后面找到 USB 鼠标接口区或 PS/2 鼠标接口区，然后根据鼠标接口的不同，将鼠标插上即可。如图 1－22 所示。

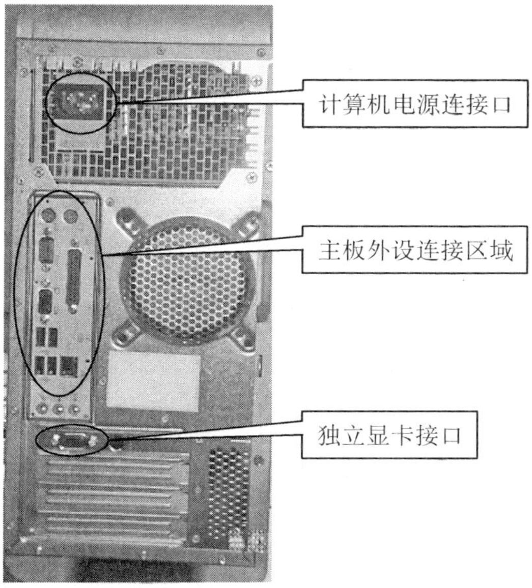
计算机电源连接口
主板外设连接区域
独立显卡接口

图 1-19 主机背面截图

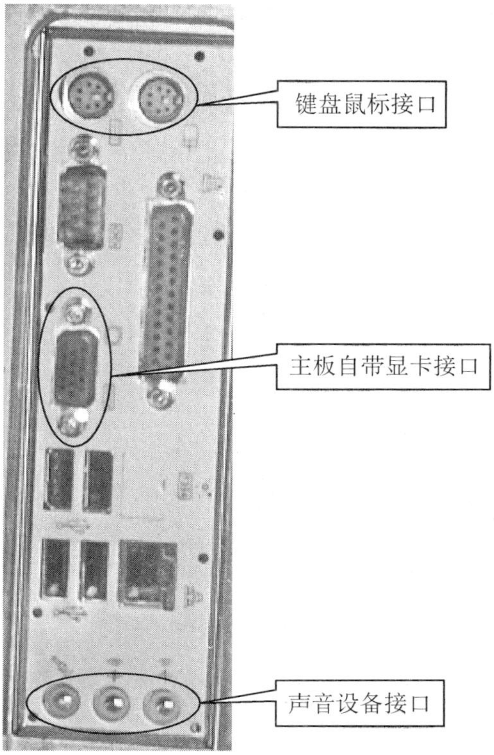
键盘鼠标接口
主板自带显卡接口
声音设备接口

图 1-20 主板外设连接区域放大图

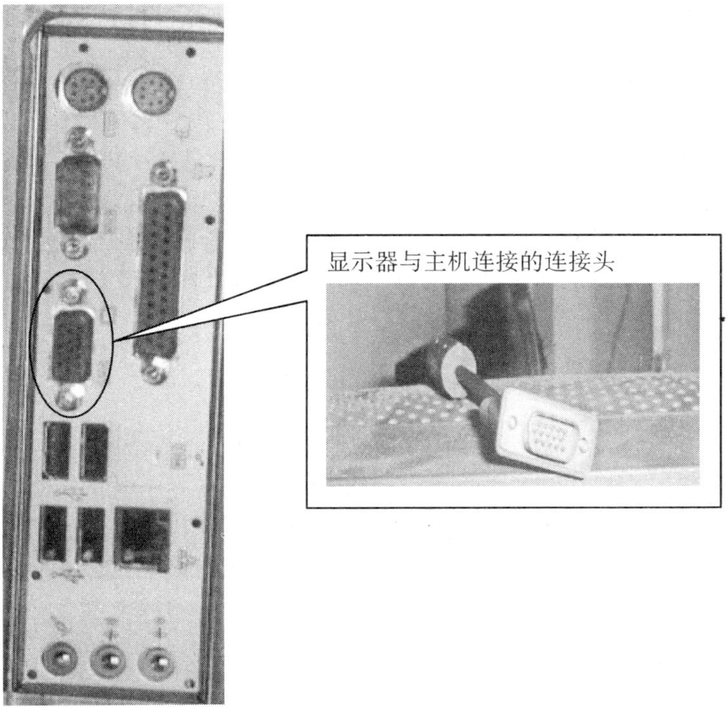
显示器与主机连接的连接头

图 1-21 显示器与主机连接图

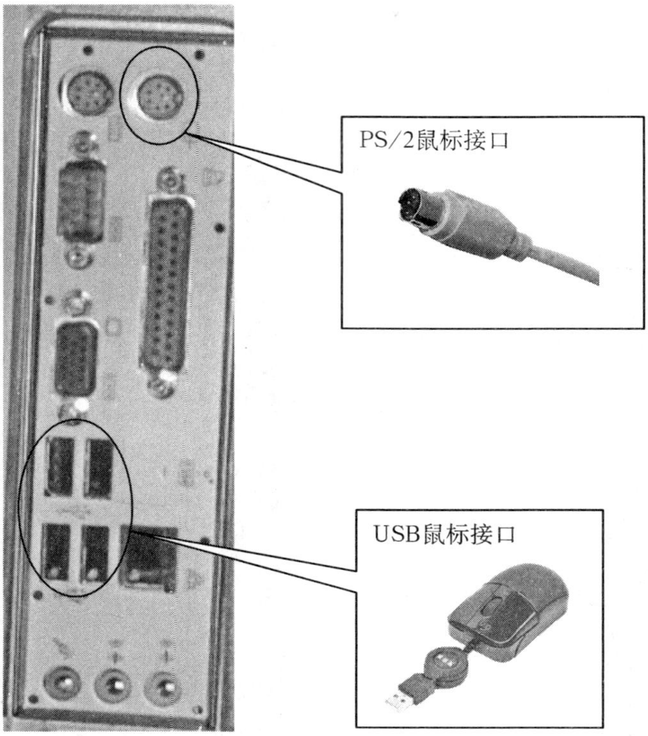

图 1-22 鼠标与主机的连接示意图

1.2.3 键盘与主机的连接

键盘接口也分为 USB、PS/2、串口 COM 等几种类型，其中 USB、PS/2 最为常见，我们就以这两种类型为实例来讲解键盘与主机的连接。在主机后面找到 USB 键盘接口区或 PS/2 键盘接口区，然后根据键盘接口的不同，将键盘插上即可。如图 1-23 所示。现在我们使用的主板上鼠标键盘接口基本上都是蓝色接口为键盘接口，绿色为鼠标接口。除此之外，在主机后面背板上还有网卡接口和电源线连接口，您也只需找到相应的接口，然后将网线及电源线等插入即可。如图 1-24 及图 1-25 所示。

1.3 电脑的软件

光有硬件设备，电脑还是不能工作，还需要软件来指挥。电脑的软件是存放于电脑的硬盘之上的，是用于指挥电脑执行各种指令以便完成指定任务的程序。您可以根据自己的需要选择安装所需软件。如看 VCD 的超级解霸软件，听音乐的 Real Player 软件等。

电脑软件包括系统软件和应用软件两大类，下面选择一些最热门和最常用的软件介绍给大家。

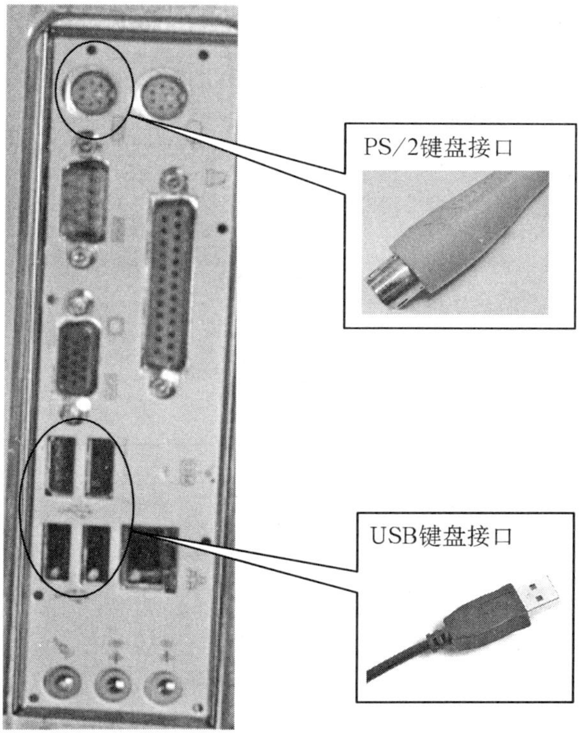
PS/2键盘接口
USB键盘接口

图 1-23　键盘的连接示意图

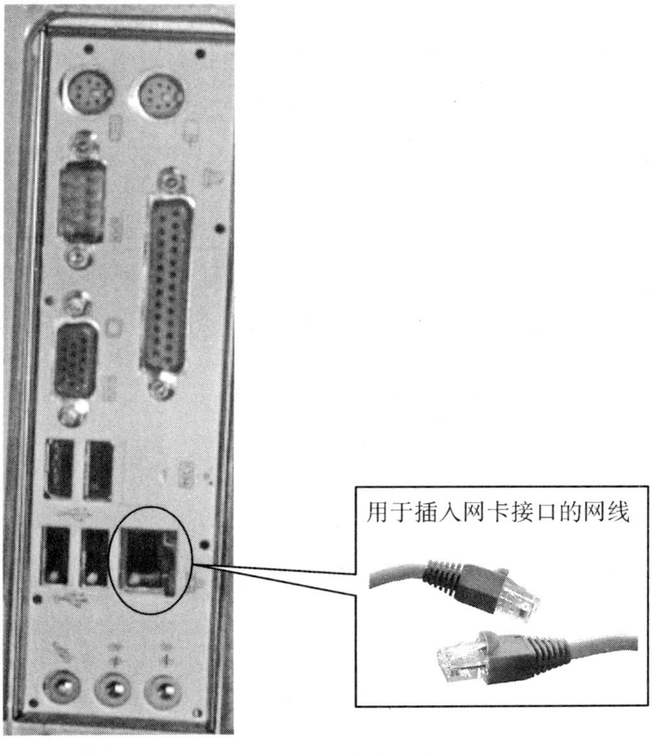
用于插入网卡接口的网线

图 1-24　网线的连接

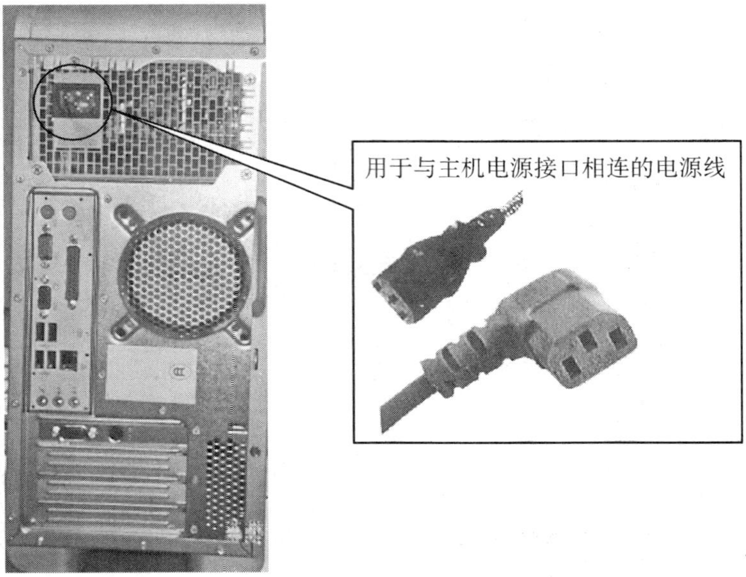

图 1-25　电源线的连接

1.3.1　系统软件

系统软件是指管理、监控和维护电脑软、硬件资源的软件。最基本的系统软件就是电脑的“操作系统”。电脑只有在安装了操作系统后，才能运行和使用其他软件。

现有的电脑操作系统有 DOS、Windows、UNIX、Linux 等。目前最常用的是 Windows 操作系统，如 Windows2000、Windows XP 等，Linux 是开放性的系统，多用于服务器。本章以下的讲解中均以 Windows XP 系统为例。

1.3.2　应用软件

应用软件是指为解决电脑使用中的实际问题而编制的软件，可分为通用软件和专用软件两大类。其中，通用软件支持最基本的电脑操作，比如第二章及第三章即将要学到的 Word、Excel 等就属于通用软件；专用软件只用于解决某个方面的具体问题，比如财务管理软件。

通用软件是电脑操作中必不可少的工具，它的安装必须以系统软件为前提。通用软件的种类繁多，一般可分成如下几大类：

- 办公软件

Office 软件是目前常用的办公软件，包括 Word、Excel、PowerPoint 等。

目前 Office 系列的版本有 Office98、Office2000、Office2003 以及 Office2005，而现在最常用的是 Office2003。

- 图形图像处理软件

常用的图形图像处理软件有 Photoshop、AutoCAD、ACDsee。Photoshop 是用于绘制图片或修改图片的软件；AutoCAD 属于辅助设计软件，用于平面图纸的设计；ACDsee 属于图片浏览软件，它主要的功能是显示图片，并可以对图片进行简单的处理。

● 动画制作软件

最常见的动画制作软件是 Flash，它主要用于平面动画的制作，此外，3DSMAX 软件主要用于三维动画设计。

● 影音播放软件

影音播放软件主要用来播放电影、音乐等音频视频文件，目前常用的有 Winamp、Windows Media Player、RealPlayer、“豪杰解霸”。

● 通信软件

通信软件是在网络中及时与他人联系的软件，常用的包括以下几类：

① 浏览器软件：Internet Explorer、MSN Explorer 等。

② 邮件处理软件：Outlook Express、Foxmail、Microsoft Outlook 等。

③ 网络聊天软件：QQ、MSN Messenger 等。

● 工具软件

工具软件种类繁多，常用的主要有以下几种：

①压缩软件 WINRAR：为节省硬盘空间，通常需要把一些文件进行压缩，而 WINRAR 就是这样的一个软件。

②翻译软件“东方快车”：为了方便不太擅长英语的电脑使用者，东方快车这种即时翻译软件便诞生了，通过该软件您只需要把鼠标放到不认识的单词上，软件就会自动显示出它的中文注释，这样您在使用电脑时就不会再为不懂英语而困扰了。

③下载软件“网络蚂蚁”、迅雷等软件用于把从网络上找到的所需内容下载到本地磁盘。

④防病毒软件“金山毒霸”、“瑞星”等：这类软件可保护您的电脑系统免受计算机病毒侵害，也可在您的电脑中毒时进行杀毒，是电脑的“卫士”和“医生”。

1.4 开机和关机

当您要使用一台电脑时，首先面对的问题是如何开机和关机，这虽然看似简单，但也要掌握正确的方法，才能有效保护电脑，延长使用寿命。

1.4.1 开机步骤

● 将电脑主机插座插到电源上，并打开电源开关。

● 按下主机机箱面板上的“Power”键，打开主机电源，当机箱上的显示灯亮时，即表示已经打开了主机电源。

● 按下显示器右下角的开关按钮，打开显示器。如图 1-26 所示。

小技巧：在打开电脑时，应先打开显示器，后打开主机；在关闭电脑时，先关闭主机，后关闭显示器，都可以有效保护显示器不会受到电脑启动和关闭时的电流冲击，延长显示器的使用寿命。

图 1-26　打开显示器开关

● 此时电脑开始自动运行，并显示启动画面，表示成功打开了电脑系统。如图 1-27 所示。

图 1-27　电脑开机后主页面

1.4.2　关机步骤

当需要关闭电脑时，其操作步骤如下：

● 首先关闭 Windows 操作系统中所有打开的应用程序。

● 用鼠标点击桌面左下角的开始 - 关闭按钮，如图 1-28 所示，等待几秒后，当出现如图 1-29 所示的对话框后，点击“关闭”按钮。电脑即会在几秒钟内关闭。

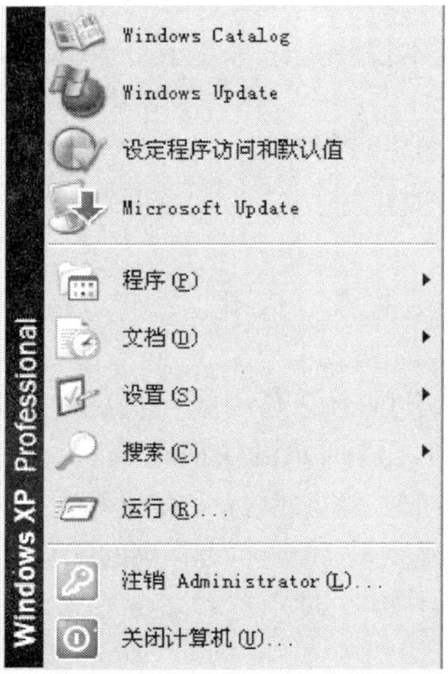

图 1-28 开始菜单

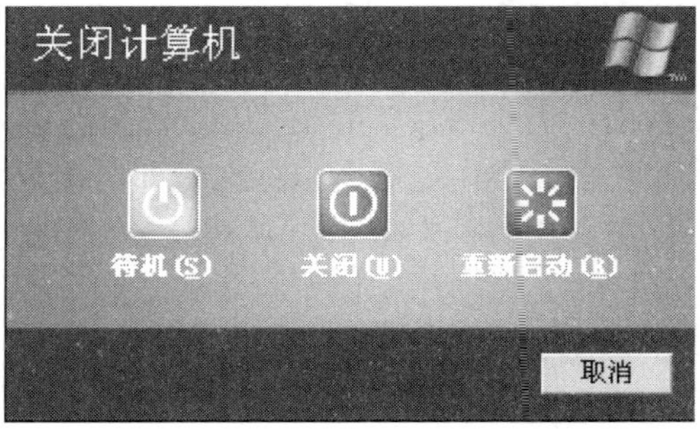

图 1-29 关机对话框

- 然后关掉显示器、调制解调器等外围设备电源。

1.5 认识鼠标和键盘

在过去电脑还在 DOS 操作系统下运行的时候，人们仅仅使用键盘就可以“打”遍天下了。但是，随着 Windows 操作系统的不断普及和升级，电脑操作中融入了大量的图形化界面，这时操作灵活的鼠标也就从此身价陡升，不再是电脑中最不起眼的一个输入设备，与键盘并列为两大电脑标准输入设备，甚至在某些场合它的重要程度已经超越了键盘。

1.5.1 认识鼠标

1.5.1.1 双键鼠标与三键鼠标

按照鼠标上用于输入操作的按键的多少，可以将鼠标分为双键鼠标和三键鼠标。

双键鼠标上有左右两个按钮，在 Windows 操作系统的环境下，左右两键可以得到充分的使用，完成各种复杂的操作过程。因此，双键鼠标又叫 Windows 标准鼠标。

三键鼠标上比双键鼠标多出一个按钮，多出的按钮可以通过设置驱动程序赋予额外的功能，如关闭窗口、双击操作等。

为了满足上网浏览用户的需要，现在还有带滚轮的多媒体鼠标以及其他多键鼠标，它们可以简化用户在窗口中的操作，将逐渐成为当前鼠标中的主流。

1.5.1.2 鼠标的基本操作方法

鼠标在屏幕上是以指针的形态出现的，移动鼠标的同时，鼠标指针也将随之移动。通常状况下，鼠标的形态是箭头形，鼠标的形态不一样时表示电脑正在进行不同的工作处理状态，比如当程序正在运行时，鼠标的形态为漏斗形，在 Word 文档里，鼠标在文字输入时又是“工”字形等，只有掌握了鼠标的基本操作，您才能真正实现与电脑的真正沟通。鼠标的基本操作主要有：

- 指向：指移动鼠标，将鼠标指针移到操作对象上。
- 单击：指快速按下并松开鼠标左键。单击一般用于选定一个操作对象。如：单击桌面左下角的“开始”，就是一个单击操作。
- 双击：连续两次快速单击左键，即快速按下、松开、按下、松开鼠标左键。该操作一般用来打开程序或窗口。
- 右击：指快速按下并松开鼠标右键。右击一般用于打开一个与操作相关的快捷菜单。如在桌面空白处右击鼠标右键即会出现如图 1 – 30 所示的快捷菜单。
- 拖曳：用鼠标左键单击某对象，按住左键不放，移动鼠标，在屏幕上的另一个地方松开按钮。该操作常用于对象的复制、移动，或滚动条与标尺滑块的操作。图 1 – 31 表示的就是文档移动时拖曳鼠标左键的状况，您不妨一试。

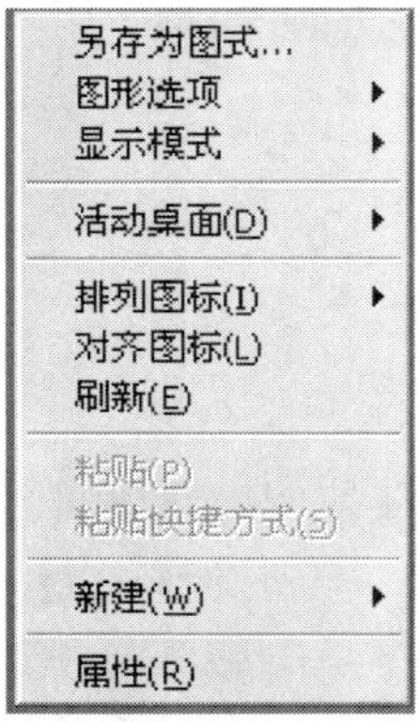

图 1–30　单击鼠标右键出现的快捷菜单

图 1–31　鼠标拖曳状况

- 滑动滚轮：当使用有滚轮的鼠标时，如图 1 – 32 所示。在文档页面或网页上向上或向下滑动滚轮时，页面将随着滚轮滑动的方向而翻动。这时滚轮可以起到快捷翻动页面的作用。

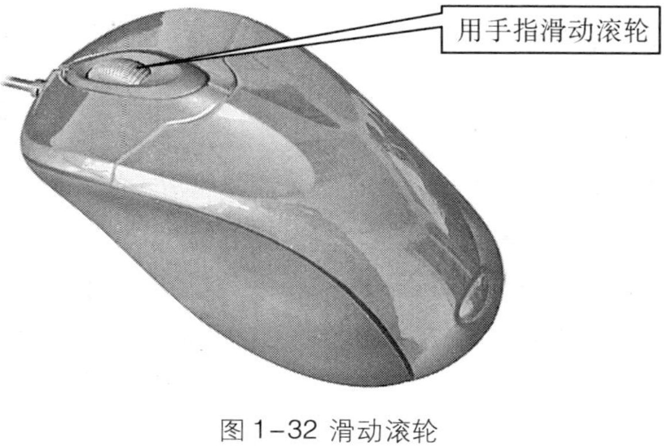

图 1–32 滑动滚轮

提示：与其他电脑硬件不同，普通鼠标在使用时不需要安装专门的驱动程序，当将鼠标与机箱相连后就能够直接使用了，按照以上介绍方法就可对鼠标进行操作。但是，当使用“罗技”等名牌鼠标时，最好配上其专用的驱动程序，这样才能充分发挥鼠标中除了基本的操作外的全部附加功能。

1.5.2 认识键盘

根据键盘上按键的数目进行键盘种类的划分是对键盘归类的一种比较通用的方法。较早的键盘主要是84键（即：键盘上一共有84个按键），后来升级到101键，主要是增加了一些功能键。但随着Windows操作系统的普及，键盘又增加到104键，现在市场主流的标准键盘就是这种，与101键相比主要增加了两个Windows键和一个菜单键，可以帮助用户更加简便地对电脑进行操作。图1－33就是104键标准键盘。

图1－33 104键标准键盘

从键盘在电脑中的重要作用可以看到，在电脑的发展过程中，字符的输入主要都是依靠手指在键盘上的敲击来完成的。因此，了解键盘上每个按键的所在位置和作用，就成了学习键盘并掌握按键输入方法的铺路石。

1.5.2.1 键盘分区

虽然在键盘上有100多个按键，但是它的结构却并不复杂，每一个按键对应着一个电脑指令，按一下键盘的按键，就等于向电脑发送一个信号，电脑会根据当前状态确认将进行什么操作。根据不同按键的作用，键盘设计者将这些按键分别放置在4个区域内。

- 标准键区：该区域位于键盘的左下方，占据了键盘的大部分，就是经常使用到的打字键区，包含有从A～Z共26个英文字母、从0～9共10个数字键，以及常用的标点符号和空格键、回车键等。
- 辅助键区：该区域位于键盘的右侧，单独占据一片键盘区域，类似计算器的键盘，包含有0～9共10个阿拉伯数字和加、减、乘、除等普通运算符号，主要用于数字的快速录入。
- 功能键区：该区域指的是位于键盘最上方标有Esc到F12的一排按键。在不同的电脑系统和应用程序中，功能键区中的按键可能发挥着不同的功用，如在本书随后要介绍到的文档编辑软件 Microsoft Word 中，F5 的作用是打开［查找和替换］对话框；而在网页浏览器 Internet Explorer 中，F5 的作用就变成了刷新网页。

● 编辑键区：该区域位于标准键区和小键盘键区之间，在键盘中间偏右侧，包括上下左右 4 个控制光标移动方向的功能键和打印、插入、删除、翻页等功能键。

应用键盘时使用最多的是标准键区和编辑键区，下面就带大家一起认识一下它们。

1.5.2.2 标准键区

文字处理是电脑所要胜任的一项重要工作，因此，26 个英文字母按键位于键盘的中心位置，占据了键盘中的大部分区域。标准键区中的英文字母分为 3 排，成梯形，字母排列的先后顺序是从打字机上沿袭下来的。由于字母键盘的排列顺序已经成为一种通用的标准，因此，不论是哪家厂商所生产的电脑键盘，都拥有相同的字母排列方案。

由于电脑除了打字外，还可以做许多其他事情，所以英文字母按键周围还有一些辅助的按键。

● 空格键：空格（Space）键是键盘最下方最长并且没有任何标识的按键。按下空格键，会输入一个空格，屏幕上表现为光标右移一位。因为英文单词之间也要以空格分开，所以它是键盘上使用频率最高的按键。

● Caps Lock（大写锁定）键：由于英文字母有大、小写两种形式，而键盘上的英文字母只有一套，因此可以通过大写锁定键控制当前输入状态中英文字符的大、小写。在默认状态下，使用键盘输入的英文字母都是小写字母形式。如果希望输入大写英文字母，可以按下位于字母 A 键左侧的 Caps Lock 键，这时键盘右上角 3 个指示灯中的第二个灯（大写指示灯）会变亮，这表明系统已经进入了大写锁定状态。这时，按下字母键后会输入大写字母。要退出大写锁定状态，再次按下 Caps Lock 键即可，这时大写指示灯会关闭，表明当前系统已经退出了大写锁定状态。

说明： 大写锁定键只对 26 个英文字母有影响，不会影响到其他标点、功能键和数字键的使用。

● Enter（回车）键：Enter 键通常用来表示确认的意思，如确认一段文字输入的结束或一项设置工作的完成。在文档录入过程中，Enter 键也用来做文档的换行操作。

● BackSpace（退格）键：BackSpace 键位于标准键区的右上角，它可以删除当前光标位置左侧相邻的字符，并将光标左移一个字符。

● Shift（大小写转换）键：Shift 键位于字母 Z 左侧和？（问号）键的右侧，在小写状态下，按下 Shift 键同时按字母键，输入的是大写字母：在大写状态下，按下 Shift 键同时按字母键，输入的是小写字母。这样可以快速方便地完成少量字母输入时的大小写转换。

提示： Shift 键又叫上挡键，因为在标准键区最上排的符号键和数字键上都标有上下两排符号，如果按住上挡键的同时按下这些按键，即可输入上排的字符。例如，同时按下 Shift 和标有“&”的键就可输入“&”字符。

● Ctrl 键和 Alt 键：Ctrl 键、Alt 键和 Shift 键一样，在键盘的标准键区左侧和右侧有两组，它们虽然所在的位置不同，但功能一样。Ctrl 键位于标准键区的左下方和右下方，Alt 键位于空格键的左右两侧。这是因为它们和 Shift 键一样本身没有任何功能，总是与其他键配合使用。左右各设置一个按键后，可以方便地进行双手操作键盘。例如，在 Windows 操作系统中，同时按下 Ctrl + C 键就可以将当前所选定的文本或图形对象复制到剪贴板中；同时按下 Alt + F4 键就可退出当前的程序。

● Tab（跳格）键：跳格键位于字母 Q 键左侧，主要用于在窗口和表格中进行操作时转移当前的焦点。例如，在 Windows 窗口中，可以使用 Tab 键使光标从一个区域跳转至另外一个区域。

● 窗口键：窗口键位于 Alt 键外侧，在 Windows 操作系统中，按下窗口键可立即弹出［开始］菜单；按住窗口键再按字母 E 键，可打开 Windows 操作系统的［资源管理器］窗口。

● 快捷菜单键：快捷菜单键位于标准键区的右下角。它主要用在 Windows 操作系统中，代替执行鼠标右键的功能，按下快捷菜单键即可打开当前对象的快捷菜单。

● 数字键和符号键：在标准键区的最上侧是数字键和经常使用的普通符号键的复合键，它们从左至右排成一排，在进行键盘输入的时候，可以使用 Shift 键进行切换。当不按下 Shift 键而直接按下数字键时，将输入数字字符；当按下 Shift 键的同时按下数字键时，将输入各数字键上所对应的符号。

1.5.2.3　编辑键区

编辑键区由上下两个小的部分构成，编辑区的下半部分是光标控制键区。光标控制键区是位于键盘的标准键区和小键盘键区之间的按键区域，它有 4 个方向键。除了光标控制键区外，编辑键区的上半部分还有另外的 9 个特殊的系统控制键。编辑键区上的所有按键分别为：

● 光标移动键↑、↓、←、→：移动光标的位置，按下光标移动键，光标将按箭头方向移动一格。

● Insert（插入）键：插入键主要用来切换编辑软件中插入和改写状态。

● Delete（删除）键：删除当前所选中的对象，如一个文件夹或一个字符。

● Home（行首）键：将光标快速移到本行的行首。

● End（行尾）键：将光标快速移到本行的行尾。

● Page Up（上翻页）键：实现光标的快速移动，一般用于向上翻页。

● Page Down（下翻页）键：实现光标的快速移动，一般用于向下翻页。

● Print Screen（屏幕打印）键：该键可以实现一种虚拟的打印功能，把当前屏幕的显示内容作为一个图像复制到剪贴板上。

● Scroll Lock（屏幕锁定）键：如果屏幕处于滚动状态，将该按键按下后，可以停止继续滚动。

● Pause Break（中止）键：按 Ctrl + Pause Break 键可中止当前程序的执行。

1.5.2.4　键盘操作

所谓键盘操作指法，就是把主键盘区所有用于输入的键位合理地分配给双手的各个手指，每个手指负责敲击固定的几个键位，使之分工明确，有条有理。

在标准键盘区中，有两个特殊的按键，它们就是F键和J键。在这两个按键上，各有一个小凸起，用户可以在打字过程中使用双手的食指对这两个按键进行定位。在主键盘区中，它们是唯一不用看键盘，只凭触觉就能确定的键位。

您可以试着去体验一下，只凭触觉把左右两手的食指分别放在F键和J键上，拇指轻轻横担在空格键上，其余手指向食指自然并拢，依次摆放在与这两个键同一行的各个键位上。这时您会发现，左右两手的各个手指每次放置的位置都是固定的，如图1-34所示。

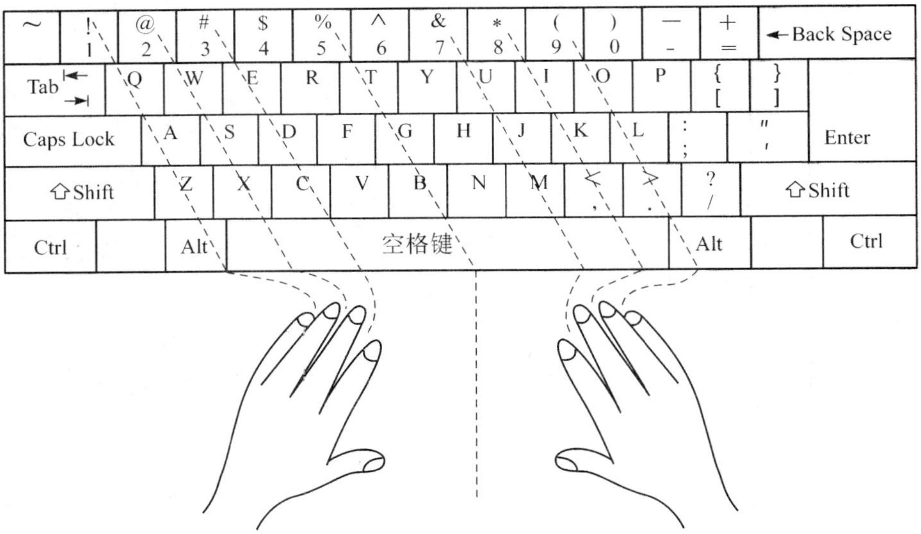

图1-34 键盘操作

从前面对键盘功能的介绍中可以看出，键盘的功用不仅仅是停留在输入英文字母、汉字、数字及各种符号等的文本录入工作，同时还可以通过键盘上的组合快捷按键进行多种指令操作。指令操作为电脑传达一个命令，可以让电脑完成一件相应的工作。

例如，在Windows XP系统下，当按下F1键时就可以命令电脑打开启动帮助窗口；当按下Alt+F4组合键时，就可以关闭当前所打开的窗口。命令操作通过特定的键或几个键的组合来表示一个命令，这些键被称为快捷键。表1-1中列出了Windows XP系统中最常用的常规键盘快捷键。

表1-1 常规键盘快捷键

快捷键	实现功能
Ctrl+C	复制
Ctrl+X	剪切
Ctrl+V	粘贴
Ctrl+Z	撤销
Delete	删除
Shift+Delete	永久删除所选项，而不将它放到“回收站”中
拖动某一项时按Ctrl	复制所选项
拖动某一项时按Shift+Ctrl	创建所选项目的快捷键
F2	重新命名所选项目

续表

快捷键	实现功能
Ctrl + 向右键	将插入点移动到下一个单词的起始处
Ctrl + 向左键	将插入点移动到前一个单词的起始处
Ctrl + 向下键	将插入点移动到下一段落的起始处
Ctrl + 向上键	将插入点移动到前一段落的起始处
Shift + Ctrl + 任何箭头键	突出显示一块文本
Shift + 任何箭头键	选择多项或者选中文档中的文本
Ctrl + A	选中全部内容
F3	搜索文件或文件夹
Alt + Enter	查看所选项目的属性
Alt + F4	关闭当前项目或者退出当前程序
Alt + Space	为当前窗口打开快捷菜单
Ctrl + F4	在多文档程序中关闭当前文档
Alt + Tab	在打开的项目之间切换
Alt + Esc	以项目打开的顺序循环切换
F6	在窗口或桌面上循环切换屏幕元素
F4	显示“地址栏”下拉列表
Shift + F10	显示所选项的快捷菜单
Ctrl + Esc	显示［开始］菜单
Alt + 菜单名中带下划线的字母	显示相应的菜单
在打开的菜单项中带有下划线的字母	执行相应的命令
F10	激活当前程序中的菜单条
右箭头键	打开右边的下一菜单或者打开子菜单
左箭头键	打开左边的下一菜单或者关闭子菜单
F5	刷新当前窗口
Back Space	查看上一层文件夹
Esc	取消当前任务
将光盘插入到 CD-ROM 驱动器时按 Shift 键	阻止光盘自动播放

虽然看起来许多快捷组合键很难记清，但这些都是很实用的，您会在电脑的日常使用过程中，通过频繁地操作逐渐熟悉的。键盘快捷键为电脑的操作提供了便捷的途径，掌握更多的快捷键操作可以提高电脑操作的效率和准确性。

1.6 熟悉 Windows

Windows 是美国微软公司开发出来的一个操作系统，是目前世界上使用最为普遍的一种操作系统，前面我们已经学习了操作系统是电脑的系统软件，电脑只有安装了操作系统后才能开始工作，才能接受您传达给它的任何指令。

1.6.1 Windows 桌面

“桌面”就是开机进入 Windows 后看到的界面，如图 1－35 所示为开机后的主页面。桌面由“开始”按钮、“开始菜单”、“任务栏（状态栏）”、“语言栏”、“通知区域”和“桌面图标”组成，电脑所有的操作都从“桌面”开始。

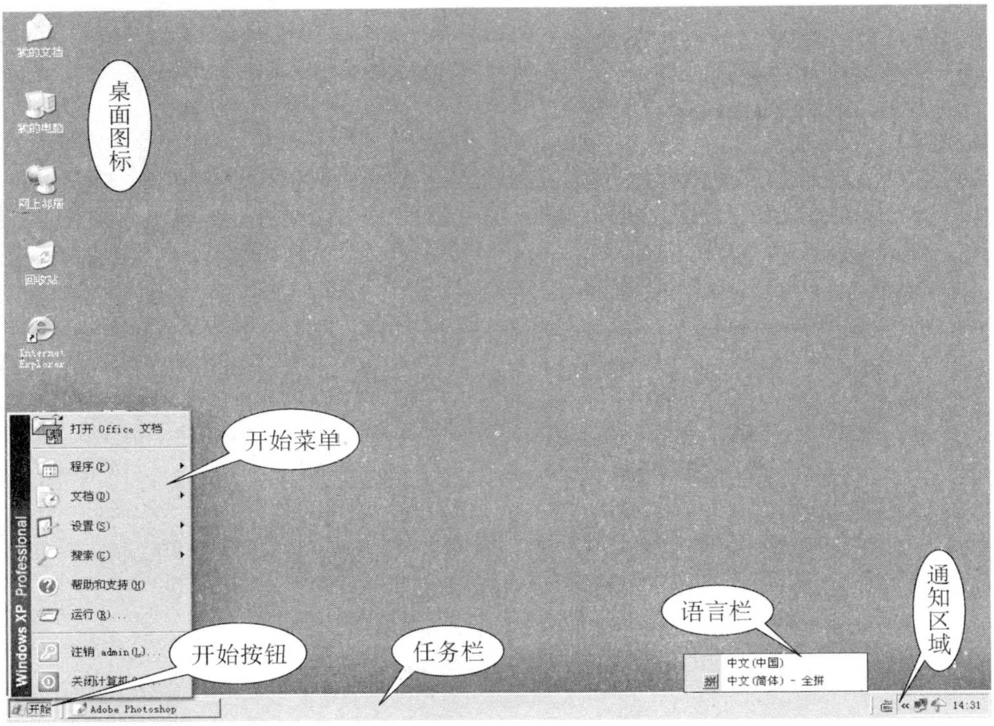

图 1-35 Windows 桌面

1.6.2 使用“资源管理器”

在 Windows 中，对文件的操作与管理，大多都是通过“Windows 资源管理器”来进行的，它是一个功能强大的文件管理工具。这样说也许您还不能明白，那让我们来做个形象的比喻，桌面就像是您工作的办公桌，而资源管理器就是帮您把各种文件归纳并保存好的存档库。电脑中的所有文件或程序都可以从“资源管理器”中的相应位置找到。

“Windows 资源管理器”窗口中有显示两个不同信息的窗格，左边窗格以树形的形式显示电脑的文件资源，右边窗格显示文件。如图 1-36 所示。

启动“Windows 资源管理器”的方法很简单。具体操作步骤如下：

步骤 1：选择“开始”+“程序”+“附件”+“Windows 资源管理器”命令。弹出 Windows 资源管理窗口。如图 1-37 所示。

步骤 2：打开资源管理器之后，在左边窗格以树状结构显示系统的所有文件，驱动器或文件夹前有“+”号，表示该对象里还包含着许多的文件或文件夹，还可以单击它，再展开它所包含的子文件夹。如图 1-38 和图 1-39 所示。

步骤 3：文件夹完全展开到最低层后，“+”变成“-”，单击“-”可以将展开的文件夹折叠起来，此时“-”又变为“+”。

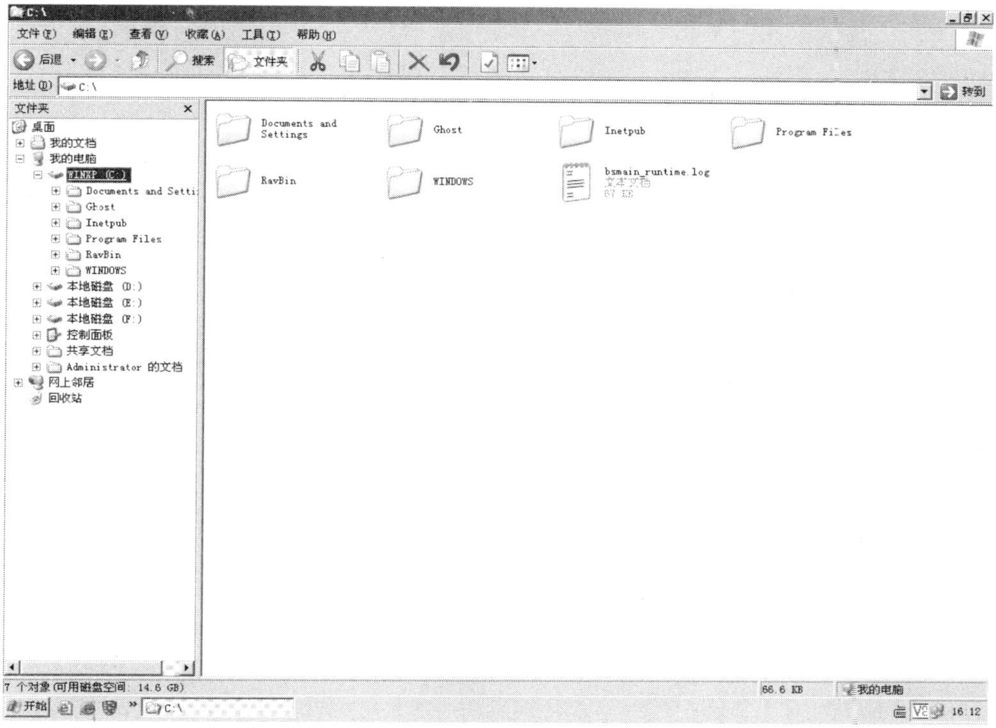
C:\
文件(F) 编辑(E) 查看(V) 收藏(A) 工具(T) 帮助(H)
后退 搜索 文件夹
地址(D) C:\
转到
文件夹
桌面
我的文档
我的电脑
WINXP (C:)
Documents and Setti
Ghost
Inetpub
Program Files
RavBin
WINDOWS
本地磁盘 (D:)
本地磁盘 (E:)
本地磁盘 (F:)
控制面板
共享文档
Administrator 的文档
网上邻居
回收站
Documents and Settings
Ghost
Inetpub
Program Files
RavBin
WINDOWS
bsmain_runtime.log
7 个对象 (可用磁盘空间: 14.6 GB)
66.6 KB
我的电脑
开始
16:12

图 1-36　Windows 资源管理器窗口

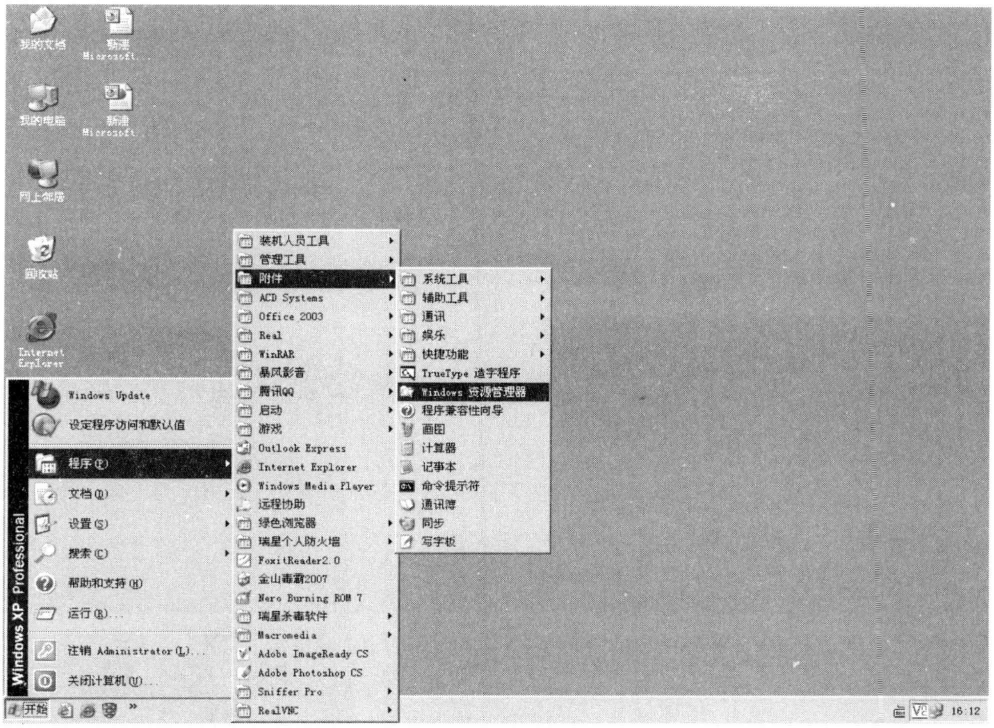
我的文档
我的电脑
网上邻居
回收站
Internet Explorer
Windows Update
设定程序访问和默认值
程序(P)
文档(D)
设置(S)
搜索(C)
帮助和支持(H)
运行(R)...
注销 Administrator(L)...
关闭计算机(U)...
Windows XP Professional
开始
装机人员工具
管理工具
附件
ACD Systems
Office 2003
Real
WinRAR
暴风影音
腾讯QQ
启动
游戏
Outlook Express
Internet Explorer
Windows Media Player
远程协助
绿色浏览器
瑞星个人防火墙
FoxitReader2.0
金山毒霸2007
Nero Burning ROM 7
瑞星杀毒软件
Macromedia
Adobe ImageReady CS
Adobe Photoshop CS
Sniffer Pro
RealVNC
系统工具
辅助工具
通讯
娱乐
快捷功能
TrueType 造字程序
Windows 资源管理器
程序兼容性向导
画图
计算器
记事本
命令提示符
通讯簿
同步
写字板
16:12

图 1-37　启动 Windows 资源管理器

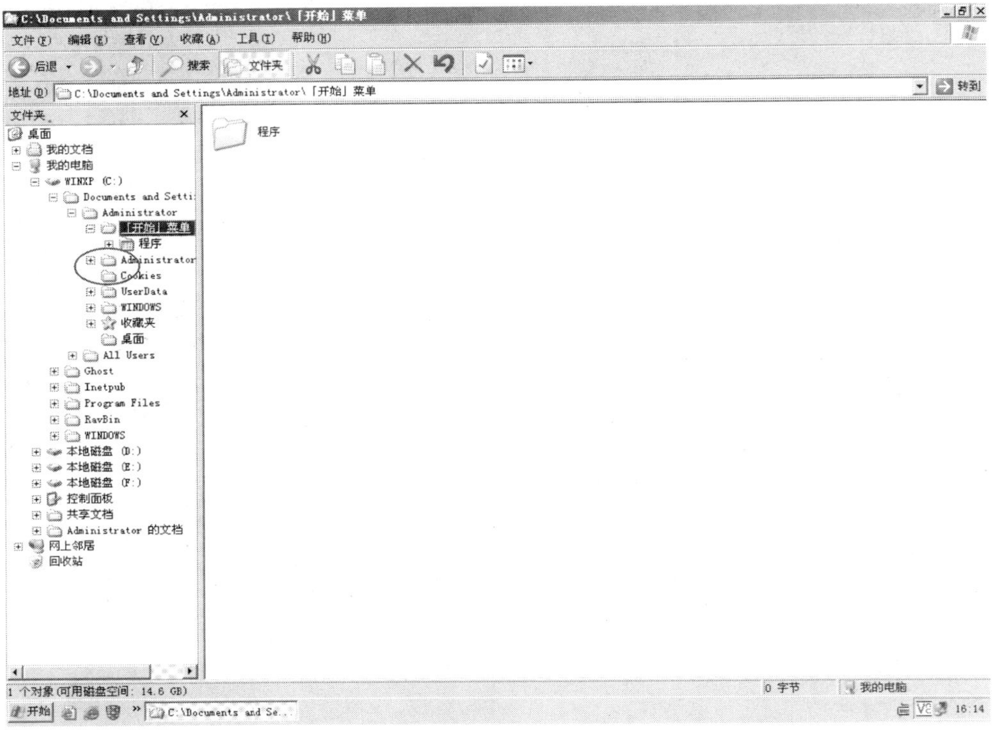
C:\Documents and Settings\Administrator\「开始」菜单
文件(F) 编辑(E) 查看(V) 收藏(A) 工具(T) 帮助(H)
后退 搜索 文件夹
地址(D) C:\Documents and Settings\Administrator\「开始」菜单
转到
文件夹
程序
桌面
我的文档
我的电脑
WINXP (C:)
Documents and Setti
Administrator
「开始」菜单
程序
Administrator
Cookies
UserData
WINDOWS
收藏夹
桌面
All Users
Ghost
Inetpub
Program Files
RavBin
WINDOWS
本地磁盘 (D:)
本地磁盘 (E:)
本地磁盘 (F:)
控制面板
共享文档
Administrator 的文档
网上邻居
回收站
1 个对象(可用磁盘空间: 14.6 GB)
0 字节
我的电脑
开始
C:\Documents and Se...
16:14

图 1–38　有“＋”的树状结构图

「开始」菜单
文件(F) 编辑(E) 查看(V) 收藏(A) 工具(T) 帮助(H)
搜索 文件夹
地址(D) C:\Documents and Settings\Administrator.2032998071244CD\「开始」菜单
转到
文件夹
程序
「开始」菜单
选定项目可以查看其说明。
另请参阅:
我的文档
网上邻居
我的电脑
Documents and Settings
Administrator
Administrator.2032998071244
「开始」菜单
程序
Cookies
Favorites
My Documents
UserData
桌面
All Users
「开始」菜单
Documents
Favorites
桌面
Program Files
RavBin
Ssjx
VipInfo
WINNT
万能五笔
1asset 2exchequer 3resource 4uqid
0 字节
我的电脑
开始
新建文件夹
第一章
电脑的硬件...
资源管理器...
「开始」菜单
10:37

图 1–39　有“－”的树状图

1.6.3 创建和重命名文件或文件夹

1.6.3.1 创建文件或文件夹

在任意的磁盘驱动器或者文件夹目录下都可以创建新的文件和文件夹。创建文件和文件夹有许多方法，这里只介绍一种最常用的方法。

步骤1：打开要创建文件或者文件夹的目录，然后使用鼠标右键单击任一空白处，打开弹出菜单。

步骤2：在该弹出菜单中选择“新建”命令，显示“新建”菜单项，如图1-40所示。

图1-40 单击右键后出现的菜单

步骤3：如果要创建文件夹，就选择“文件夹”命令。如果要新建文件，就选择相应的文件类型，例如要创建文本文件，则选择“文本文档”命令，要创建一个新Word文件，则选择“Microsoft 文档”命令。下面以创建Word文档为例看一下创建过程，如图1-41所示，创建好的Word文档如图1-42所示。

提示：选择Windows资源管理器的“文件”→“新建”命令，也可以显示图1-43中的“新建”菜单项，用于新建文件和文件夹。

1.6.3.2 给文件或文件夹更名

在创建了文件或文件夹后，还可以在需要的情况下随时对该对象的名称进行修改，其操作步骤如下。

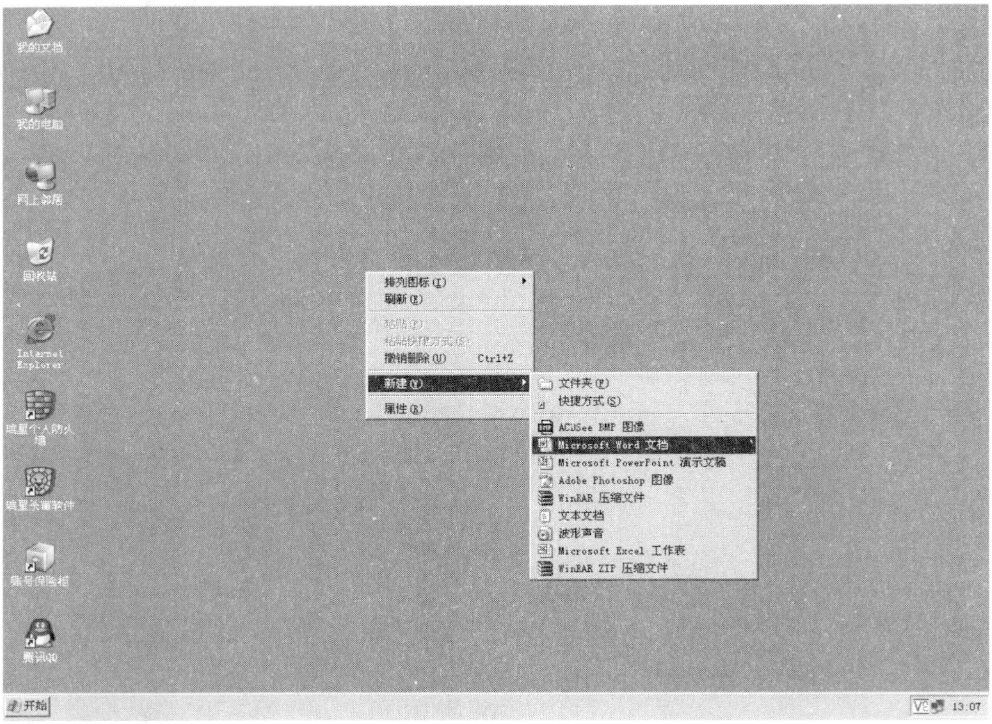

图 1-41 单击右键创建 Word 文档

图 1-42 创建好的 Word 文档

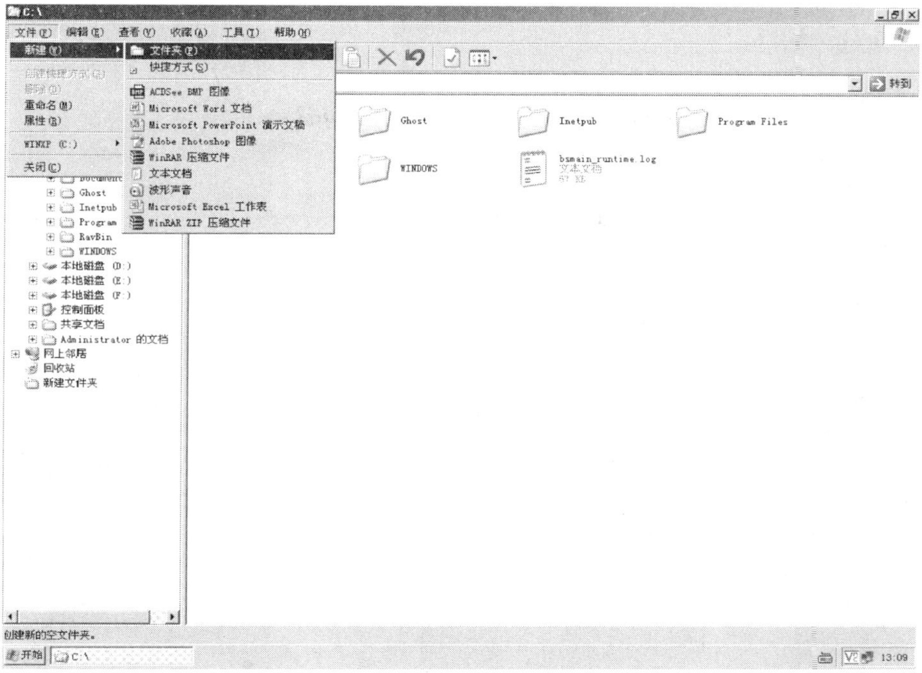

图 1-43　在资源管理器中新建文件或文件夹

步骤 1：用鼠标左键单击并选中该文件对象。

步骤 2：单击鼠标右键，在打开的快捷菜单中选择“重命名”选项。如图 1-44 所示。

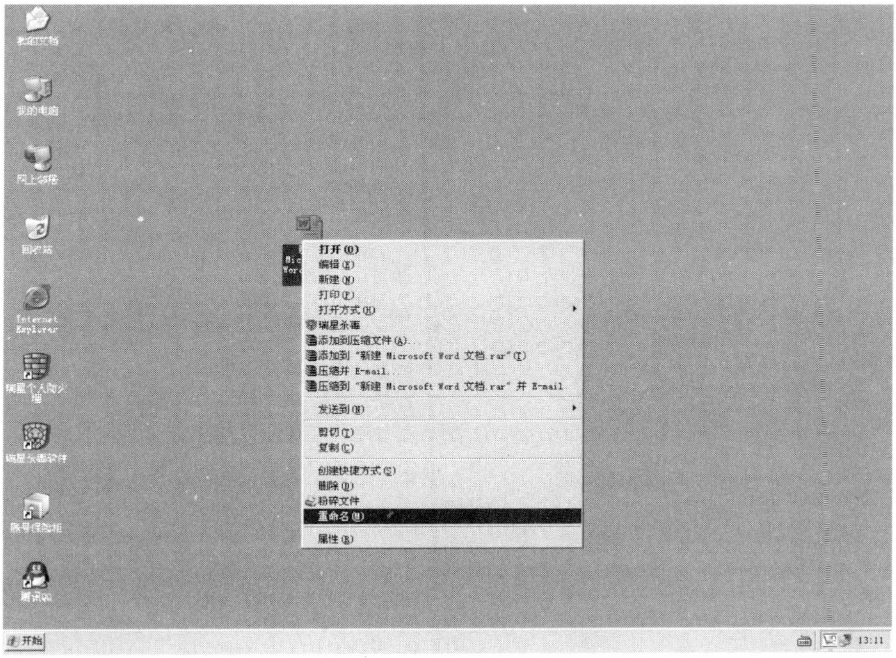

图 1-44　重命名文件

步骤3：此时该文件对象的名称变成可更名的状态，与图 1－45 中的状态相似，可以根据需要对它重新命名。

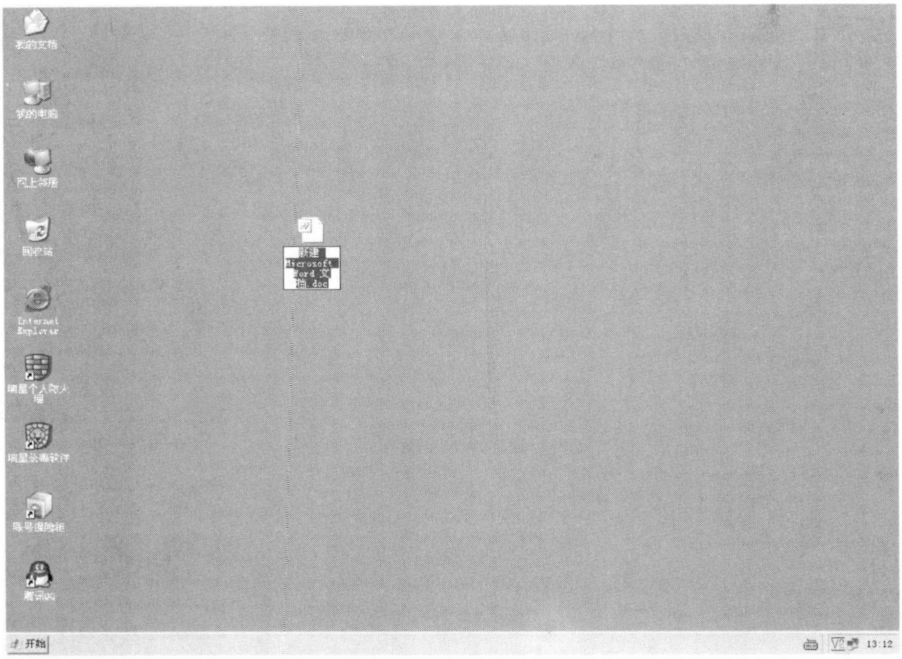

图 1－45 文件名处于可改写的状态

步骤4：用鼠标左键单击选中要命名的文件夹后，出现如图 1－46 所示图形，再次用鼠标单击命名文字，出现图 1－47 所示即可给文件夹起名或改名了。

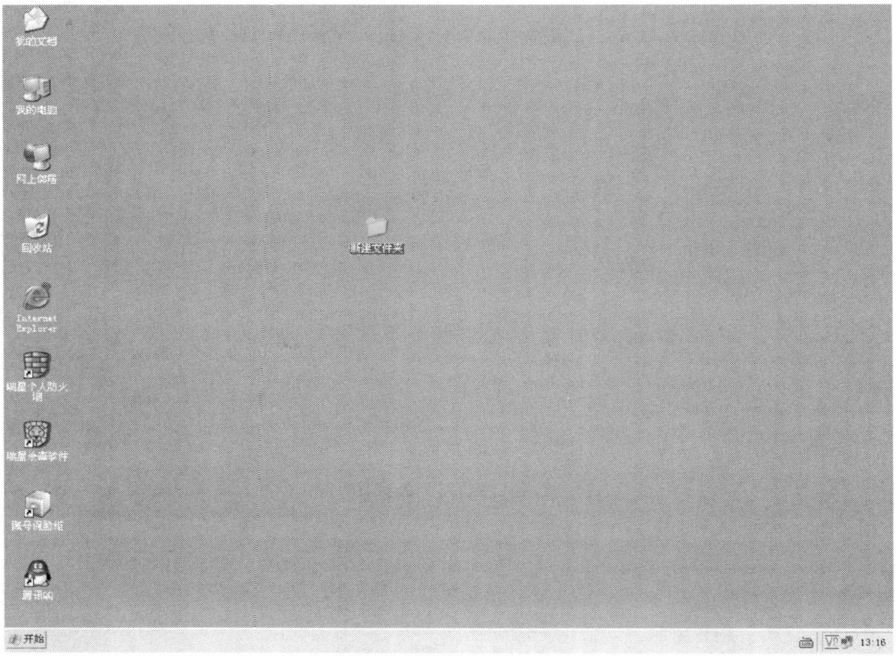

图 1－46 选中文件夹

图 1-47 给文件夹更名

提示：在对文件对象重命名时，应该注意不要更改该文件的扩展名（后缀），以免更改它的文件类型，影响该文件的其他操作。

1.6.4 复制和移动文件或文件夹

顾名思义，复制文件就是将已有文件一模一样地再保留一份，把一份变两份。移动文件就是将已有的文件换个地方保存，类似于生活中的搬家。复制、移动文件和文件夹的操作可以通过多种方法完成，最常用的方法有 3 种。

方法一：通过快捷菜单完成，过程为单击选中→单击右键→选择复制或剪切→找到存放地址→单击右键→粘贴。具体为：

在复制或移动文件和文件夹前，首先要单击选中要被复制或移动的文件和文件夹，然后在被选中的文件或者文件夹上单击右键，选择弹出菜单中的“复制”或“剪切”命令，如图 1-48 和图 1-49 所示。

找到要存放文件的位置，在空白处单击右键，选择弹出菜单中的“粘贴”命令，如图 1-50 所示。那么您会发现在新的地址中已经创建了文件或文件夹。所不同的是，复制命令下，在原始位置还保留有原始文件或文件夹，而移动命令下，文件或文件夹在原来位置已经不存在，已由原来的位置换到新的位置了。

方法二：使用菜单栏中的命令复制或移动。过程为：选中要复制的文件或者文件夹后，单击菜单栏中的［编辑］→［复制］或［剪切］命令，找到目标存放位置后，选择菜单栏中的［编辑］→［粘贴］命令，其作用与上面方法相同。

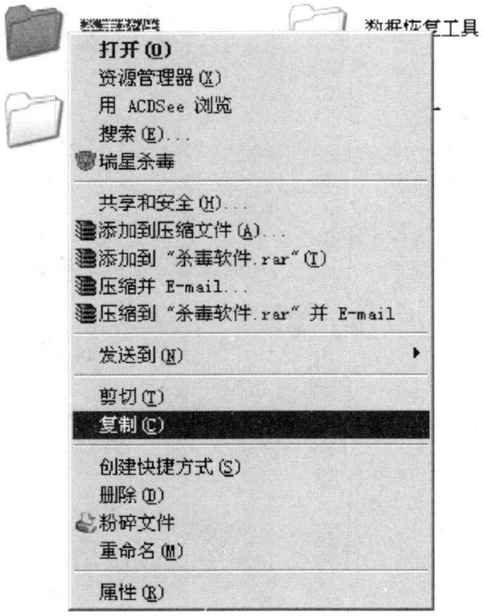

图 1-48　复制文件

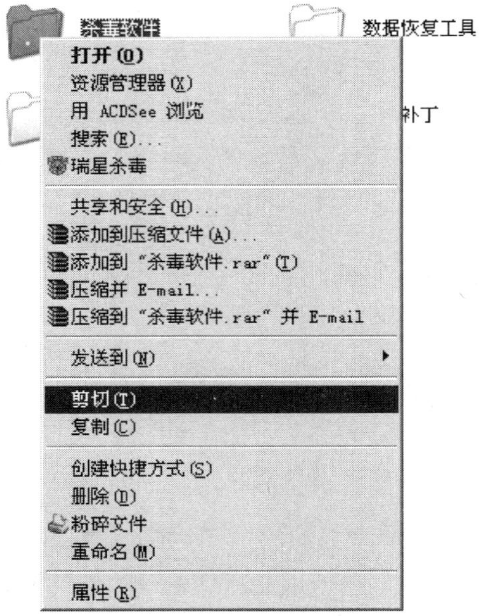

图 1-49　剪切文件

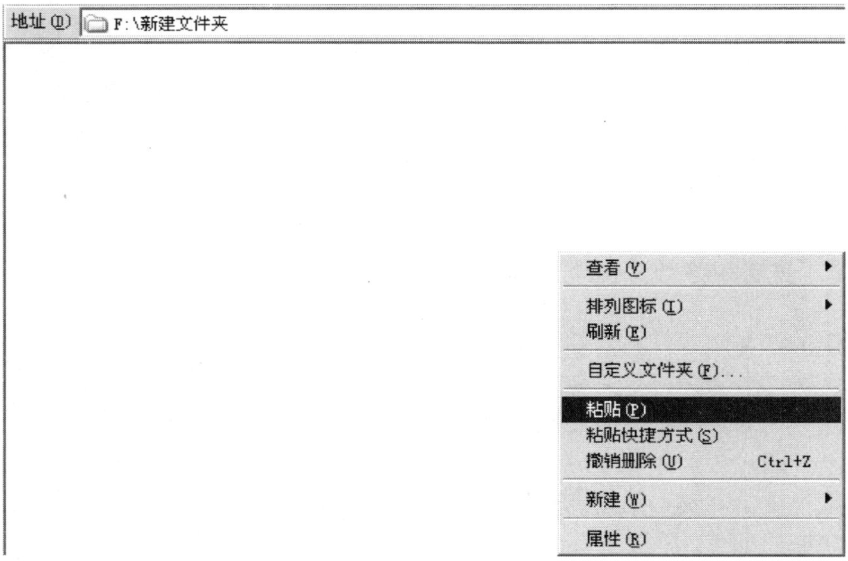

图 1-50　在空白处单击右键粘贴

如果已经将［复制］、［剪切］、［粘贴］按钮添加到了工具栏上，也可以直接单击工具栏上的［复制］、［剪切］、［粘贴］等一系列按钮来完成操作。工具栏状态如图 1-51 所示。

图 1-51　工具栏

小技巧：通过键盘上的组合键 Ctrl + C 和 Ctrl + V 也可以复制或剪切文件和文件夹，然后再在目标路径下使用组合键 Ctrl + V 将文件和文件夹复制或移动到该位置。所有这些方法中一定要注意的一点就是都要先单击选中要复制或移动的文件或文件夹才行。

方法三：通过鼠标的左键拖曳或者右键拖曳复制文件和文件夹。

使用鼠标左键复制或移动：在任何时候，按下 Ctrl 键，同时用鼠标左键拖曳文件和文件夹，可以将文件和文件夹复制到要复制的位置，拖曳过程中鼠标指针显示一个“+”，表示将要将文件复制到该位置。而移动文件和文件夹时的操作则省去了按 Ctrl 键的要求，拖曳过程中鼠标指针并不显示“+”，其他都同复制。如图 1-52 所示。

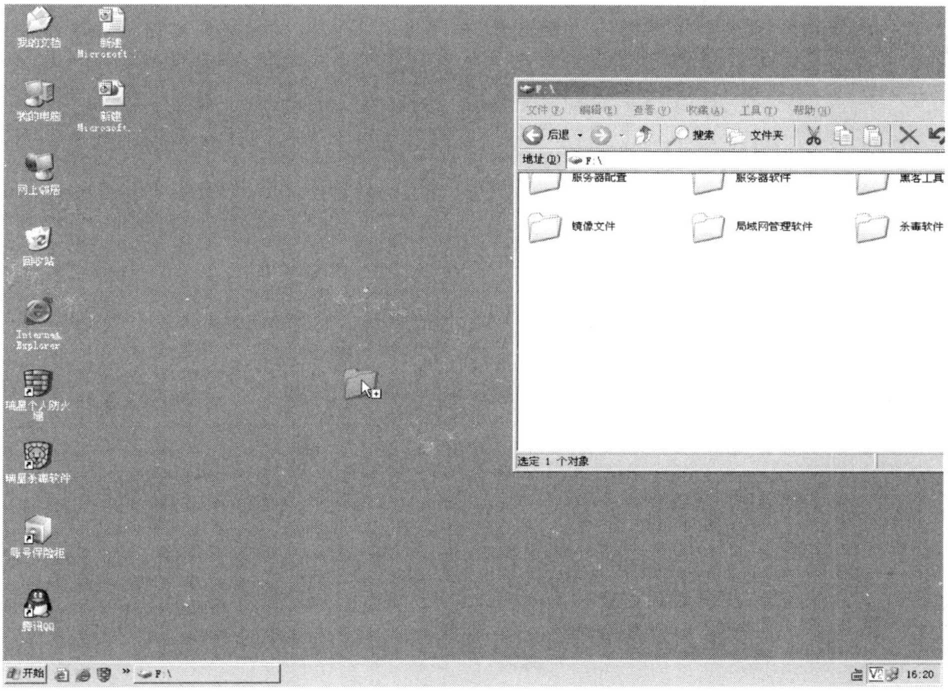

图 1-52　用鼠标左键拖曳复制

使用鼠标右键复制或移动：使用鼠标右键将文件和文件夹拖曳到要复制的位置后释放鼠标，此时会弹出一个快捷菜单，如图 1-53 所示。选择快捷菜单中的［复制到当前位置］命令，执行复制任务。选择快捷菜单中的［移动到当前位置］命令，执行移动任务。

提示：如果在需要将文件或文件夹复制到的目标位置上时，已经有一个和当前文件或文件夹相同名称的对象，则会打开［确认文件替换］对话框，如图 1-54 所示，请求确认是否继续执行复制并替换当前对象的操作。

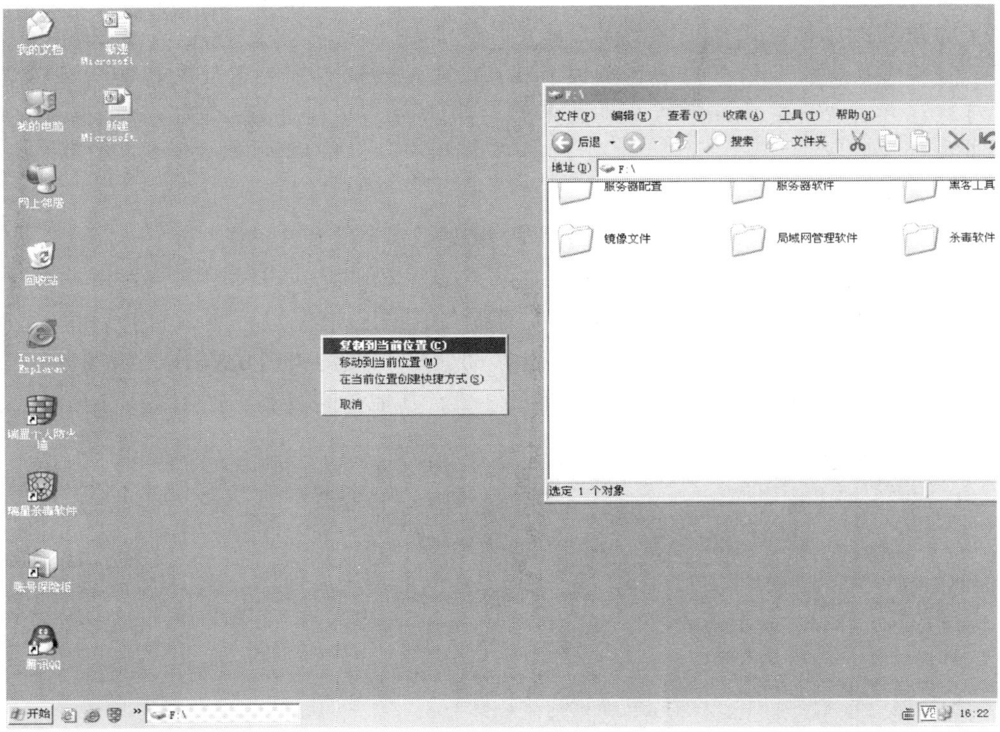
复制到当前位置(C)
移动到当前位置(M)
在当前位置创建快捷方式(S)
取消
服务器配置
服务器软件
黑客工具
镜像文件
局域网管理软件
杀毒软件
选定 1 个对象

图 1-53　用鼠标右键拖曳出现的对话框

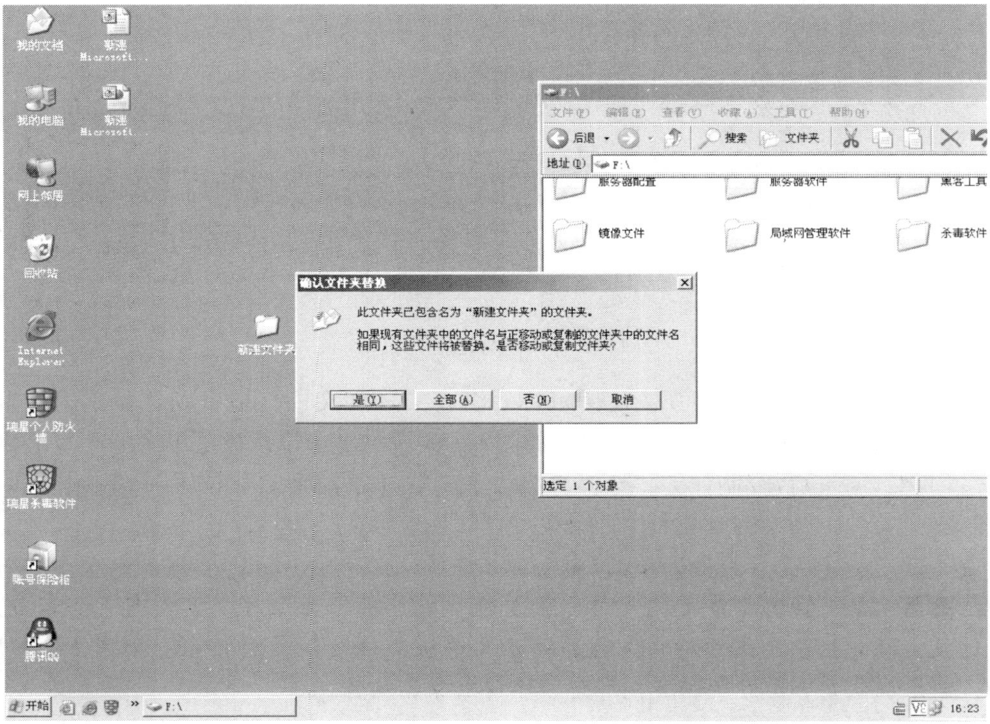
确认文件夹替换
此文件夹已包含名为"新建文件夹"的文件夹。
如果现有文件夹中的文件名与正移动或复制的文件夹中的文件名相同，这些文件将被替换。是否移动或复制文件夹？
是(Y)
全部(A)
否(N)
取消
镜像文件
局域网管理软件
杀毒软件
选定 1 个对象

图 1-54　确认文件替换对话框

1.6.5 删除和还原文件或文件夹

当文件或者文件夹不用的时候，需要将其删除，以节省磁盘空间。选定了要删除的文件或文件夹之后，可以按照以下的几种方法把选定的对象删除。

方法一： 直接按下键盘上的 Del 键删除文件和文件夹。

方法二： 单击“文件”→“删除”命令。

方法三： 右击文件或文件夹，从弹出的快捷菜单中选择“删除”命令。如图 1－55 所示。

图 1－55　删除文件夹

方法四： 单击工具栏中的“删除”按钮（如果已经添加到了工具栏上）。

方法五： 将文件或文件夹直接拖曳到回收站内。

在删除文件或者文件夹的时候，系统会提示是否删除该文件或者文件夹，如图 1－56 所示。如果确定要删除选定的对象，直接单击“是”按钮就可以了，反之则应该单击“否”按钮。

提示： 此时删除的文件或者文件夹实际上是放在了回收站里面了，并没有彻底删除。将来还可以通过回收站将该文件恢复。如果您是初学者建议您使用这种方式删除文件，以便于将来对其恢复。如果删除时同时按下 Shift 和 Delete 键，删除的文件和文件夹将是永久删除的，无法恢复了。

当希望将删除的文件还原时，可以在［回收站］中执行如下的操作。

步骤 1： 双击桌面上的“回收站”图标，打开“回收站”对话框，如图 1－57 所示。

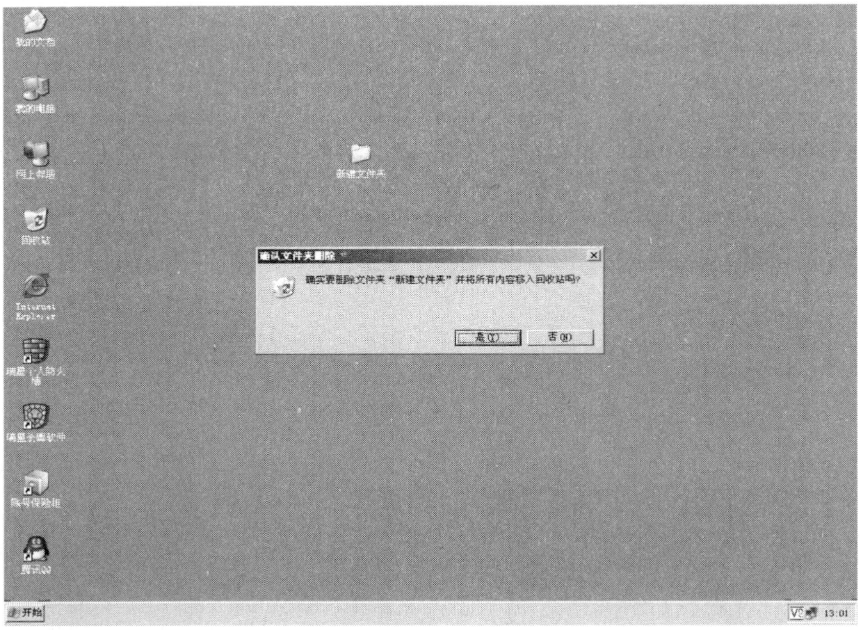

图 1-56　删除前的询问

步骤 2：用鼠标左键选中要被还原的文件。

步骤 3：单击鼠标右键，打开快捷菜单。

步骤 4：在该快捷菜单中选择"还原"命令。

步骤 5：此时被还原的文件将从回收站窗口中消失，并恢复到未被删除之前所在的目录中。

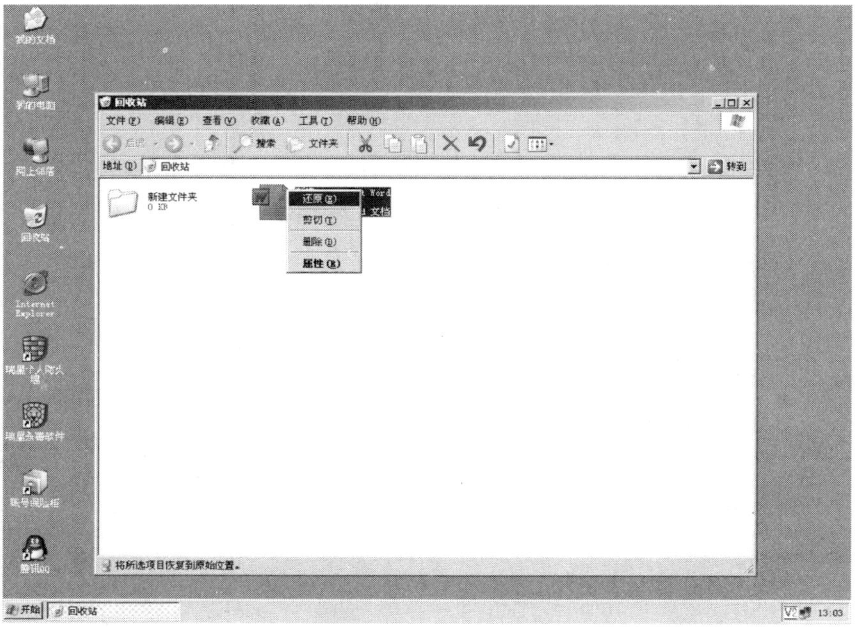

图 1-57　回收站中删除内容的恢复

1.7 了解电脑病毒

电脑病毒就是能够通过某种途径潜伏在电脑存储介质或程序中，当达到某种条件时即被激活的、具有对电脑资源进行破坏作用的一组程序或指令集合。电脑一旦染上了病毒，轻则某一个或几个程序不能打开，重则整个系统都会瘫痪。电脑病毒也像人体病毒一样，可以在互联网的电脑之间相互传染，所以上网的电脑尤其要注意做好防毒工作。

1.7.1 病毒的传播途径

电脑病毒的传播主要通过文件复制、文件传送、文件执行等方式进行。电脑病毒的主要传播途径有以下几种：

① 软盘或 U 盘。

② 可读写光盘。

③ 硬盘的数据拷贝及 . com 或 . exe 文件执行。

④ 网络中网页代码病毒及邮件病毒的传播。

1.7.2 病毒防治措施

为了保障电脑的安全，使电脑能够做到安全有效地为生活、工作服务，您必须严把电脑的“输入关”，防止电脑从外界感染病毒，从而避免电脑的工作效率降低。因此，您应主要做到以下几点：

①系统升级应及时——微软公司对自己的 Windows 系统也在不断地更新和弥补漏洞，您可以通过不断地使用 Windows 自带的系统更新程序，及时下载到微软公司最新的漏洞补丁，从而达到防御病毒主动入侵的目的。

②杀毒防火软件不可少——在系统完成补丁更新后，并不能高枕无忧，因为病毒的不断发展，往往会是因为补丁更新的速度跟不上病毒更新速度而导致的，为此您还必须在电脑上设第二道关卡，杀毒软件和防火墙，目前国内用户使用的杀毒软件和防火墙各不相同，但主流市场还是以国产的瑞星、江民以及国外的卡巴斯基和 Mcfee 为主，这些杀毒软件及配套防火墙会为您的电脑严守“第二关”。

③上网下载需谨慎——现在网上的主流病毒主要依靠的是网页访问和文件下载来进行传播的，所以您需要在上网打开网页及进行下载时谨慎挑选网站，尽量做到访问下载有固定的安全地址，如果需要更换其他地址进行访问和下载时，应把防火墙安全级别调到最高，然后再进行访问或下载，对于下载的软件需要用杀毒软件扫描后方可进行安装（具体方法见第四章）。

④恶意广告要屏蔽——网上的病毒流传除了手动打开网页以外，还有一种就是通过自动打开网页或运行程序来自动散播病毒的方式，这类方式多是采用修改注册表来实现的，为此您必须对恶意插件进行屏蔽，现在市场上像 360 安全助手等安全软件皆自带此功能，而且操作方便，只要根据提示就可以完成操作了。

1.7.2.1 Windows 系统自动升级

及时升级 Windows 系统可有效抵制计算机病毒的入侵，具体步骤如下。

步骤1：桌面上点击选中“开始”→“设置”→“控制面板”，打开“控制面板”。如图 1－58 所示。

图 1－58　控制面板

步骤2：打开“控制面板”后，双击自动更新图标，打开自动更新对话框，选中自动复选框，并设置每天 3 点自动进行系统更新。如图 1－59 所示。

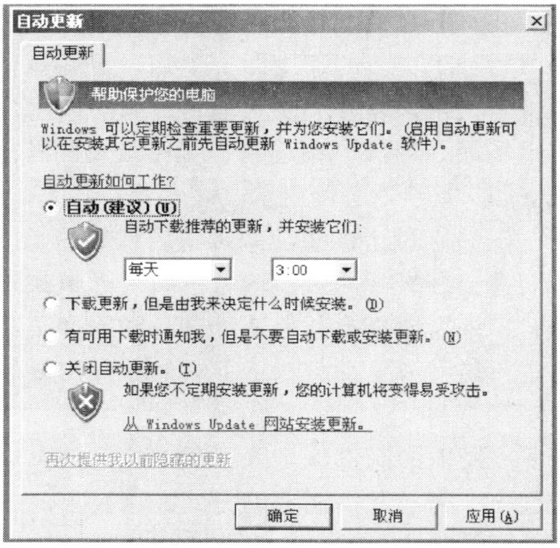

图 1－59　自动更新设置

1.7.2.2 安装杀毒软件

任何一台电脑要想上网，杀毒软件的安装是必备的，有些病毒可以通过杀毒软件将它们清除。常见的杀毒软件有瑞星杀毒软件、金山毒霸杀毒软件、诺顿杀毒软件等。每天都用杀毒软件对磁盘、文件夹及文件进行扫描检查，可以及时查杀电脑中的病毒。

瑞星杀毒软件是目前国内使用最为普遍的一款杀毒软件。分为网络版和单机版，个人用户只要使用单机版即可。

将瑞星安装盘放入光驱，电脑即会自动运行安装程序，如图 1-60 所示。

图 1-60 安装瑞星软件

1.7.2.3 安装防火墙

防火墙的存在使电脑处于一种防御状态，它可对电脑入侵病毒进行实时监控，防止未知程序进入电脑，它常和瑞星杀毒软件同时使用。具体安装方法这里不再详细讲述，您只需根据安装提示一步步操作即可。

用电脑写文章

第二章

在第一章中您已经知道了电脑的基本操作方法，这一章您将学习用电脑写文章，这可是日常生活中最常见的应用之一，不管您是写电子信件，还是在网上购物或网上卖东西，都离不开文字的输入。只有掌握了文字输入方法，您才算是真正会使用电脑了。实际上，用电脑写字有时要比用纸张写字要方便得多，不仅写得快，而且修改起来也很方便，并可以永久保存。

用电脑写文章的基本操作过程是首先选择一个文字处理软件比如 Word，然后用键盘输入文字，最后再根据需要编排一下。您看，是不是很简单呢？下面我们就按照这几个步骤给您详细讲一讲。

2.1 选择文字处理软件

在用键盘输入文字之前，我们必须先选择一个合适的文字处理软件，Windows 本身自带了许多可以进行文字编辑的软件，如“Windows 写字板”、“Windows 记事本”、“Windows 文本文件”等，这些软件无需另行安装，只要装好 Windows，这些软件就自然存在了。但是这些软件在文字处理方面的功能仍有很多的欠缺。

目前使用最为广泛的是 Word 文字处理软件，它的功能强大，使用方便，几乎所有的系统都能安装。因此，您在购买电脑的同时，一定要强调让卖家帮您安装好 Windows Office 软件。本章主要就是介绍如何用 Word 编写文章。

2.2 Word 办公软件的基本操作

2.2.1 新建 Word 文档

打开 Word 文件进入 Word 操作界面的步骤如下：

步骤1：执行“开始” + “程序” + “Microsoft Office” + “Word 2003”命令，可

以打开“Word”文档，如图 2－1 所示。

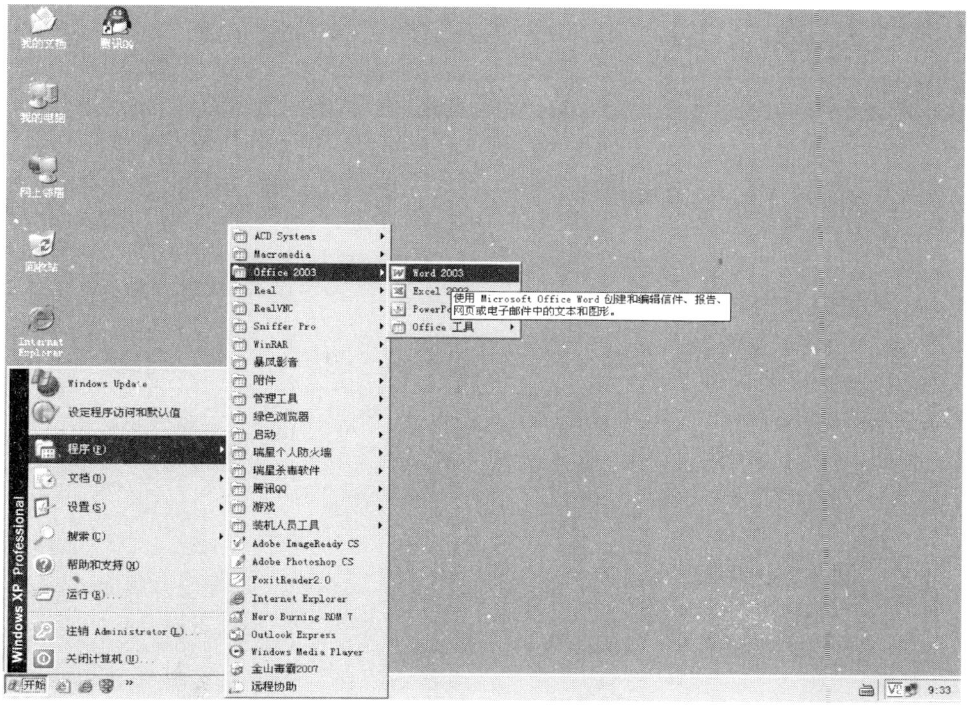

图 2－1　打开 Word 2003

步骤 2：首先显示 Word 的版权信息，随即进入 Word 工作环境，如图 2－2 所示。

图 2－2　Word 2003 版权页

步骤3：等待数秒后，打开 Word 文件。如图 2-3 所示。

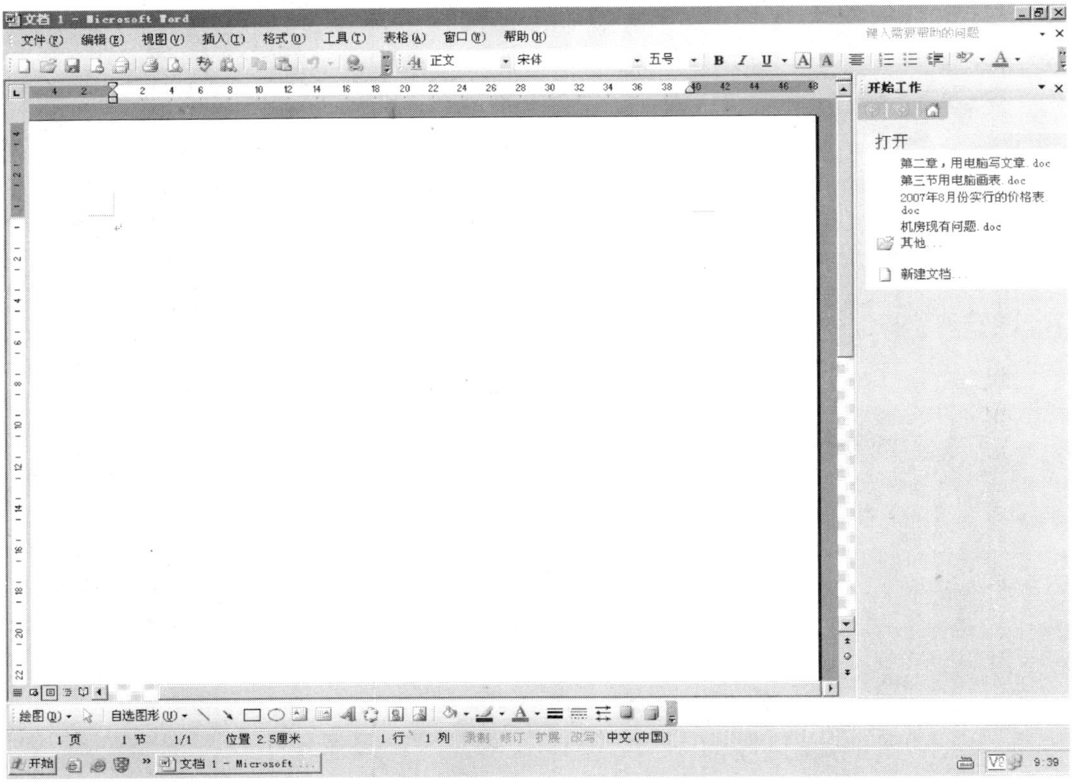

图 2-3 打开的 Word 文档

2.2.2 打开已有的 Word 文件

对于以前保存于电脑中的 Word 文档，您可以在找到它保存的地址后，直接双击 Word 文档的图标来启动它。您不妨任意找一个 Word 文件来试试，不管这个 Word 文件保存在何处，双击图标即可启动 Word。

2.2.3 保存 Word 文件

保存文件就是将写在 Word 里面的内容在电脑中保存起来，以便以后查看，如果您没有将文件（文档）保存起来便关闭文件或离开 Word，则先前对文件所作的编辑就白费力气了。因此，在文件编辑结束时，一定记得要保存文件，以便日后使用。要保存文件可以执行“文件”→“保存”命令，如图 2-4 所示。或是直接按下常用工具栏的保存按钮。

对于还未取文件名的新文件（Word 会先以文档 1、文档 2……来称呼它们），第一次进行保存操作会显示另存为对话框，要求赋予这份新文件一个文件名称。例如当您要将文档 2 保存名为“信件”的文件：

步骤1：按下“文件”→“保存”命令，打开“另存为”对话框，如图 2-5 所示。

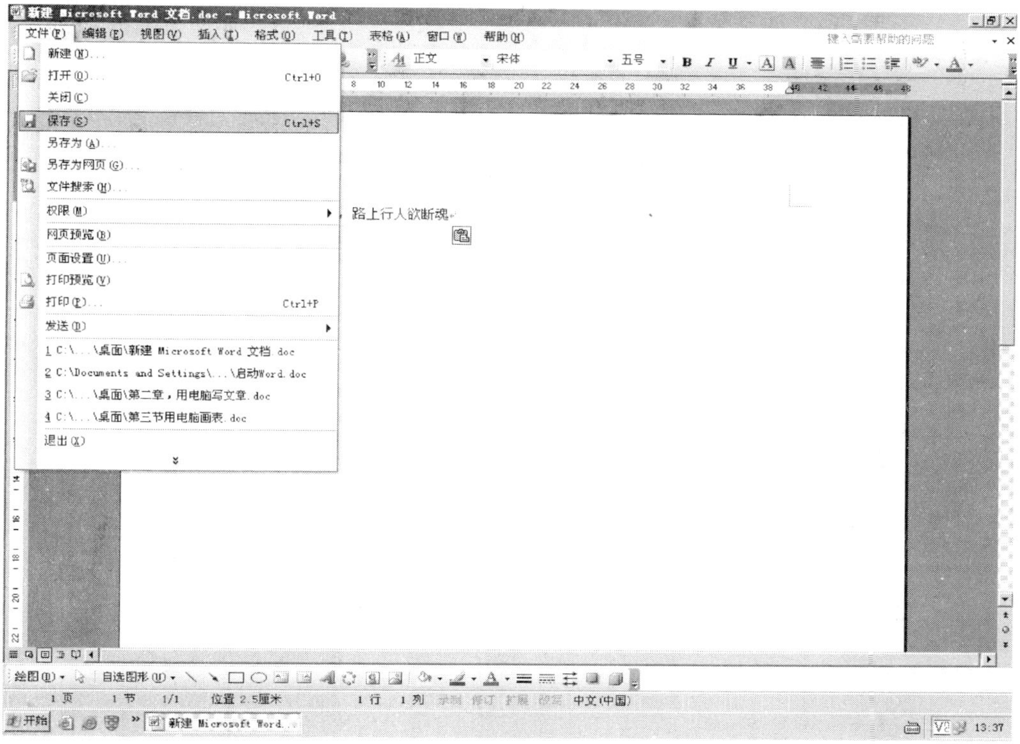
新建 Microsoft Word 文档.doc - Microsoft Word
文件(F) 编辑(E) 视图(V) 插入(I) 格式(O) 工具(T) 表格(A) 窗口(W) 帮助(H)
新建(N)...
打开(O)... Ctrl+O
关闭(C)
保存(S) Ctrl+S
另存为(A)...
另存为网页(G)...
文件搜索(H)...
权限(M)
网页预览(B)
页面设置(U)...
打印预览(V)
打印(P)... Ctrl+P
发送(D)
1 C:\...\桌面\新建 Microsoft Word 文档.doc
2 C:\Documents and Settings\...\启动Word.doc
3 C:\...\桌面\第二章，用电脑写文章.doc
4 C:\...\桌面\第三节用电脑画表.doc
退出(X)
路上行人欲断魂
正文 宋体 五号
1 页 1 节 1/1 位置 2.5厘米 1 行 1 列 中文(中国)
开始 新建 Microsoft Word... 13:37

图 2-4 保存 Word 文档

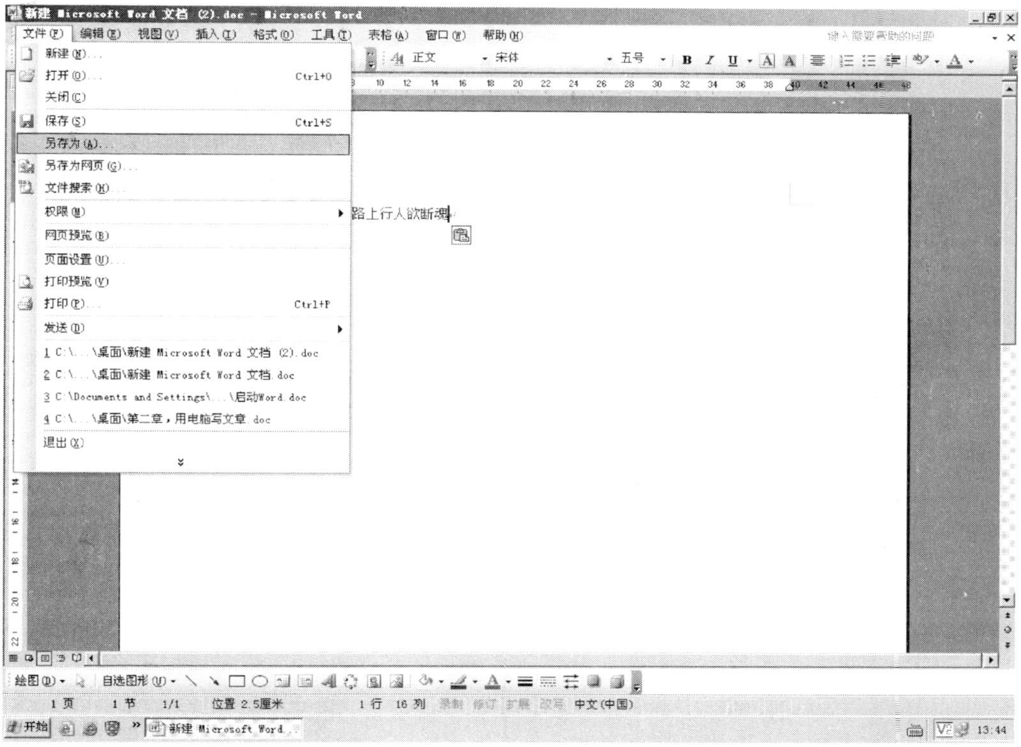
新建 Microsoft Word 文档 (2).doc - Microsoft Word
文件(F) 编辑(E) 视图(V) 插入(I) 格式(O) 工具(T) 表格(A) 窗口(W) 帮助(H)
新建(N)...
打开(O)... Ctrl+O
关闭(C)
保存(S) Ctrl+S
另存为(A)...
另存为网页(G)...
文件搜索(H)...
权限(M)
网页预览(B)
页面设置(U)...
打印预览(V)
打印(P)... Ctrl+P
发送(D)
1 C:\...\桌面\新建 Microsoft Word 文档 (2).doc
2 C:\...\桌面\新建 Microsoft Word 文档.doc
3 C:\Documents and Settings\...\启动Word.doc
4 C:\...\桌面\第二章，用电脑写文章.doc
退出(X)
路上行人欲断魂
正文 宋体 五号
1 页 1 节 1/1 位置 2.5厘米 1 行 16 列 中文(中国)
开始 新建 Microsoft Word... 13:44

图 2-5 保存文件

步骤2：在“另存为”对话框中，单击“保存位置”下拉列表框，如图2-6所示。选择保存文件的位置，然后单击“保存类型”下拉列表框，选择Word文档文件类型(默认)，在“文件名”下拉列表框中，输入文件名称“信件”，如图2-7所示。如您不键入文件名称，Word也会默认文件的标题为文件名，单击“保存”按钮，如图2-7所示。

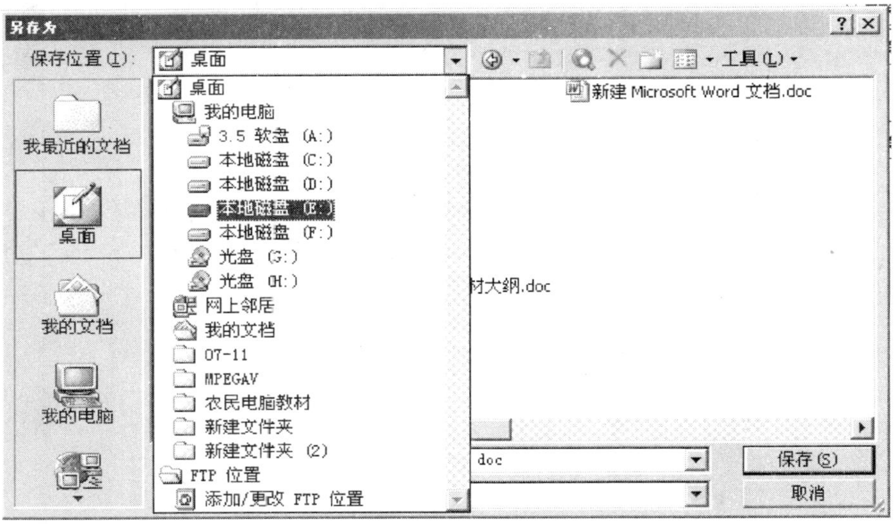

图2-6　保存位置下拉菜单

图2-7　保存类型下拉菜单

保存完成后，您会发现Word窗口的标题栏从文档2变成了“信件”。

文件保存之后，再次执行保存文件时，Word会将修改过的文件直接加以保存，不会再出现另存为对话框。建议您在编辑文件过程中，经常按一下保存，或是直接按 Ctrl + S 快捷键将文件保存起来，可让您在程序关闭、电脑断电之时，将损失降到最低。

2.2.4 关闭文件

如果您不想再继续编辑文件，请按下菜单栏右端的关闭窗口 × 按钮，或是执行“文件→关闭”命令来关闭该文件，如图 2-8。

关闭文件时，Word 会检查该份文件是否已经保存。如果文件保存后内容未有任何修改，Word 会直接关闭文件。若该份文件曾经做过修改但尚未保存，Word 会出现对话框询问是否要保存该文件，如图 2-9，最好您能点击“是”，以确保所做修改不被丢失。

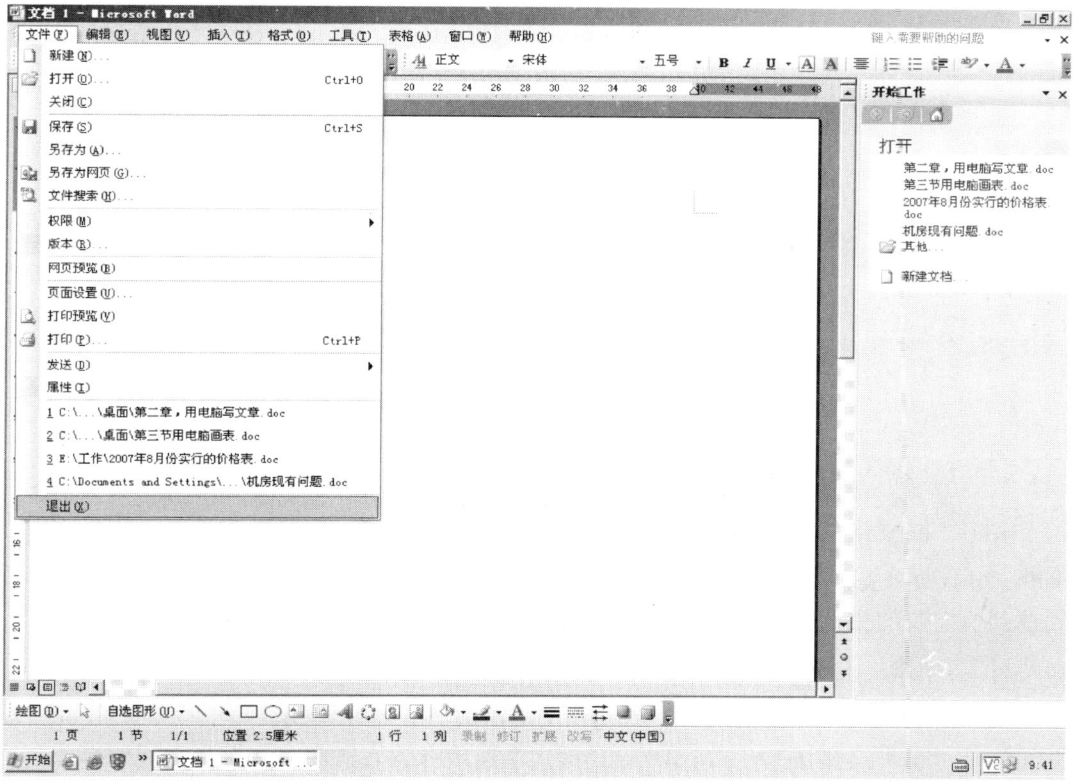

图 2-8 关闭 Word

2.3 选择文字输入法

常见的输入法 Windows 系统默认已经给安装好了。如智能 ABC 输入法、微软拼音输入法、全拼输入法等。您可以根据自己的喜好选择使用不同的输入方法。如果不喜欢系统自带的输入法，还可以自己去选择性安装，如五笔输入法等。所有这些输入方法都要通过键盘输入来实现。这里主要介绍拼音输入法的打字方法。

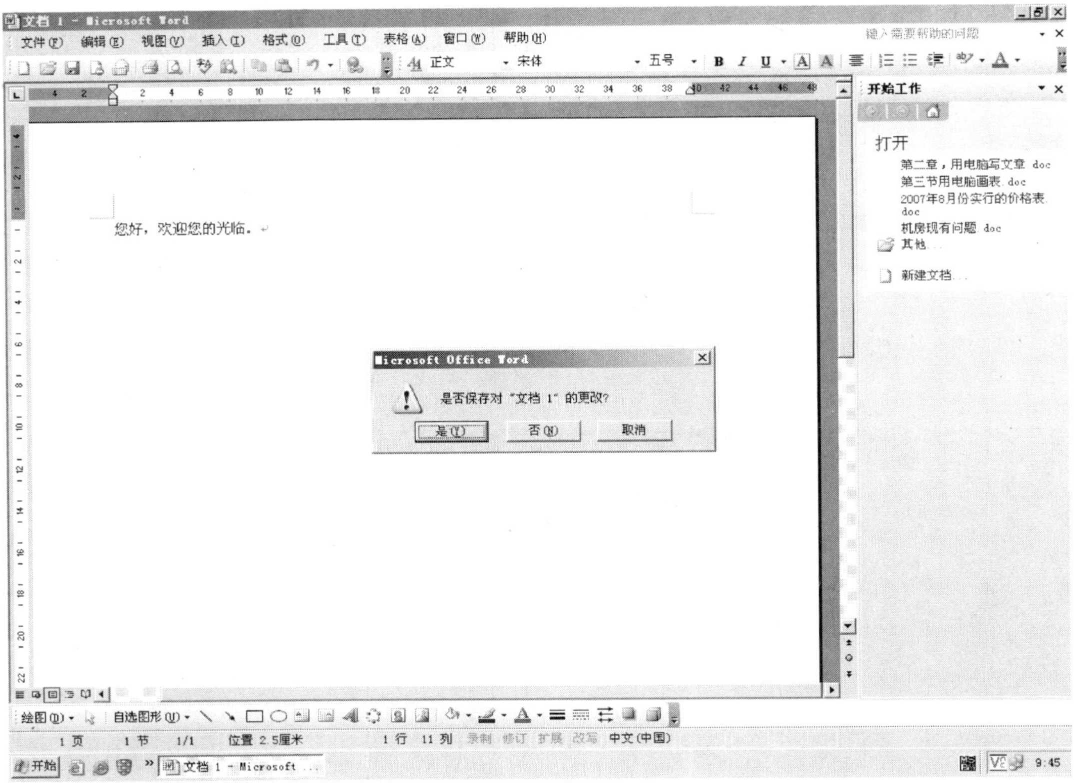

图 2-9　关闭前的询问

2.3.1　输入法的切换

首先，您需要在多种输入法中选择一种输入方法，最简便的方法就是同时按住 Ctrl + Shift。组合键来切换。每按一次 Ctrl + Shift 键，就切换一种输入法，如此循环不已，直到选到所需要的拼音输入法。您也可直接用鼠标选取，其操作方法为：在屏幕的右下角，点击""图标，出现上拉菜单，如图 2－10 所示。

如果您想关闭使用的输入法，回到英文键盘的英文输入模式，除了按 Ctrl + Shift 慢慢切换外，也可直接按 Ctrl + Space 组合键，快速地在输入法和英文键盘之间切换。

提示： 如果您对键盘各个按钮的名称还不熟悉的话，请回到第一章认识键盘那一节再复习一下吧，多练习就会操作自如了。

2.3.2　中/英、全/半角输入模式的切换

文章中的文字内容可以包含中文、英文、数字和标点符号，其中英文、数字和标点符号还有"全角"和"半角"的格式之分。在拼音输入法中，这些文字与标点符号需要在不同的输入模式下键入。

图 2-10　打开输入方法选择项

首先带您先熟悉一下如何切换“中文/英文”与“全角/半角”输入模式吧。

您只要按 Shift 键，即可在微软拼音 2003 版中切换中文输入模式与英文输入模式。图 2-11 左侧所示是全角模式，图 2-11 右侧所示是半角模式。

图 2-11　全角及半角模式

2.3.3 文字输入

任何一个新打开的文档，它的工作区都是空白的，同时光标停留在第一行、第一列的位置，您要输入的文字就从光标这里开始。工作区就是一张空白纸，在这张纸上可以写任意文字了。如果您的汉语拼音掌握得不错，您可以选择用微软拼音输入法来键入文字。

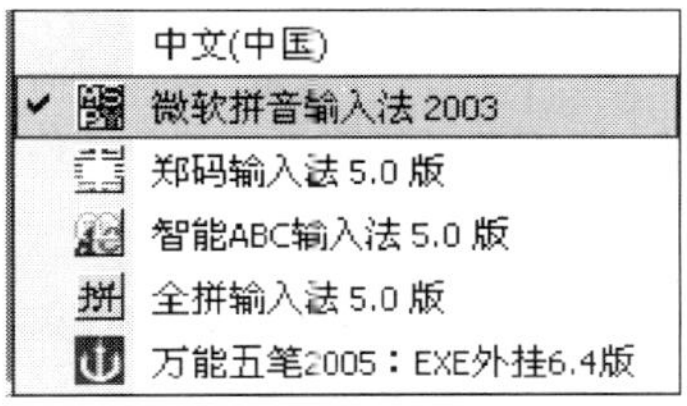

图 2-12　输入法选择菜单

*步骤*1：在电脑的右下角找到并单击此图标“”，出现上拉菜单，如图 2-12 所示。

*步骤*2：通过移动鼠标来选择切换到“微软拼音输入法”。此时电脑下方会显示输入法名称来提醒您目前使用的输入法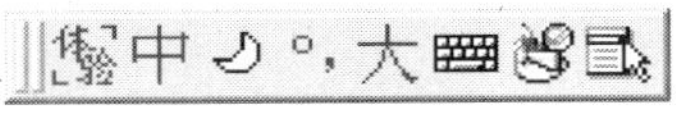。

步骤 3：把光标放在需要输入文字的位置，然后键入“zhongguoren”的拼音后，电脑屏幕上会出现如图 2－13 所示的提示，按“空格”键后，可见汉字“中国人”就输入到了“Word”文件中了。

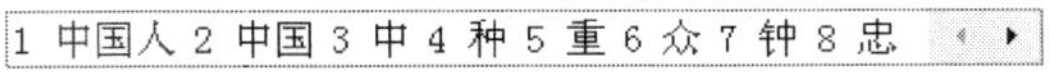

图 2－13　输入文字提示

2.4　编辑与修改文章

2.4.1　选中文字

选择要编辑的文章，双击图标打开。要修改文章，首先要掌握文字选中的操作。这项操作主要由鼠标来完成。如我们想选中文档 2 中的“清明时节雨纷纷”，则可把鼠标的光标放在文字“清”前，如图 2－14 所示，然后拖住鼠标不放，一直拉到“纷”字的后面，可见“清明时节雨纷纷”的字样在 Word 工作区中显示为黑色。如图 2－15 所示。

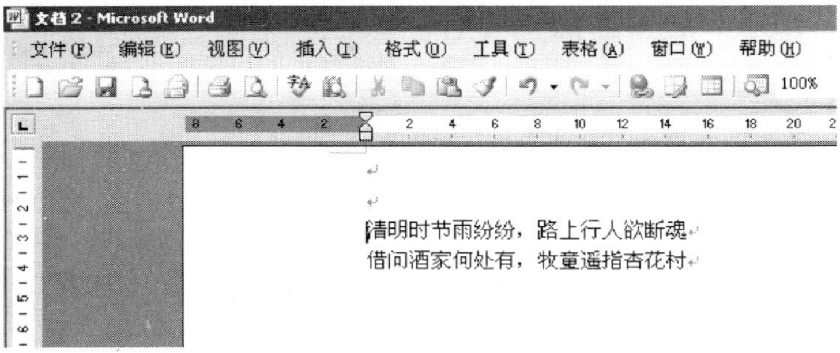

图 2－14　光标放在文字前面

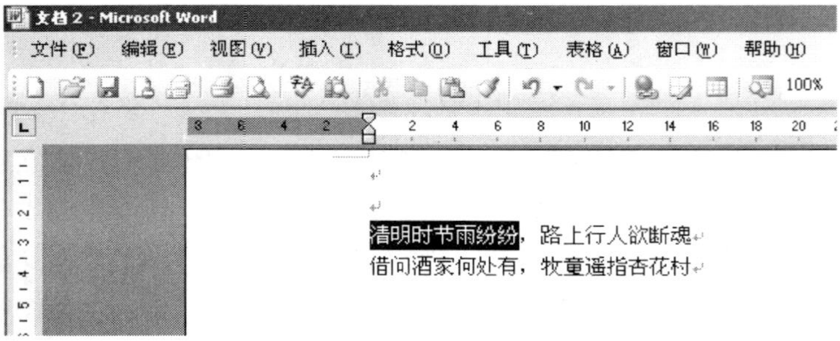

图 2－15　选中的文字

2.4.2　搬移与复制文字

在 Word 中，可以用“剪贴法”和“拉拽法”两种方式，来搬移或复制一些文字。

2.4.2.1 剪贴法搬移文字

在常用工具栏上有 3 个按钮是剪贴法不可或缺的工具。

① 剪切按钮 将选定的文字拷贝到剪贴板中，并将原选定的文字删除。

② 复制按钮 将选定的文字拷贝到剪贴板中，而保留原选定的文字。

③ 粘贴按钮 将剪贴板的内容加到插入点所在的位置。

提示： 剪贴板是 Windows 98/2000/Me/XP 提供的一块保存空间，用来存放剪贴或复制的数据。每当剪贴或复制新的数据时，先前剪贴板中的内容就会被覆盖掉。

搬移的操作相当于先“剪切”再“粘贴”。请创建新文档，录入“清明时节雨纷纷，路上行人欲断魂，借问酒家何处有，牧童遥指杏花村”。假设您想把文件中的“清明时节雨纷纷，路上行人欲断魂”字符串移至整段最后。操作步骤如下：

步骤 1：选定“清明时节雨纷纷，路上行人欲断魂”字符串，如图 2-16 所示。

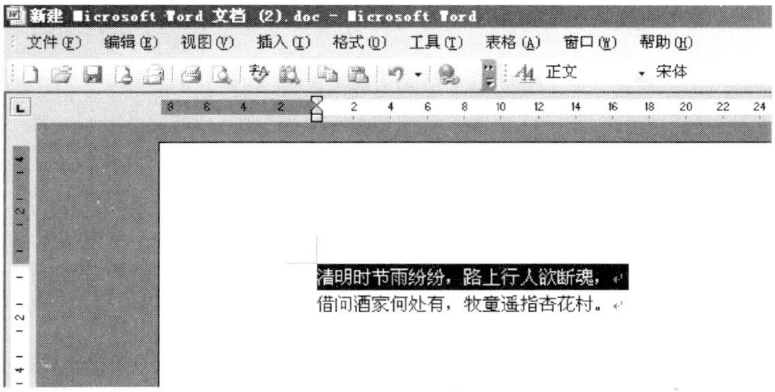

图 2-16 选中文字

步骤 2：按下剪切按钮 ，被选定的文字会由原处搬移到剪贴板上，Word 文件中原处的文字则会因被剪切而消失，剩下的文字重新排列，如图 2-17 所示。

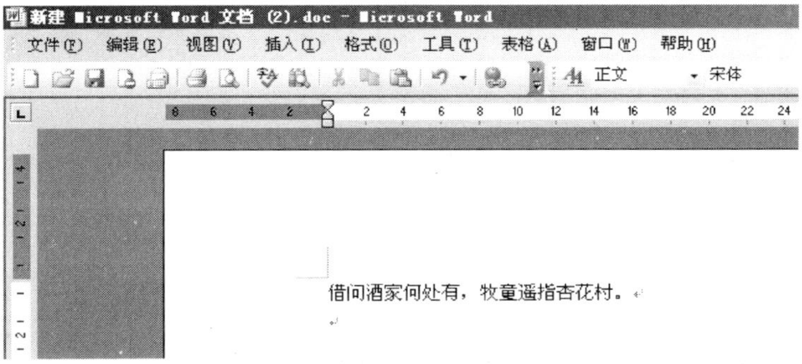

图 2-17 剪切后的文字

步骤 3：将光标插入点移至该段的结尾。如图 2-18 所示。

步骤 4：按“粘贴”按钮 ，刚刚剪切的文字便会出现在光标插入点之前，如图 2-19所示。

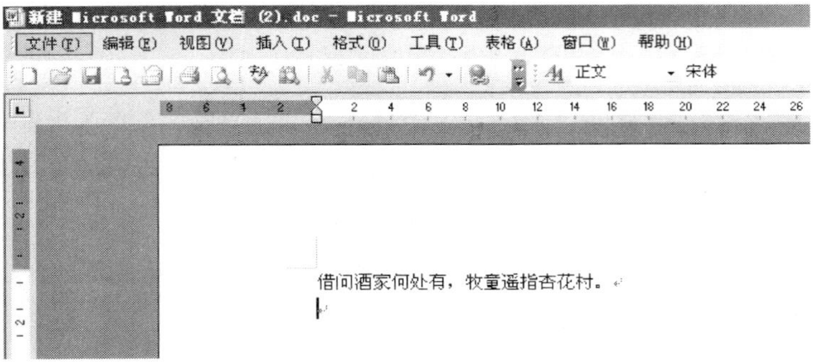

图 2-18　将光标移到文字的结尾处

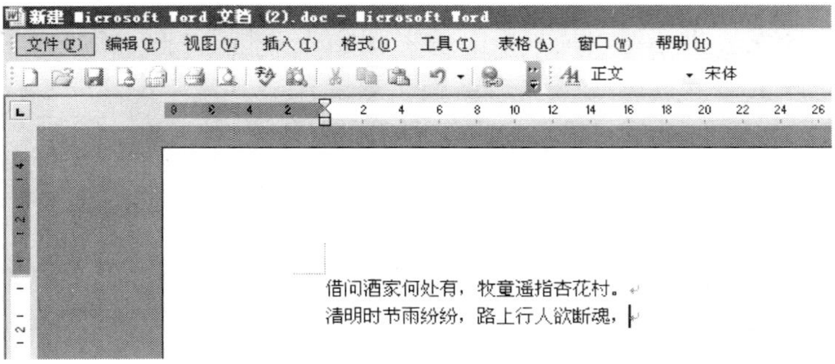

图 2-19　移动后的结果

2.4.2.2　粘贴法复制文字

复制的操作相当于先“拷贝”再“粘贴”，相当于把一段文字写两遍。例如要把上例中的“清明时节”复制到“何处有”之前，则可以按以下的步骤操作。

步骤 1：用鼠标选定“清明时节”，按下复制按钮，如图 2-20 所示。

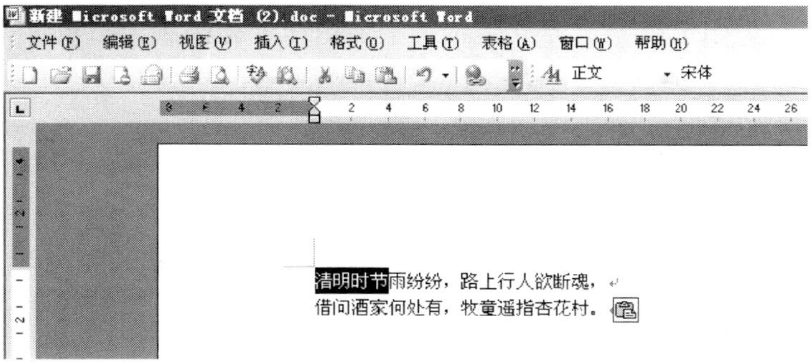

图 2-20　选中并复制

提示：按下复制按钮后，您的屏幕上有可能会出现“剪贴板”工具栏，请不要紧张，先按下“剪贴板”右上角的“关闭”按钮关闭它即可。

步骤 2：将插入点移到“何”之前，再按下“粘贴”按钮，文字就复制过来了，如图 2－21 和图 2－22 所示。

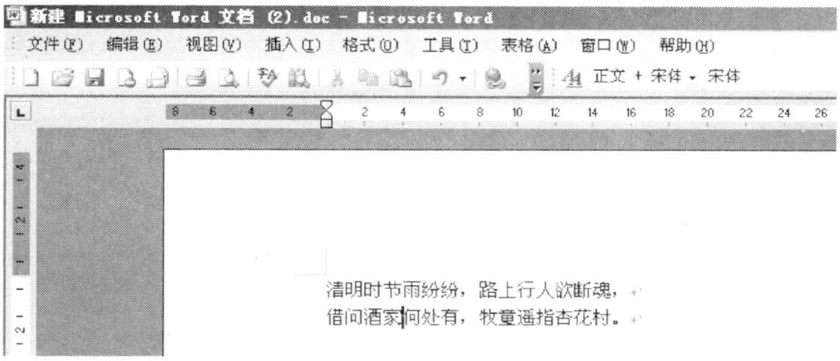

图 2-21　光标移动

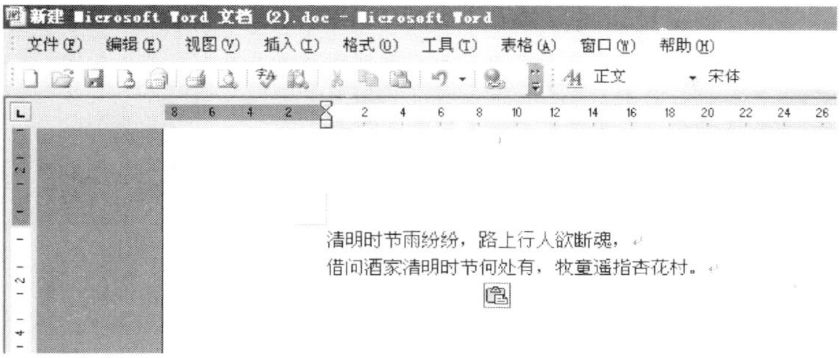

图 2-22　复制后效果

2.4.2.3　拖拽法搬移文字

您也可以用鼠标拉拽的操作来完成搬移和复制。这种方法仅仅通过拖拽鼠标即可完成。

重新录入“清明时节雨纷纷，路上行人欲断魂，借问酒家何处有，牧童遥指杏花村”，假设要将文件中的“清明时节”搬到段落的结尾，可以按以下步骤操作。

步骤 1：用鼠标左键选定“清明时节”字串。如图 2－23 所示。

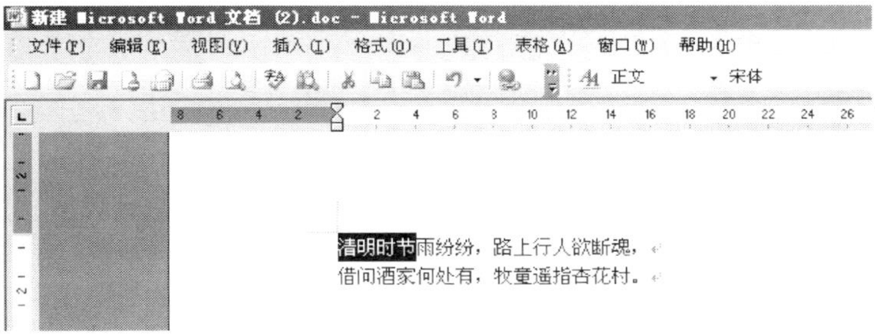

图 2-23　选中文字

步骤 2：用鼠标点中选定区域不放，拉拽选定区域到段落的结尾，如图 2－24 所示。

步骤 3：放开鼠标左键，选定的字符串已移至该段的结尾，如图 2－25 所示。

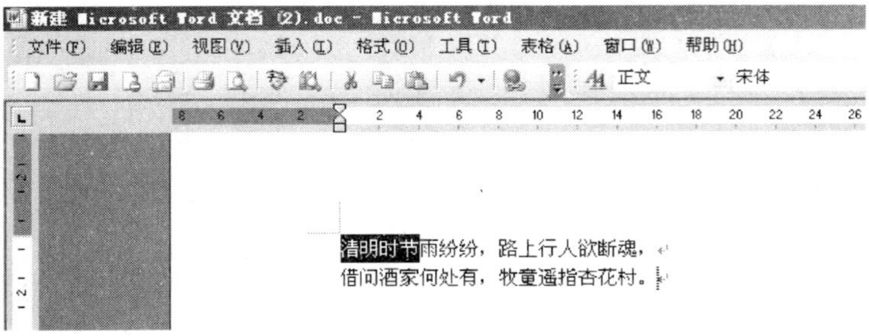

图 2-24　拖拽选中文字到段落结尾

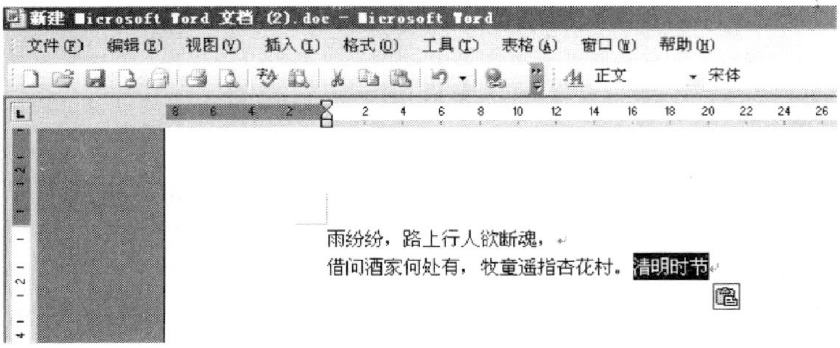

图 2-25　移动文字后的效果

2.4.2.4　拖拽法复制文字

假设要将开头的“清明时节”复制到“路上行人欲断魂”的后面，可采取如下操作。

步骤 1：选定“清明时节”字串，如图 2-26 所示。

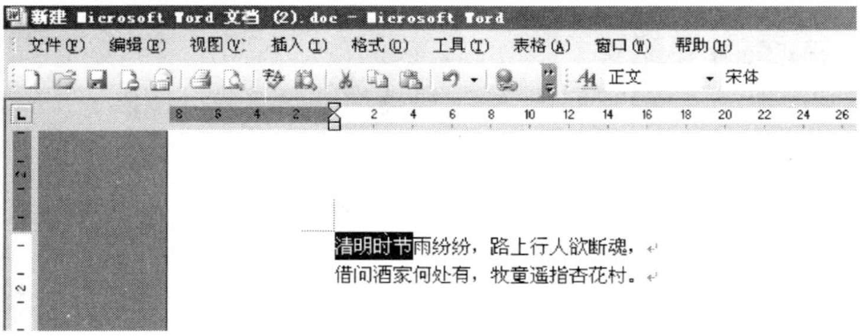

图 2-26　选中文字

步骤 2：按住 Ctrl 键不放，再用鼠标拉拽选定区域到“路上行人欲断魂”的后面，如图 2-27 所示。

步骤 3：到达欲插入的位置后，先放开鼠标左键，再放开 Ctrl 键，选定的文字即复制到插入点处，如图 2-28 所示。

提示：搬移与复制除了可以在同一份文件内进行，还可以在不同文件之间交换数据。

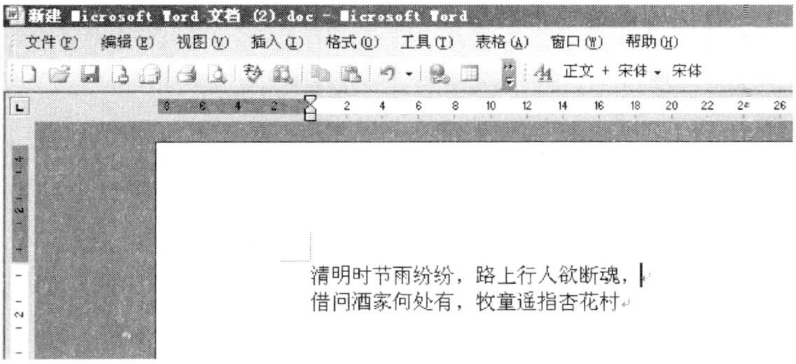

图 2-27 拖拽选中文字到行尾

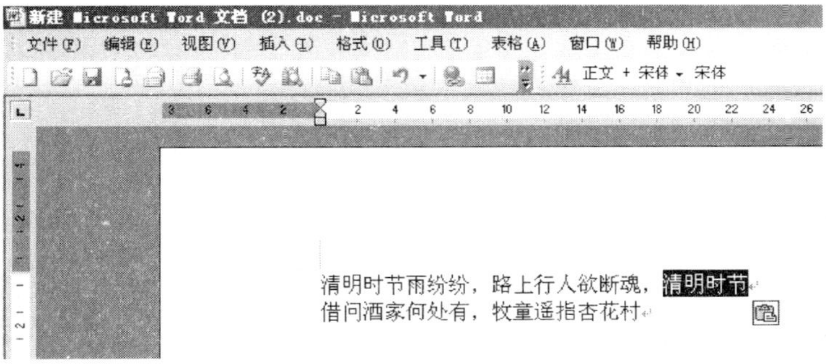

图 2-28 拖拽复制完成

2.4.3 重复或撤销前一个操作

在执行一连串的操作之后，如果您想恢复到这一连串操作执行之前的状态，可利用撤销按钮的撤销栏窗口；若想取消刚才撤销的操作，请按下恢复按钮旁的下拉按钮，即会出现恢复栏窗口，再次取消刚才撤销的部分或全部的操作。

提示： 无论是撤销之前执行的哪一个操作，都必须先从上一个操作开始往前撤销，无法直接回复上一个操作之前的某单一或连续操作。

重复与撤销前一个操作的步骤如下。

步骤 1： 请创建一份新文件，然后键入“路上行人”四个字，如图 2-29 所示。

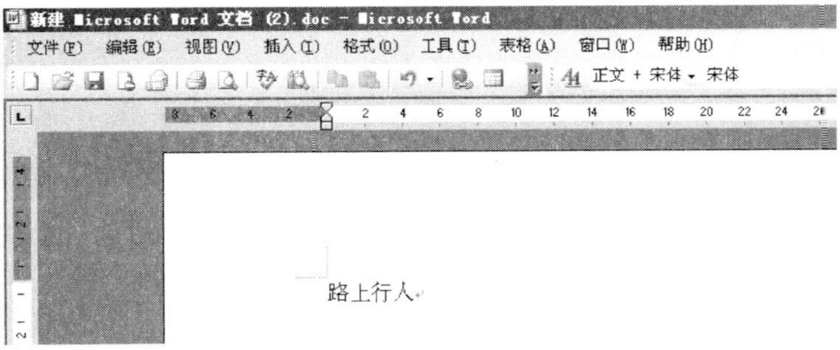

图 2-29 创建新文件

步骤2：执行“编辑/重复键入”命令，会出现第二组“路上行人”，如图2-30所示。

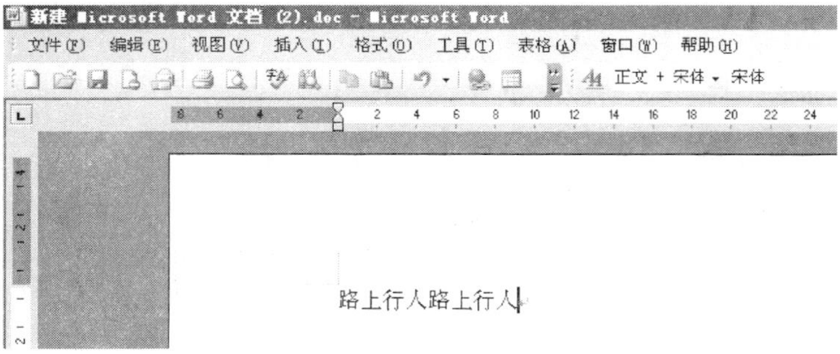

图2-30　重复键入

步骤3：点击“撤销”栏窗口，将前面键入的字一个个地撤销了，连续点击，可将所有录入的字符都撤销。

步骤4：连续点击“恢复”栏窗口，可取消前面的撤销操作，恢复原来输入的字符，出现“路上行人”。

2.4.4　修改文字的格式

Word的字符格式，包含了字体的变化、字符特殊效果，还有字符间距等。您可以根据需要决定选择何种字体，采用哪种格式。

2.4.4.1　改变字体

启动Word，创建Word文件，并输入一段文字，如图2-31所示。然后按以下步骤操作。

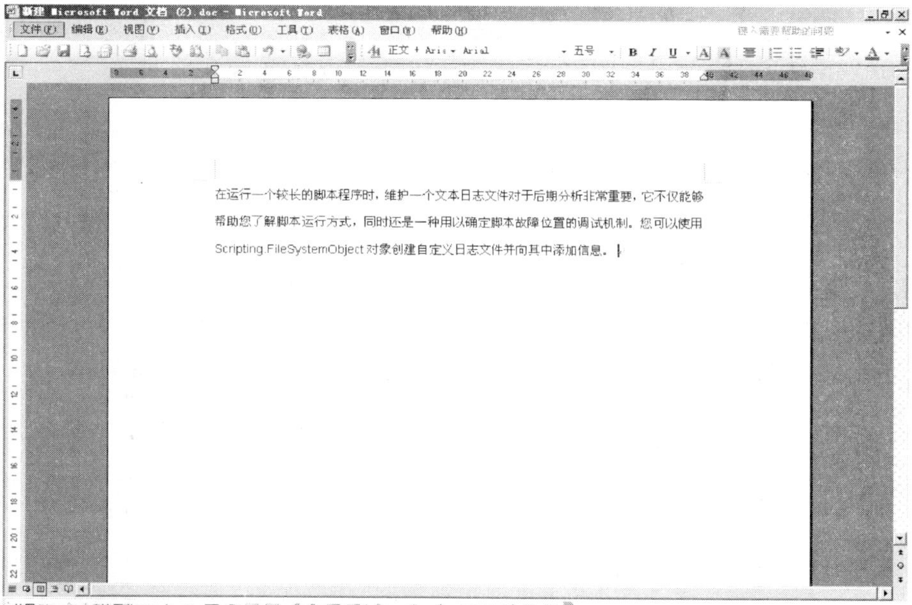

图2-31　创建新的文件

步骤1：选中“视图”→“标尺”，标尺出现在工具栏之下，如图2-32所示。此外，由于在“页面视图”下比较能看出纸张边界与文字区域的位置，同时，调整段落缩进时，也需要参照这些数据，所以，如果目前文件在其他模式下，请按下水平滚动条左侧的“页面视图”按钮。如图2-33。

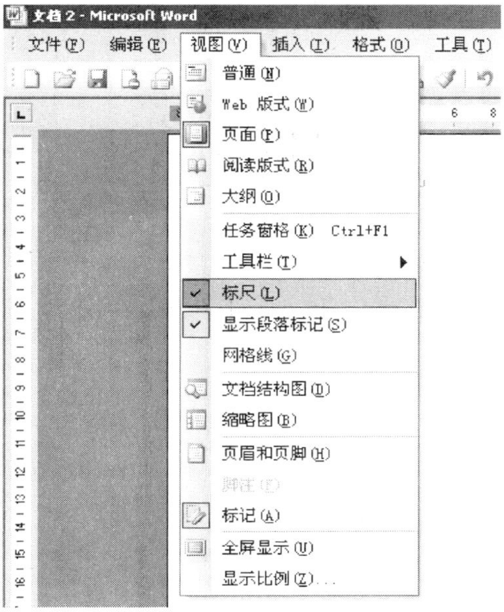

图2-32 显示标尺

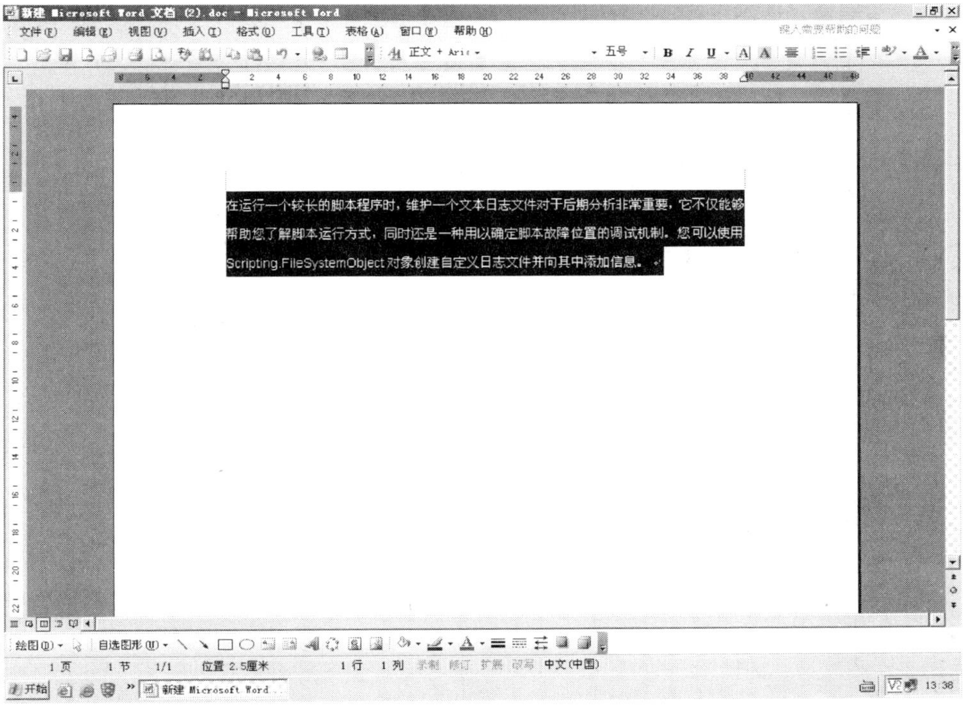

图2-33 页面视图下的文档

步骤 2： 打开“格式”→“字体”，如图 2－34 所示。出现字体设置对话框。如图 2－35 所示。

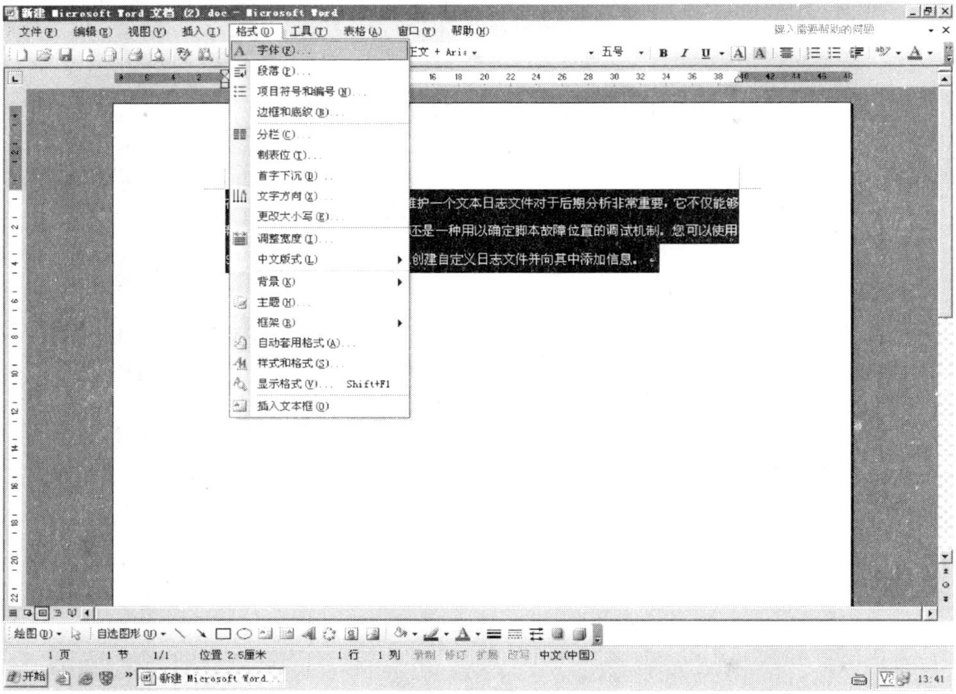

图 2－34　打开字体设置

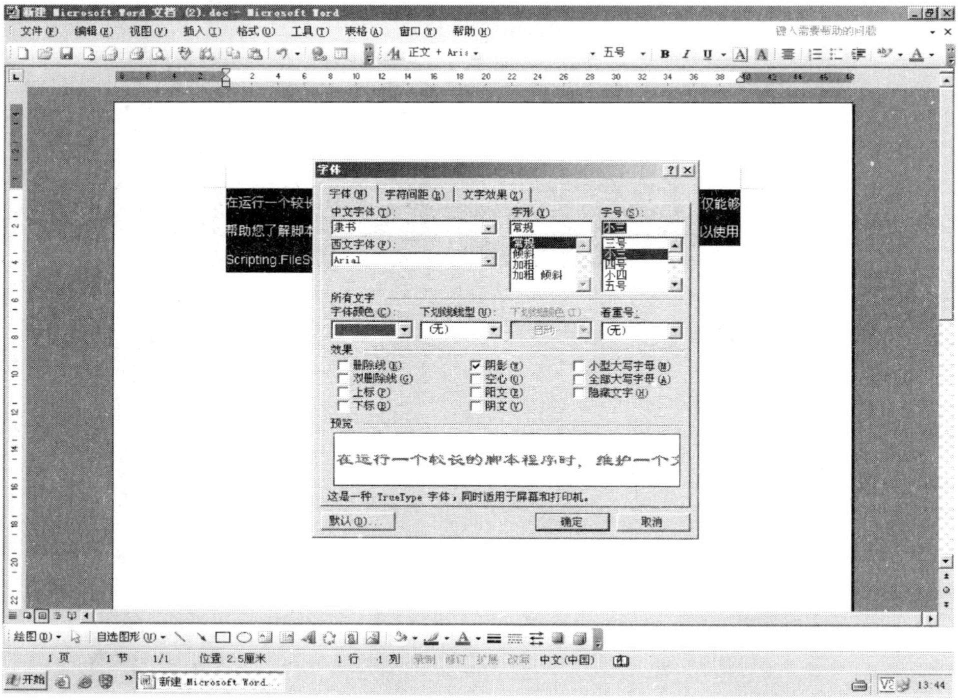

图 2－35　字体设置对话框

步骤 3：在中文字体中选择隶书，在字形中选择常规，字号中选择小三号，字体颜色选为红色，设置完成后点击确定按钮。字体设置后的效果，如图 2－36 所示。

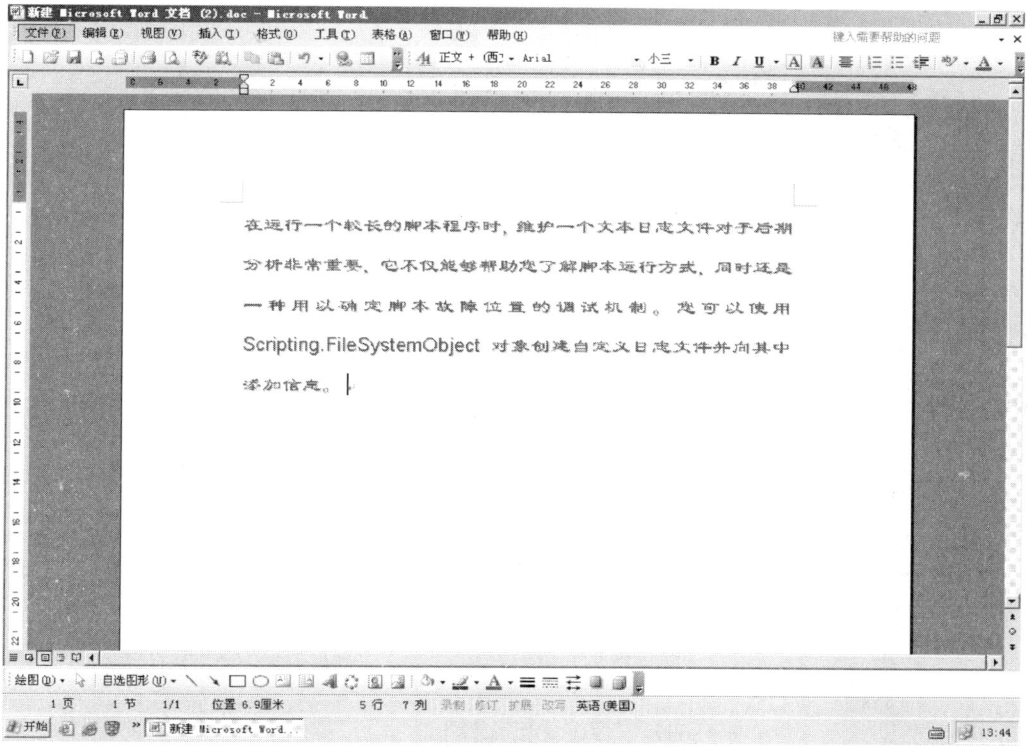

图 2－36　字体设置后的效果

2.4.4.2　给文字加特殊效果

您不仅可以利用 Word 改变文字的字体、大小和颜色，还可以在字体→字体对话框的效果区，给输入的文字加上您所需要的特殊效果，见图 2－37。

图 2－37　文字格式修饰效果

2.4.4.3　调整文字间距

若您觉得字符之间的距离或垂直位置不妥，可进入字体→字符间距对话框调整。比如选定“我是中国人”，接着选择“格式→字体→字符间距”命令，如图 2－38 和图 2－39 所示。

提示：“字体→字符间距”对话框的“位置”栏是用来设定字符的垂直位置，其基准线是一条位于字符底端的假想线。将“位置”设为“降低”，表示将字符往基准线下方移动；设为“提升”表示将字符往基准线上方移动。移动的“磅值”请在磅值栏中设置。

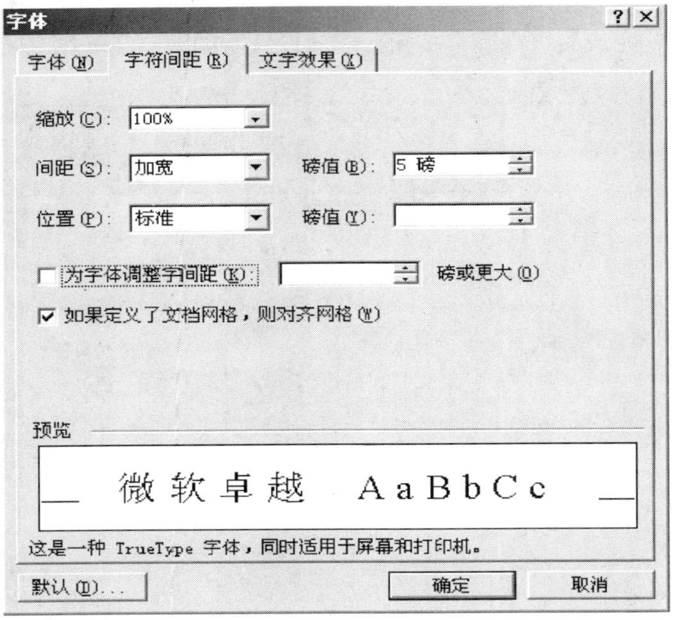

图 2-38　调整字符间距对话框

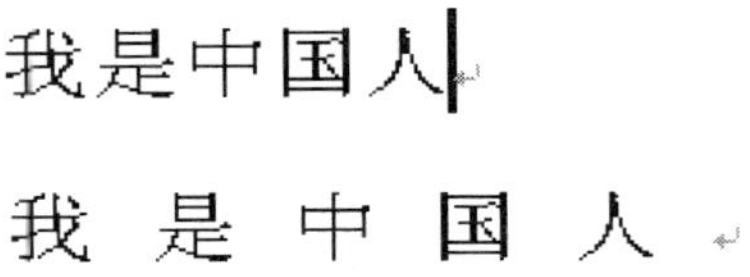

图 2-39　字符间距调整效果

2.4.5　调整文章段落

2.4.5.1　段落标记

段落是一串字符或图形加上一个“Enter”键的组合。在 Word 中是以“段落标记”作为一个段落的结束记号，如图 2-40 所示。

如您没看到段落标记，请执行“视图→显示段落标记”命令，只要该命令前有“对勾”符号，即可观察到段落标记，如图 2-41 所示。

每按一次 Enter 键，不但往下多加一行，而且光标插入点后还附一个“段落标记”，换言之，每按一次 Enter 键，就会新开一个段落。

“段落标记”记录了此段文字的所有属性，例如字体、大小和边界等信息。“段落标记”不但标明本段的结尾处，亦是本段与下段的分界，如果删除此标记，则本段会与下段合并。

我们可以通过标尺和格式工具栏来设置段落的缩进与对齐方式。

2.4.5.2　左右缩进、首行缩进

水平标尺的“0”刻度从“文字区域左边界”算起，向右方标示刻度直到“纸张右界”：从左方标示“文字区域左边界”至“纸张右界”的距离内，标尺上共有 4 个按钮。

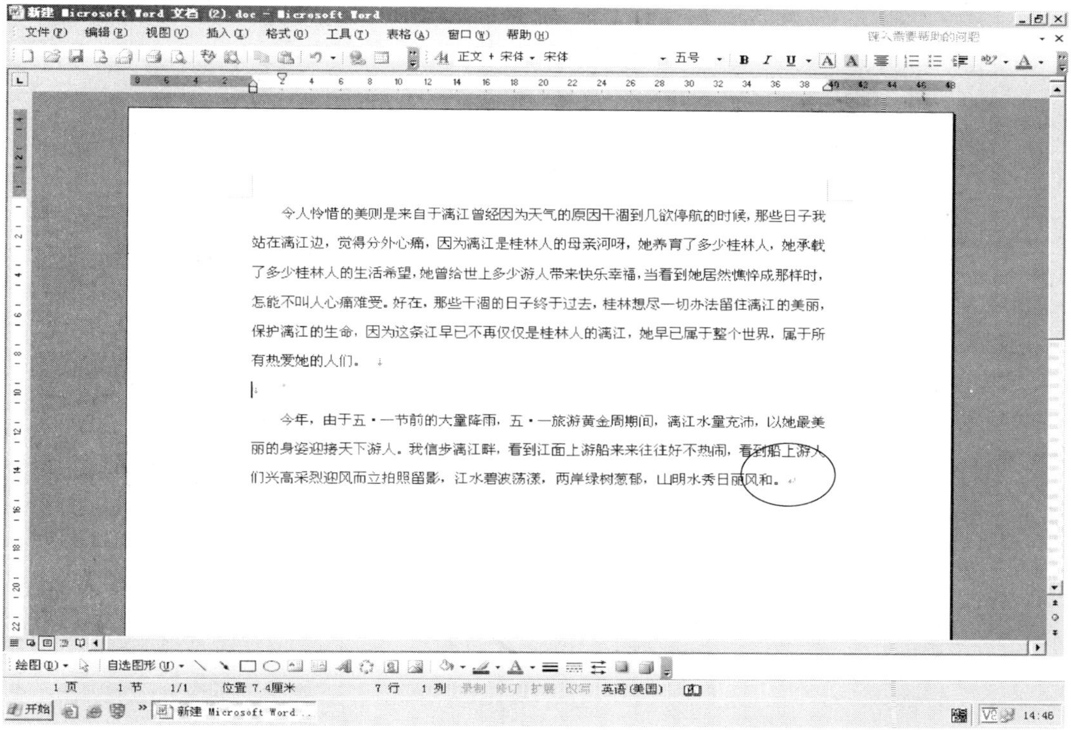
新建 Microsoft Word 文档 (2).doc - Microsoft Word
文件(F) 编辑(E) 视图(V) 插入(I) 格式(O) 工具(T) 表格(A) 窗口(W) 帮助(H)
正文 + 宋体 · 宋体
五号
令人怜惜的美则是来自于漓江曾经因为天气的原因干涸到几欲停航的时候，那些日子我站在漓江边，觉得分外心痛，因为漓江是桂林人的母亲河呀，她养育了多少桂林人，她承载了多少桂林人的生活希望，她曾给世上多少游人带来快乐幸福，当看到她居然憔悴成那样时，怎能不叫人心痛难受。好在，那些干涸的日子终于过去，桂林想尽一切办法留住漓江的美丽，保护漓江的生命，因为这条江早已不再仅仅是桂林人的漓江，她早已属于整个世界，属于所有热爱她的人们。
今年，由于五·一节前的大量降雨，五·一旅游黄金周期间，漓江水量充沛，以她最美丽的身姿迎接天下游人。我信步漓江畔，看到江面上游船来来往往好不热闹，看到船上游人们兴高采烈迎风而立拍照留影，江水碧波荡漾，两岸绿树葱郁，山明水秀日丽风和。
绘图(D) 自选图形(U)
1 页 1 节 1/1 位置 7.4厘米 7 行 1 列 录制 修订 扩展 改写 英语(美国)
开始 新建 Microsoft Word...
14:46

图 2-40　段落标记

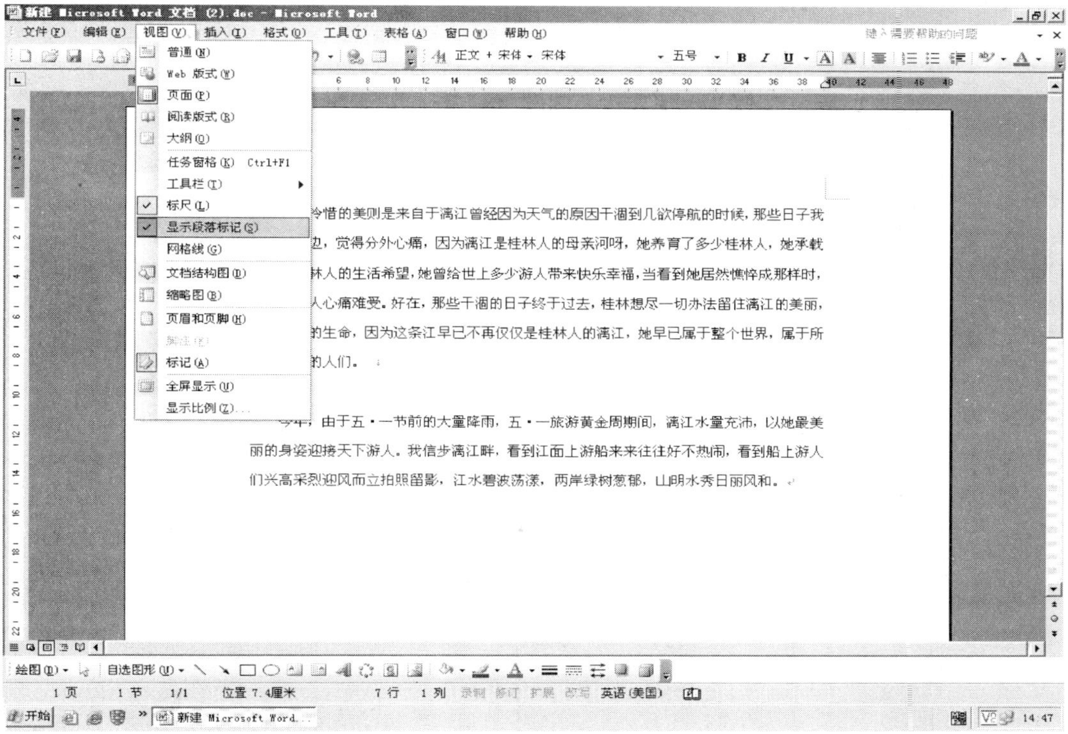
新建 Microsoft Word 文档 (2).doc - Microsoft Word
文件(F) 编辑(E) 视图(V) 插入(I) 格式(O) 工具(T) 表格(A) 窗口(W) 帮助(H)
普通(N)
Web 版式(W)
页面(P)
阅读版式(R)
大纲(O)
任务窗格(K) Ctrl+F1
工具栏(T)
标尺(L)
显示段落标记(S)
网格线(G)
文档结构图(D)
缩略图(B)
页眉和页脚(H)
标记(A)
全屏显示(U)
显示比例(Z)...
1 页 1 节 1/1 位置 7.4厘米 7 行 1 列 录制 修订 扩展 改写 英语(美国)
开始 新建 Microsoft Word...
14:47

图 2-41　显示段落标记

① “右边缩进”按钮

设置“文字区域右边界”至“段落文字右界”的距离。

② “左边缩进”按钮

设置“文字区域左边界”至“段落文字左界”的距离，拉拽此按钮可同步控制首行缩进按钮及首行凸排按钮。

③ “首行缩进”按钮

设置“段落文字左界”至“段落首行首字”的距离。当“首行缩进”按钮在“左边缩进”按钮的右边时，即是首行缩进的情况。

下面，请打开图 2-40 所示的文档，我们来调整其段落的左右缩进。

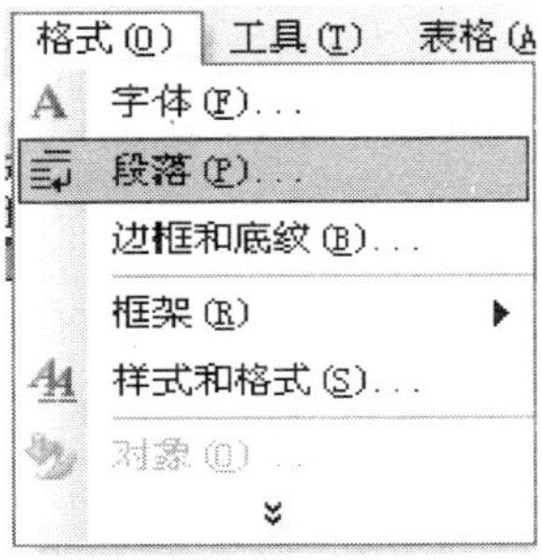

图 2-42　点击工具栏中“格式”

步骤 1：将光标插入点移至段首。

步骤 2：打开“格式”→“段落”，打开段落对话框，如图 2-42 所示。

在对话框中对齐方式选择“两端对齐”，特殊格式选择首行缩进，行距选择 1.5 倍行距，如图 2-43 所示。

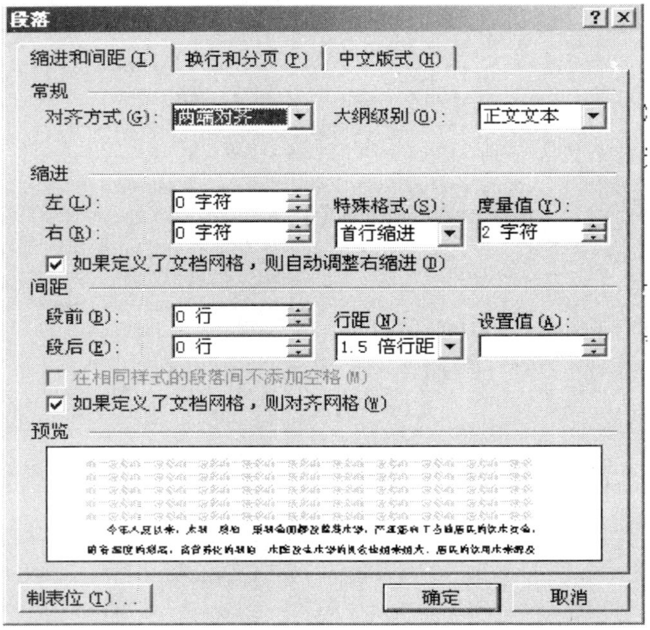

图 2-43　段落设置

2.5 打印文章

将电脑上编辑的文章打印到纸面上更适于传阅，下面向您介绍如何打印文章，如果您学习工作的地方已经配备了打印机，您就可以按照下面的方法把自己输入编辑的文章打印出来，让更多的人能看到您的学习成果。

2.5.1 预览打印效果

在打印文档前，最好预览一下打印效果。这就需要将文档切换到打印预览视图，以确保打印出来的内容与期望的一致。打印预览是显示文档打印效果的一种特殊视图。预览打印效果的操作步骤如下：

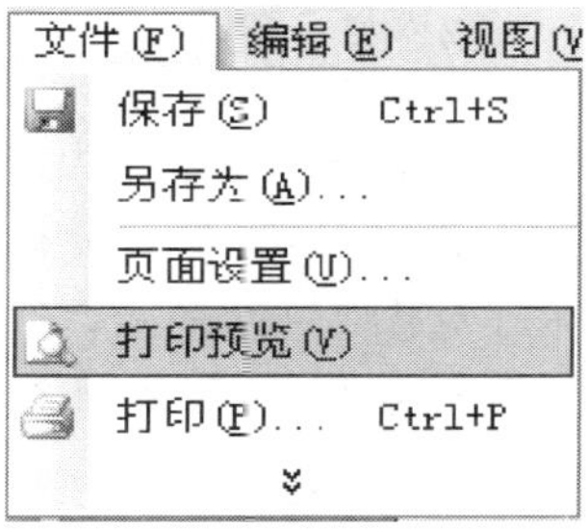

图 2-44 点击“打印预览”

*步骤*1：选择“文件”→“打印预览”命令。如图 2-44 所示。或单击“常用”工具栏上的“打印预览”按钮。弹出“文档预览”窗口。如图 2-45 所示。

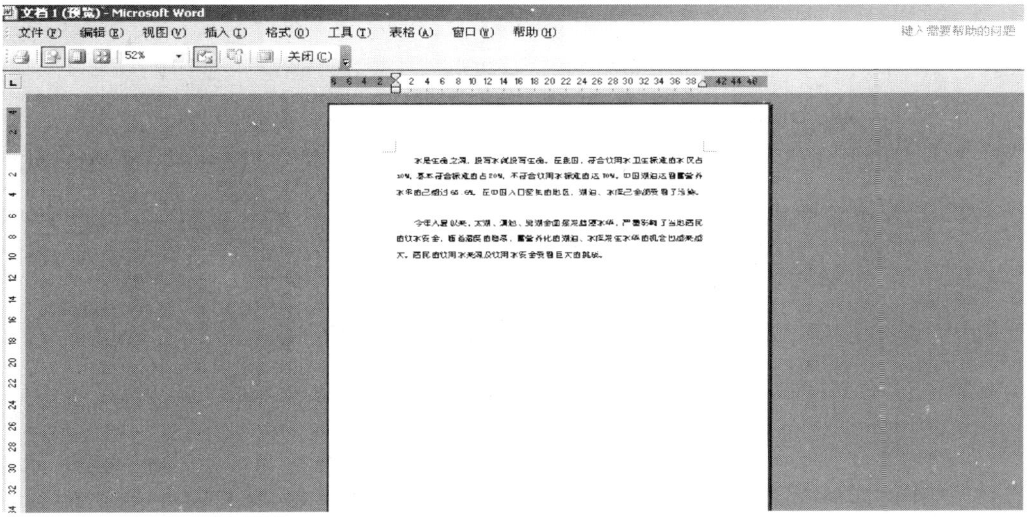

图 2-45 打印预览页面

*步骤*2：选择“打印预览”工具栏中的工具按钮，可以用各种方式浏览打印后的各种式样。单击“关闭”按钮，返回到“普通”视图。

“打印预览”工具栏中的主要工具功能如下：

①“打印”按钮：单击该按钮启动“打印”命令。

②“放大镜”按钮：单击该按钮，在“预览视图”中单击则放大一倍显示预览效果；再次单击回到原始预览状态。

③“单页”按钮：单击该按钮使“打印预览视图”恢复单页显示状态。

④“多页”按钮：单击该按钮使“打印预览视图”以多页方式显示文档。

⑤“显示比例”按钮：单击该按钮，可以将文档以10%～500%的任意比例显示。

⑥“标尺”按钮：单击该按钮显示或隐藏标尺。

⑦“缩小字体填充”按钮：单击该按钮可以将文档重新分页，将最后一页压缩到其他页。

⑧“全屏显示”按钮：单击该按钮，切换到全屏显示打印预览状态；再次单击返回到普通打印预览视图。

⑨“关闭”按钮：单击该按钮，关闭“打印预览视图”返回到“普通”视窗。

⑩“快捷帮助”按钮：单击该按钮，提供Word帮助信息。

2.5.2 设置打印

在确定需打印的文档正确无误后，即可打印文档。

步骤1：选择“文件”→“打印”命令，或按Ctrl+P组合键，弹出“打印”对话框。如图2-46所示。

步骤2：在“打印机”选项组中单击“名称”列表框选择需要使用的打印机。

步骤3：在“页面范围”选项组中选择打印的范围。

步骤4：在“副本”选项组中的“份数”文本框中输入需打印的份数。选择“逐份打印”复选项，逐份打印多份文档；清除“逐份打印”复选项，逐页打印多份文档。

步骤5：在“打印内容”文本框中选择需打印的内容。在“打印”文本框中选择打印“范围中所有页面”、“奇数页”或“偶数页”。单击“确定”按钮即可。

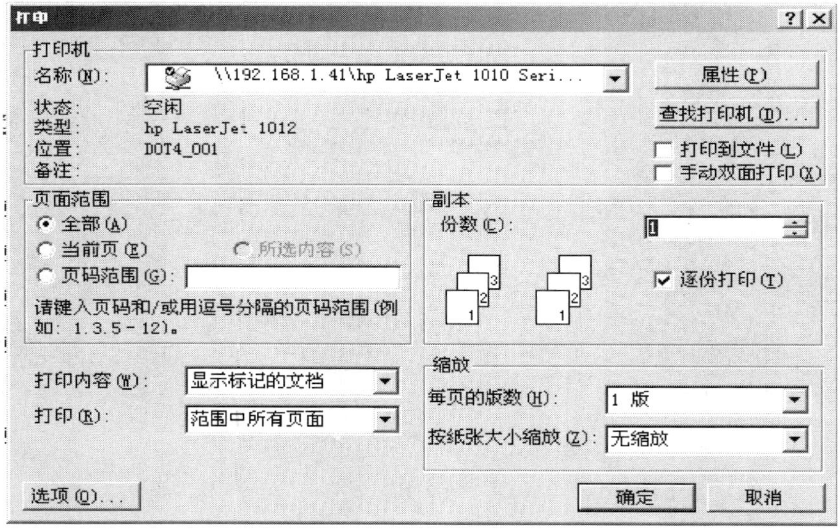

图2-46　打印设置

用电脑制表格

第三章

Office 里可以用于画表的工具有很多，例如 Word、WPS 等软件，但是 Excel 是目前专业制表最常用的工具，它具有强大的图表、图形功能，并能进行简单的数据计算，目前 Excel 2003 是最新的一个版本，本章将以此为例，进行介绍，讲解单元格的编辑，工作表管理，图表创建等功能，相信您在学习之后能够掌握它的常用方法，并运用于生活工作之中。

3.1 Excel 2003 的基本操作

3.1.1 打开 Excel 2003

启动 Excel 2003 程序窗口的方式有以下 3 种：

方法一：选择“开始”→“程序”→“Microsoft Office 2003”→“Microsoft Office Excel 2003”命令，即可启动 Excel 2003。图 3－1 所示。

方法二：双击桌面 Excel 2003 的快捷图标，即可启动 Excel 2003。如图 3－2 所示。

方法三：使用 Windows 资源管理器，找到 Excel 文档，双击该文档即可启动 Excel 2003，同时也打开了该文档，相应的步骤如下：

步骤 1：找到资源管理器，选择“我的电脑”，右键点击，就可以看到在下拉菜单中存在的资源管理器，如图 3－3 所示。

步骤 2：进入资源管理器中，找到用 Excel 编写的文件，双击打开 Excel，即可对原文件进行编辑，如图 3－4 所示。

3.1.2 退出 Excel 2003

关闭 Excel 2003 程序，常见的有以下 3 种方法：

方法一：单击程序窗口右上角的“关闭”☒按钮，即可关闭 Excel 2003。

方法二：选择“文件”→“退出”命令，即可关闭 Excel 2003，如图 3－5 所示。

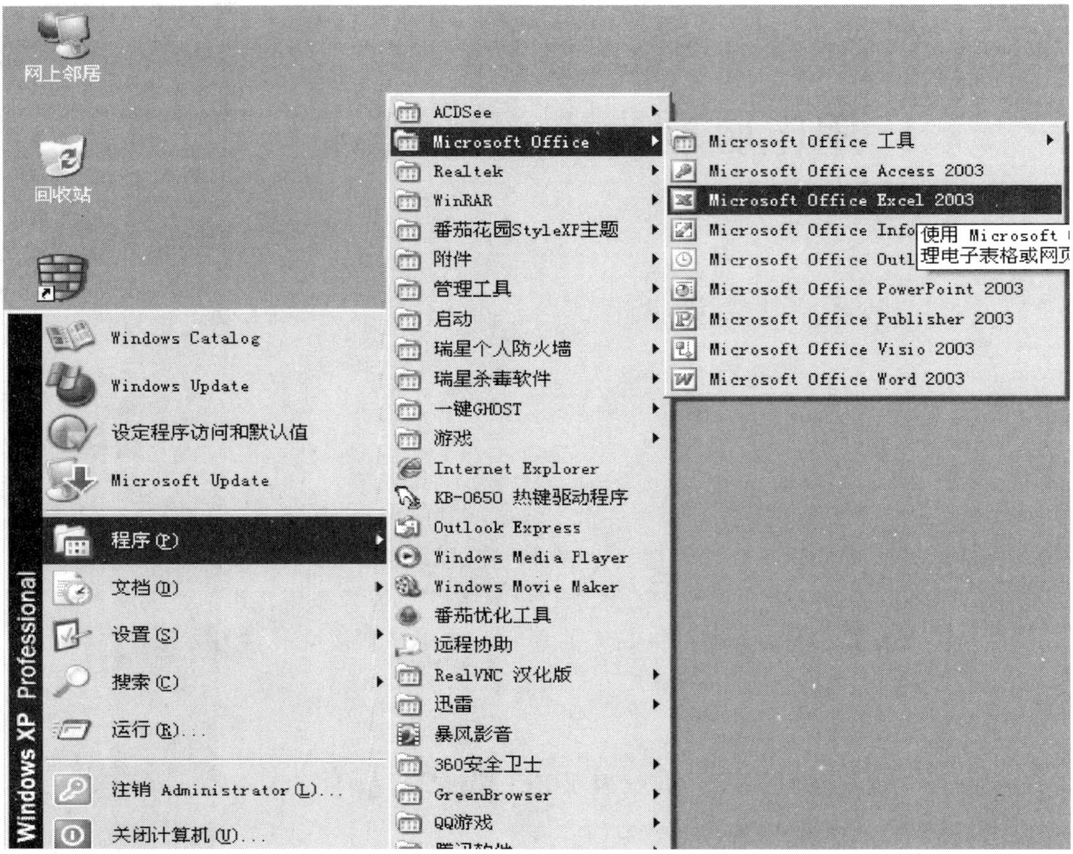

图 3-1　启动 Excel 2003 方法 1

图 3-2　启动 Excel 2003 方法 2

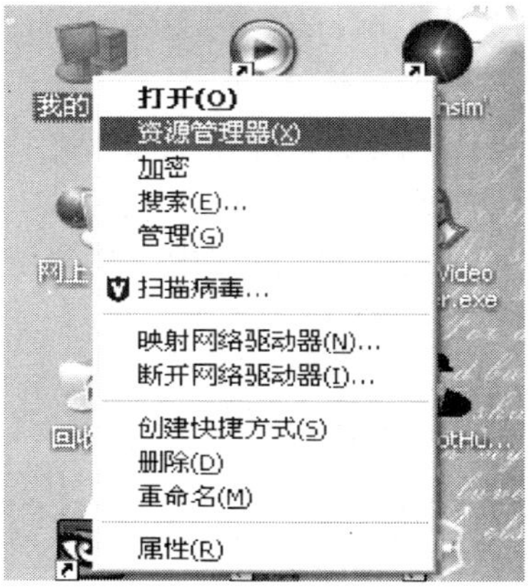

图 3-3　启动 Excel 2003 方法 3

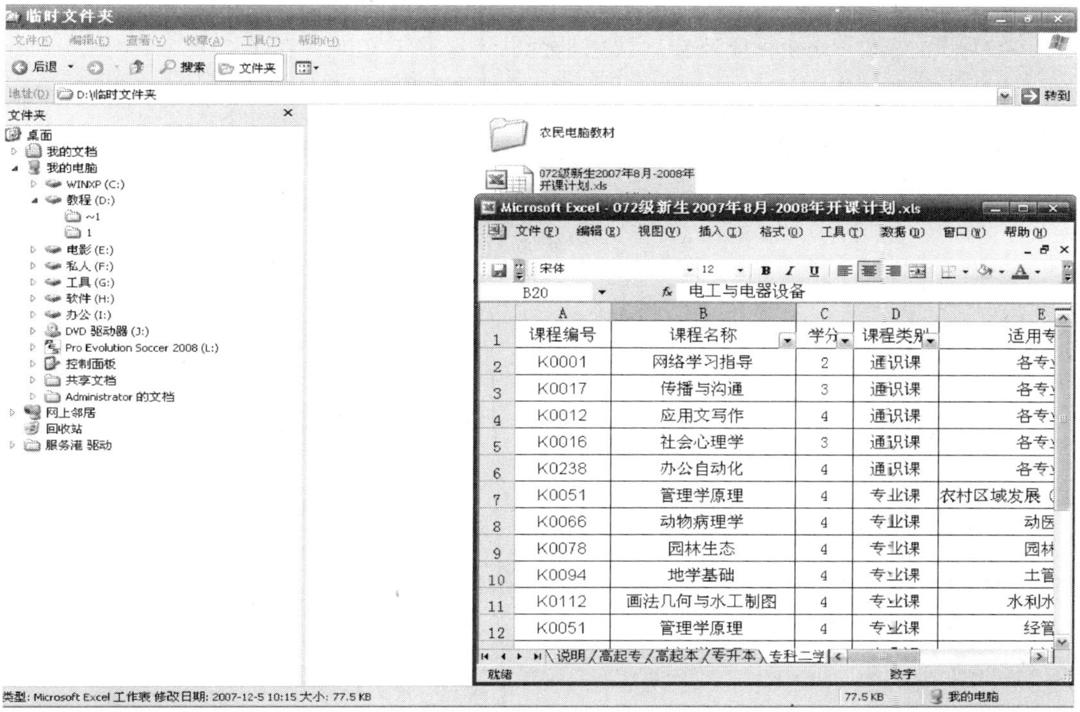
临时文件夹
文件(F) 编辑(E) 查看(V) 收藏(A) 工具(T) 帮助(H)
后退 搜索 文件夹
地址(D) D:\临时文件夹
转到
文件夹
桌面
我的文档
我的电脑
WINXP (C:)
教程 (D:)
~1
1
电影 (E:)
私人 (F:)
工具 (G:)
软件 (H:)
办公 (I:)
DVD 驱动器 (J:)
Pro Evolution Soccer 2008 (L:)
控制面板
共享文档
Administrator 的文档
网上邻居
回收站
服务港 驱动
农民电脑教材
072级新生2007年8月-2008年开课计划.xls
Microsoft Excel - 072级新生2007年8月-2008年开课计划.xls
文件(F) 编辑(E) 视图(V) 插入(I) 格式(O) 工具(T) 数据(D) 窗口(W) 帮助(H)
宋体 12
B20 电工与电器设备
课程编号 课程名称 学分 课程类别 适用专
K0001 网络学习指导 2 通识课 各专
K0017 传播与沟通 3 通识课 各专
K0012 应用文写作 4 通识课 各专
K0016 社会心理学 3 通识课 各专
K0238 办公自动化 4 通识课 各专
K0051 管理学原理 4 专业课 农村区域发展
K0066 动物病理学 4 专业课 动医
K0078 园林生态 4 专业课 园林
K0094 地学基础 4 专业课 土管
K0112 画法几何与水工制图 4 专业课 水利水
K0051 管理学原理 4 专业课 经管
说明 高起专 高起本 专升本 专科二学
就绪 数字
类型: Microsoft Excel 工作表 修改日期: 2007-12-5 10:15 大小: 77.5 KB
77.5 KB 我的电脑

图 3-4 打开 Excel 文档

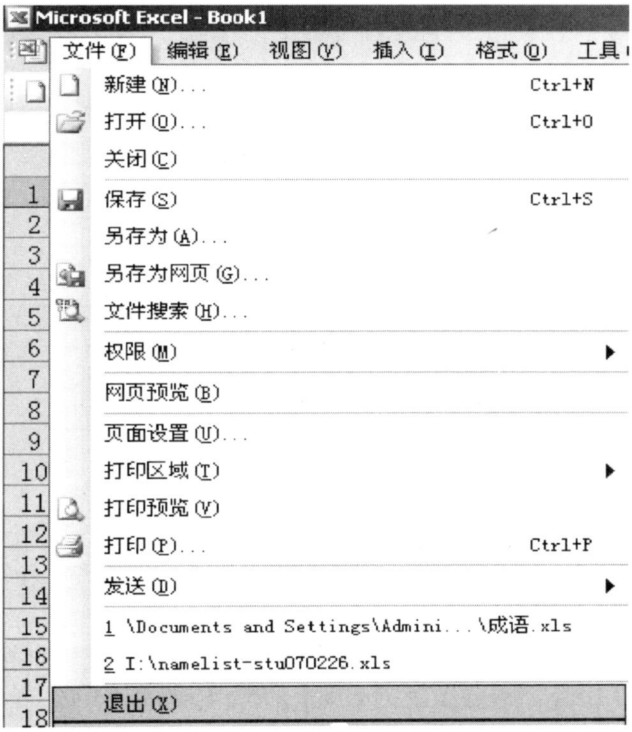
Microsoft Excel - Book1
文件(F) 编辑(E) 视图(V) 插入(I) 格式(O) 工具
新建(N)... Ctrl+N
打开(O)... Ctrl+O
关闭(C)
保存(S) Ctrl+S
另存为(A)...
另存为网页(G)...
文件搜索(H)...
权限(M)
网页预览(B)
页面设置(U)...
打印区域(T)
打印预览(V)
打印(P)... Ctrl+P
发送(D)
1 \Documents and Settings\Admini...\成语.xls
2 I:\namelist-stu070226.xls
退出(X)

图 3-5 关闭文档

方法三：双击程序界面左上角的程序图标，即可关闭 Excel 2003。

在关闭之前，Excel 程序还会确认您是否已经保存了文件，点击“是”即可保存并关闭 Excel 文件，如图 3－6 所示。

图 3-6　关闭前的询问

3.2　认识工作簿、工作表、单元格

打开的工作表如图 3－7 所示。

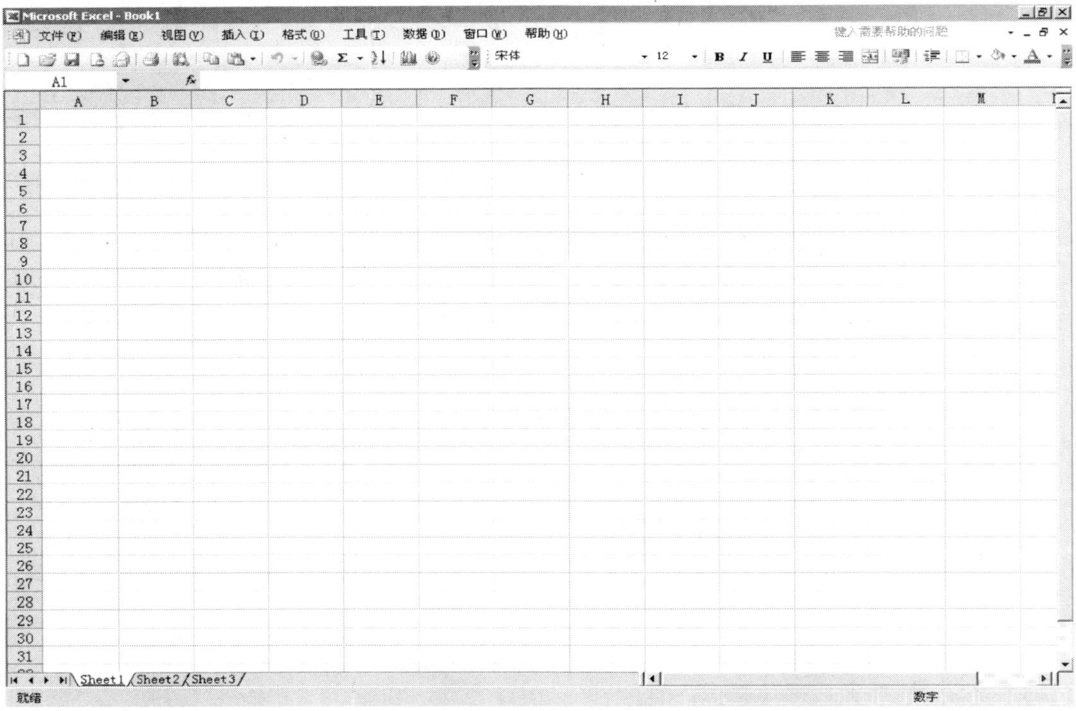

图 3-7　打开的工作表

首先向您介绍一下 Excel 工作表的组成。单元格、工作表和工作簿是 Excel 2003 中的基本构成元素，整个电子表格就是由它们组成的。

工作簿：当您打开 Excel 2003 时，系统自动为您创建了一个新的工作簿，名叫 Book1，同时也会打开这个新工作簿中的 3 张新的工作表，3 张工作表的名字分别为 Sheet1、Sheet2、Sheet3。一个工作簿可以拥有多张不同类型的工作表，一个工作簿最多可以有 255 个工作表。

工作表：当您打开一个新的工作簿时，首先见到的工作画面就是工作表。一般这个工作表名为 Sheet1，工作表是由众多排列整齐的单元格集中在一起构成的。工作表能保存文字、数字、公式、图表、声音等信息。

单元格：是存放数据的最小单元，一张工作表由许多的单元格组成，工作表保存的数据就是放在一个个的单元格里。若想熟练运用 Excel 2003，就必须掌握单元格的各项操作。

当您打开 Excel 2003 时，如果您不做任何选择而是直接在单元格中输入文字，那么文字就会保存在工作表 Sheet1 的单元格中了。如果您想使用 Sheet2 工作表来存贮文字，可以点击 Sheet2 标签，打开 Sheet2 工作表，再在单元格中输入文字即可。

3.3 创建新工作簿的方法

除了上面讲的，通过打开 Excel 2003 自动生成一个新工作簿，并自动命名为 Book 1 的方法外，用户也可以根据需要新建工作簿。

3.3.1 新建空白工作簿

您可以根据需要采取下列方法：

方法一：选择“任务窗格”→“新建”，如图 3-8 所示，点击后出现如图 3-9 所示的新的工作表。

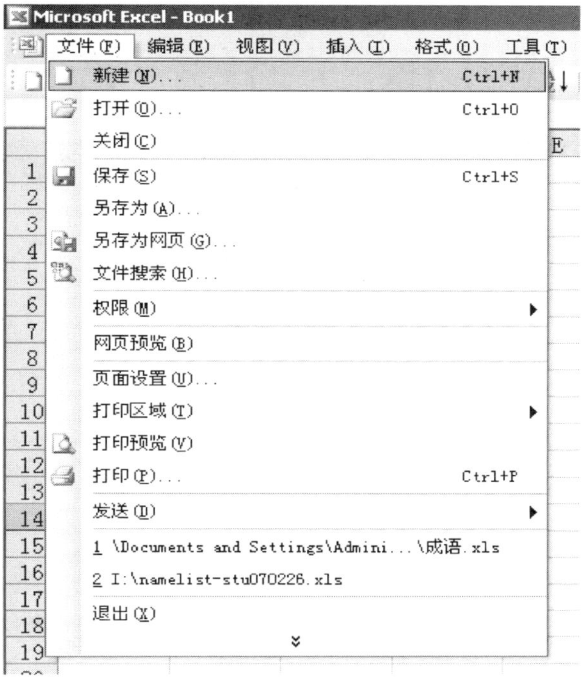

图 3-8 创建新的工作簿

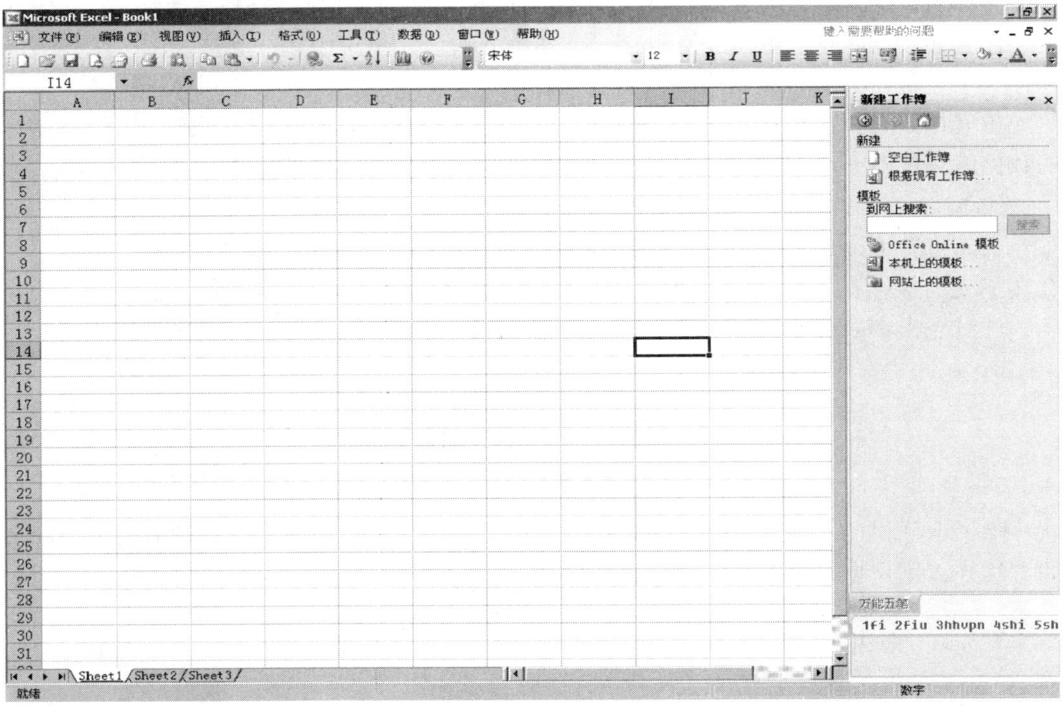

图 3-9　新建的工作簿

方法二：点击图 3-9 所示的右上角的“空白工作簿”命令；系统会生成一个新的工作簿 Book2。

方法三：单击“常用”工具栏中的“新建空白文档”按钮 ，系统会自动生成一个 Book2 工作簿，如图 3-10 所示。

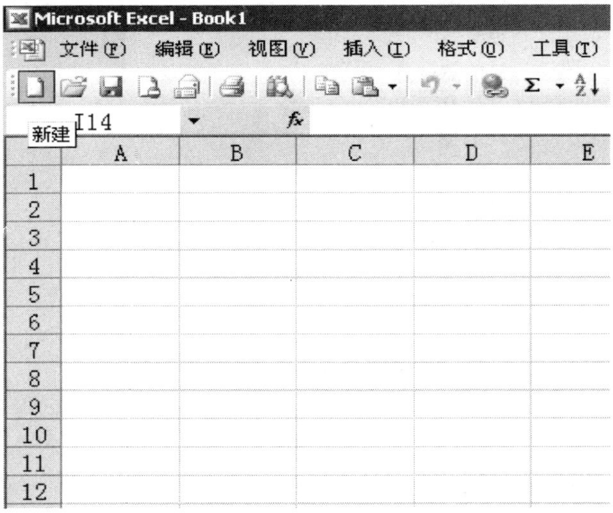

图 3-10　用方法三新建工作簿

方法四：在键盘上找到 Ctrl 键和 N 键，然后同时按下两键，即按下 Ctrl + N 组合键。系统也会生成一个新的工作簿 Book2。

3.3.2 根据已有工作簿新建

如需要新建的工作簿与以前创建的工作簿文件相近，可以根据“现有工作簿新建”的方法来创建新工作簿文件。

步骤 1：选择“任务窗格”→“新建工作簿”，出现“根据现有工作簿”命令。点击后弹出“根据现有工作簿新建”对话框。如图 3-11 所示。

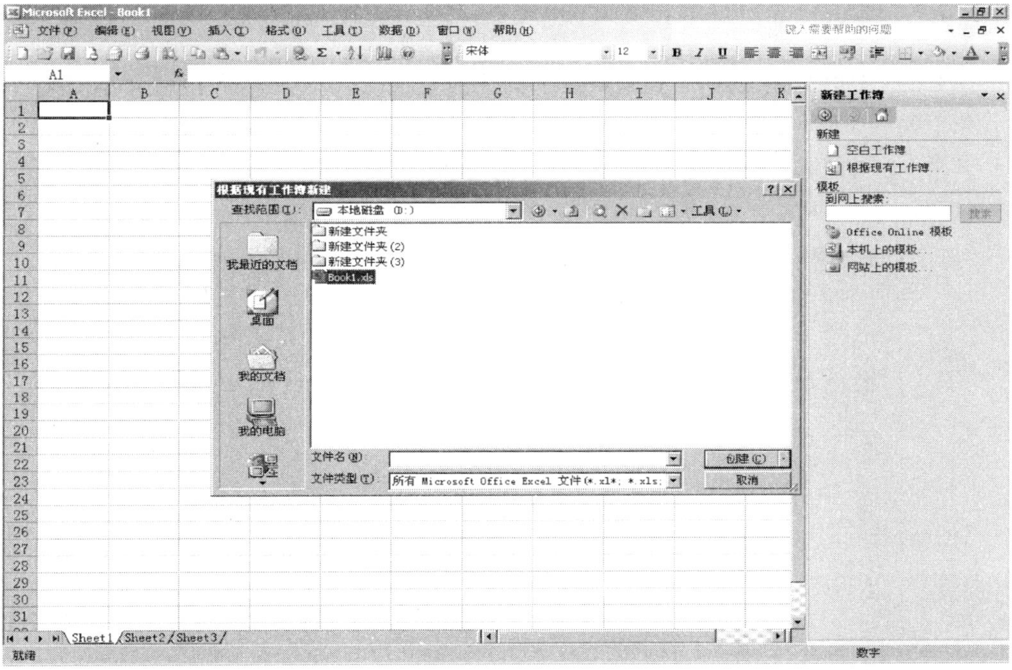

图 3-11 根据现有工作簿新建

步骤 2：选择用于创建新工作簿的原有工作簿文件。单击“创建”按钮即可。系统自动生成一个名为 Book11 的新的 Excel 工作簿。如图 3-12 所示。

图 3-12 新建 Book11 工作簿

3.4 输入文字或数据

创建好工作表后，就可以在工作表中输入数据。在 Excel 中可以输入多种数据类型，包括文本、数字、日期、时间、货币、公式和函数等，当然在工作簿中我们也可以采用这种方式进行文字或数据的输入。

3.4.1 输入文字

在 Excel 中可以输入任何字母和数字的组合作为文本，在单元格中文本自动左对齐。在单元格中输入文本的具体操作步骤如下：

*步骤*1：单击要输入文本的单元格。在输入时文本显示在单元格和编辑栏中。如图 3-13 所示。

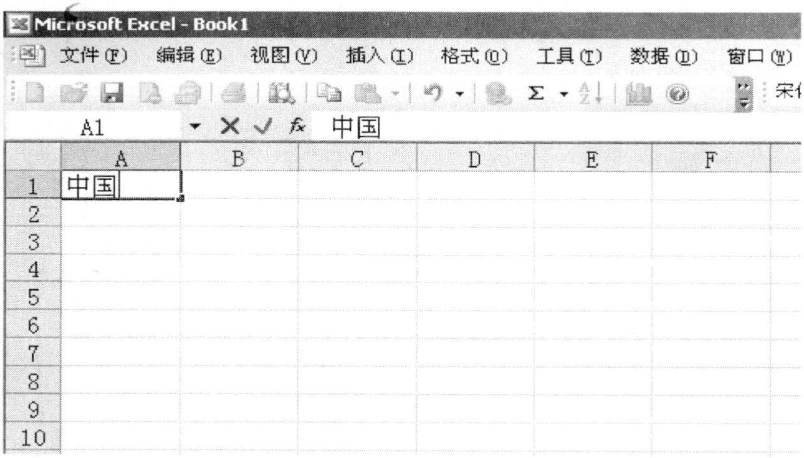

图 3-13 在单元格中输入文字

*步骤*2：按键盘上的 Enter 键或 Tab 键或方向键完成输入。

3.4.2 输入数值

在 Excel 中输入的有效数字包括字符 0～9 和特殊字符，数字自动右对齐。

*步骤*1：选择需要输入数字的单元格，直接输入数字。如图 3-14 所示。

*步骤*2：按键盘上的 Enter 键或 Tab 键和方向键完成输入。

如果在输入数字时，单元格中显示为符号，或者是不能完全显示所有单元格的内容，只需选择此单元格，选择“格式”“列”“最合适的列宽”命令来调整。如图 3-15 所示。

3.4.3 输入日期和时间

在 Excel 中可以用各种格式来输入日期和时间，Excel 2003 转换日期为表示的数字从 1900 年 1 月 1 日开始。尽管不会看到此数字，但在计算中涉及日期时是使用数字。如表 3-1 所示。

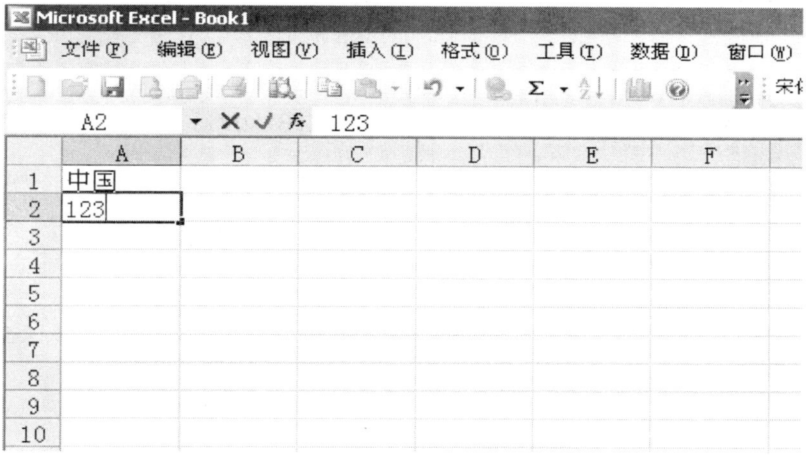

图 3-14 在单元格中输入数字

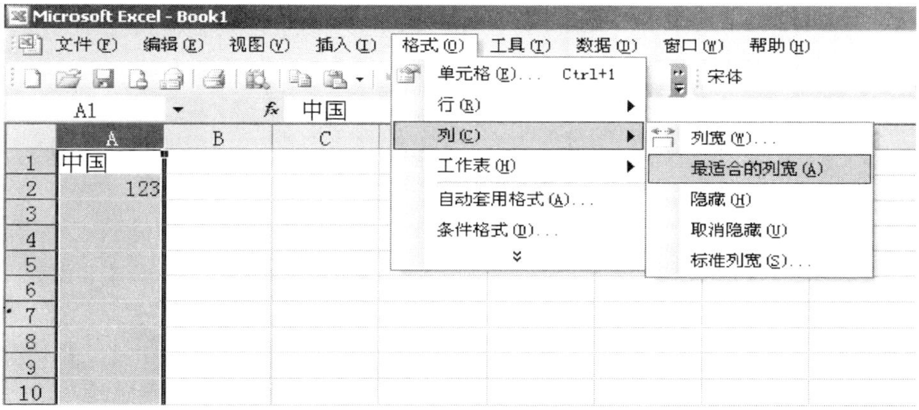

图 3-15 打开"格式"对话框

表 3-1 日期和时间的格式

格 式	举 例
MM/DD/YY	4/8/58 或 04/08/58
MMMYY	Jan92
DDMMMYY	280ct91
DDMMM	6Sep
HH：MM	16：50
HH：MM：SS	8：22：59
HH：MMAM/PM	7：45 PM
HH：MM：SSAM/PM	11：45：16AM
MM/DD/YYHH：MM	11/8/804：20
HH：MMMM/DD/YY	4：20 11/19/80

输入日期或时间的步骤如下：

步骤1：选择需要输入日期或时间的单元格后，输入“2007－10－19”字样，按“Enter”键确定。

步骤2：如果想改变日期格式，点击输入好日期的单元格，打开“格式”下拉菜单，点击“单元格”，出现单元格格式对话框。如图3－16所示。

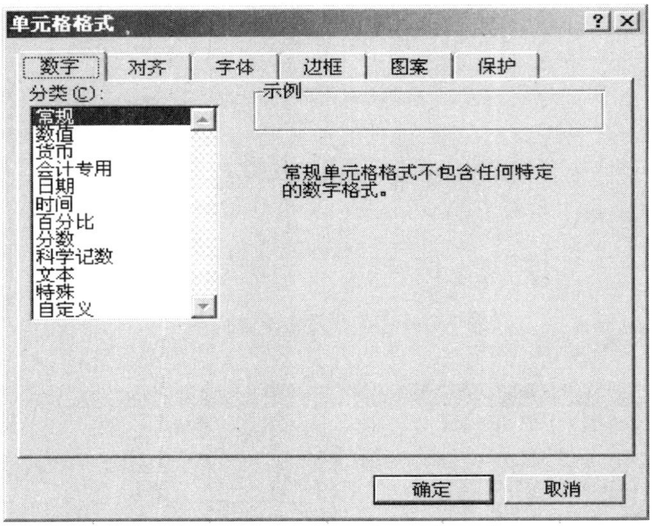

图3－16　单元格格式

步骤3：点击“日期”，进入日期格式选择，选择需要显示的格式，如图3－17所示。

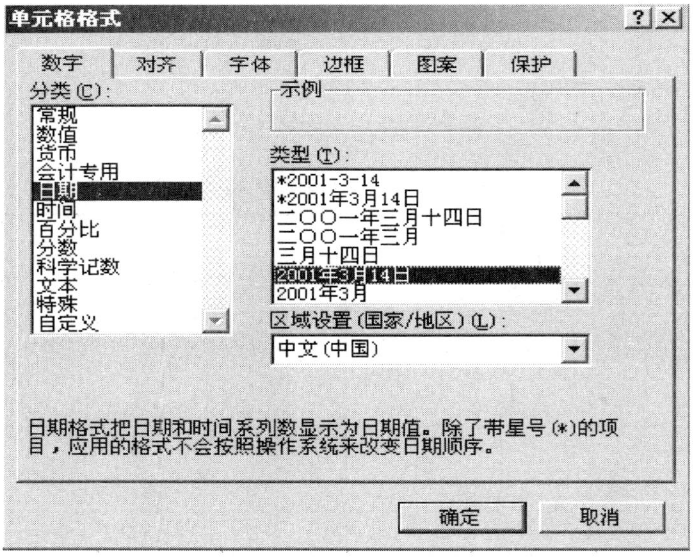

图3－17　单元格格式选择

步骤4：点击“确定”按钮。可见日期格式已改为您刚才设置的格式，如图3－18所示。

图 3-18　设置好的日期格式

3.5　编辑工作表

3.5.1　打开工作簿

前面您已经学习了如何创建一个新的工作簿，现在让我们来学习一下如何打开一个已有的工作簿。一般有如下几种操作方法。

方法一： 单击常用工具栏中的“打开”  按钮。即会出现打开对话框。找出已存文件的路径，点击确定，即可打开。如图 3-19 所示。

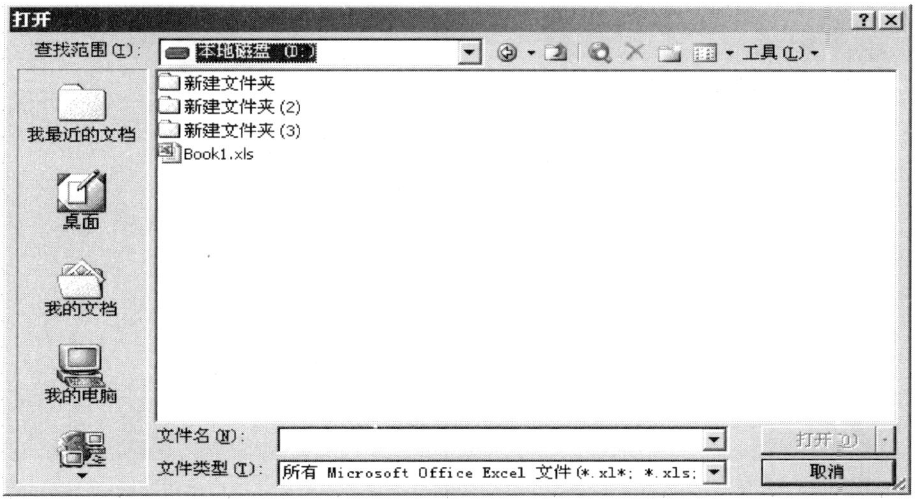

图 3-19　打开文档方法一

方法二： 选择“文件”→“打开”命令。如图 3-20 及图 3-21 所示。

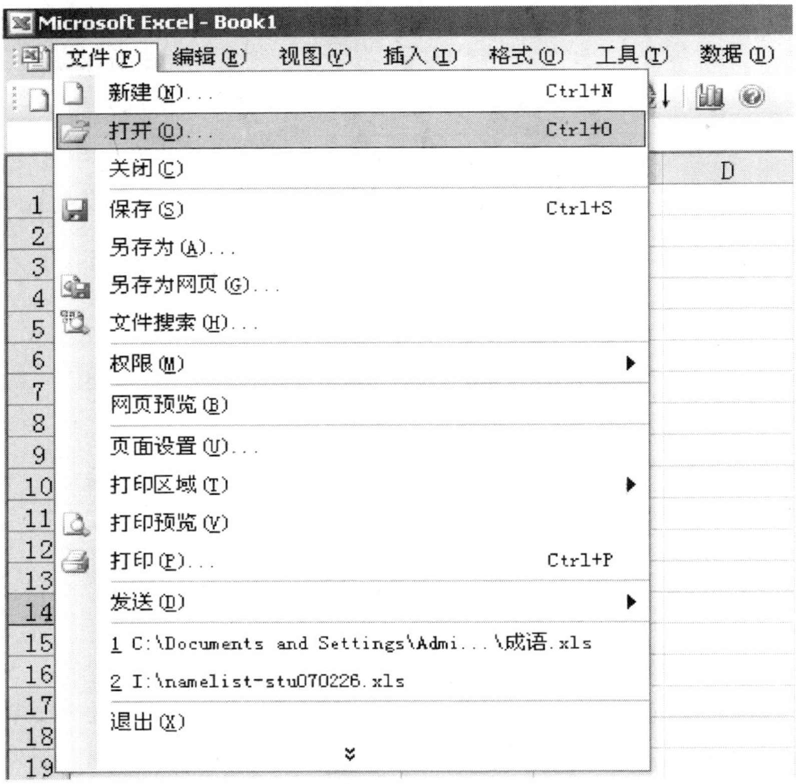

图 3-20 打开文档方法二

方法三： 按 Ctrl + O 组合键。在键盘上找到 Ctrl 键和 O 键，然后同时按下两键，即按下 Ctrl + O 组合键。系统会出现如图 3-21 所示的文件打开对话框，从中找到文件存储路径，双击文件即可打开文件。

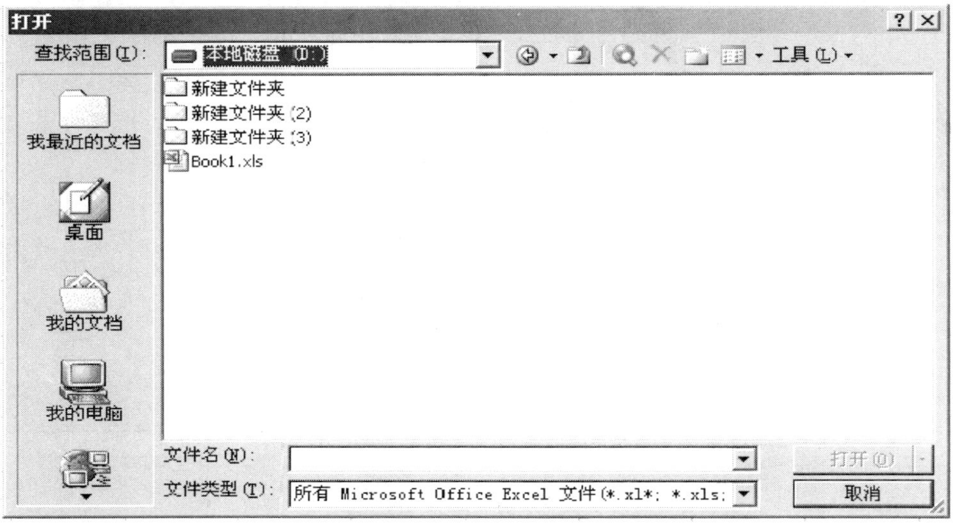

图 3-21 打开路径

3.5.2 修改数据

Excel 中输入基本数据的容器是单元格。每一个单元格都有一个明确的地址，由列标题和行标题确定。如图 3-22 中所示工作表的列标为 B，行标为 2。

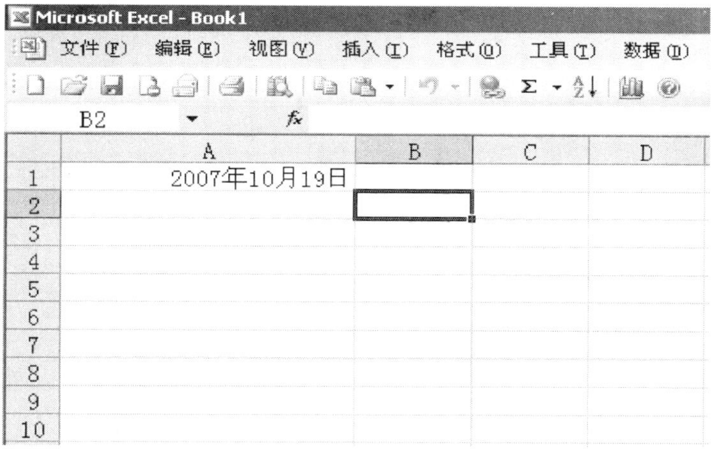

图 3-22 单元格的行标和列标

3.5.2.1 复制数据

在 Excel 中可以复制数据，可以将复制的数据放在工作表的其他单元格中。复制数据的具体操作步骤如下：

步骤 1：确定要复制的范围或单元格。选择“编辑”→“复制”命令，如图 3-23 所示。或按键盘上的 Ctrl + C 组合键，将选择单元格或范围的内容复制到剪贴板。此时所选定的范围四周出现闪烁的虚框，表明所复制的内容已经复制到剪贴板中。

步骤 2：选择需要粘贴的最终位置单元格，如图 3-24 所示，选择“编辑”→“粘贴”命令，如图 3-25 所示，或按 Ctrl + V 组合键，将内容复制到目标单元格。如图 3-26所示。

图 3-23 复制命令

图 3-24 选择目标单元格

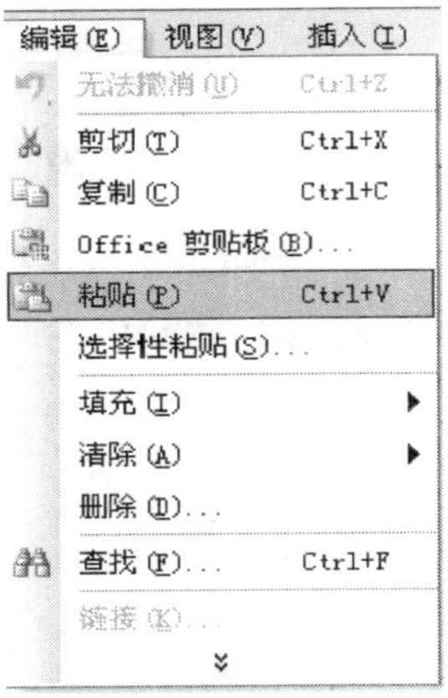

图3-25 粘贴命令

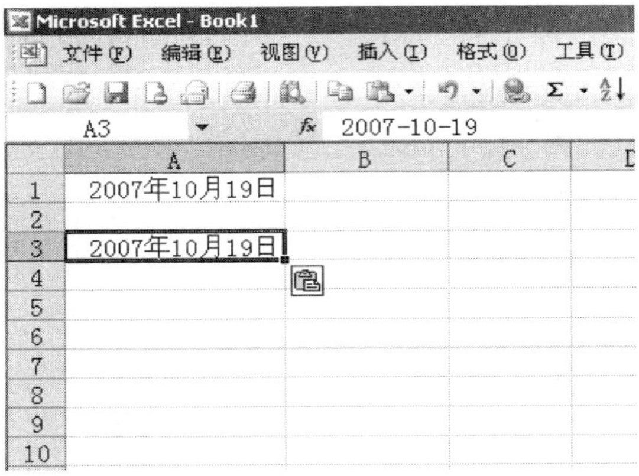

图3-26 复制后的结果

3.5.2.2 移动数据

移动数据类似于复制，只是数据从原位置删除，并移到新位置。移动数据的步骤如下：

步骤1：选择要移动的范围或单元格。选择“编辑”→“剪切”命令，如图3-27所示。或按Ctrl+X组合键。

步骤2：选择需要移动的最终位置单元格。选择“编辑”→“粘贴”命令，或按Ctrl+V组合键。可见“2007年10月19日”已从原来A1位置移动到A3。如图3-28所示。

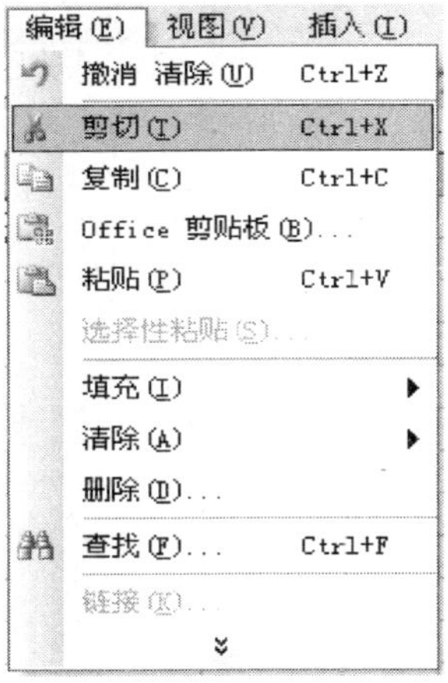

图3-27 剪切命令

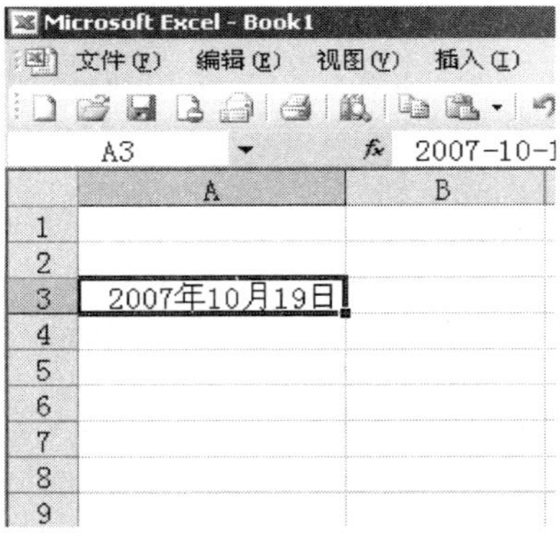

图3-28 移动后的效果

3.5.2.3 清除数据

尽管删除数据相当容易，但用户必须确定首先要删除什么。清除数据的常见方法有以下两种：

方法一：使用“编辑”→“清除”命令删除单元格的内容或格式。

方法二：使用“编辑”→“删除”命令删除其中的单元格和数据。

使用清除命令可以从单元格中删除数据。具体操作步骤如下：

步骤1：选择要清除的单元格，选择“编辑”→“清除”命令，弹出“清除”子菜单。如图 3-29 所示。

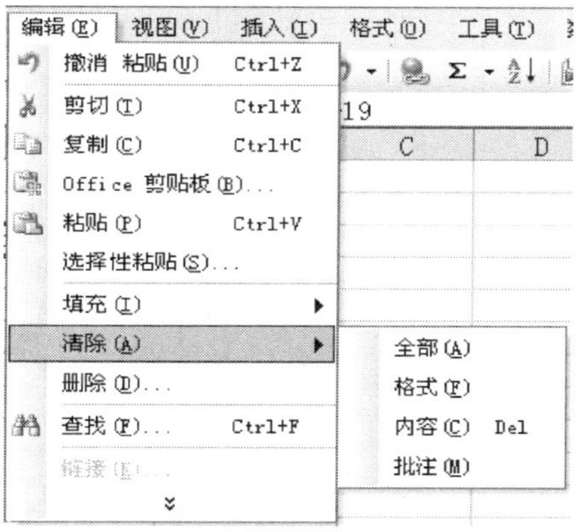

图 3-29　清除菜单

步骤2：选择需要的清除选项：全部（清除格式、内容和批注）、格式、内容或批注，如果要删除单元格则点击“删除”命令，出现如图 3-30 对话框。

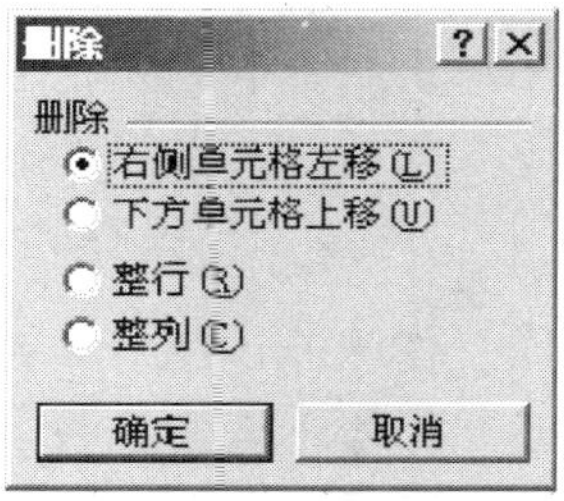

图 3-30　删除对话框

3.5.3　设置表格行和列

在 Excel 2003 中可以根据用户需要来设置表格行高和列宽，常见的方法有两种。

方法一：使用鼠标调整行高和列宽。

使用鼠标调整行高和列宽的具体操作步骤如下：

步骤1：将鼠标指针指向需要调整列号的右边界，当鼠标指针变为“+”时，按下左键水平拖动鼠标可以改变列宽。如图 3-31 所示。

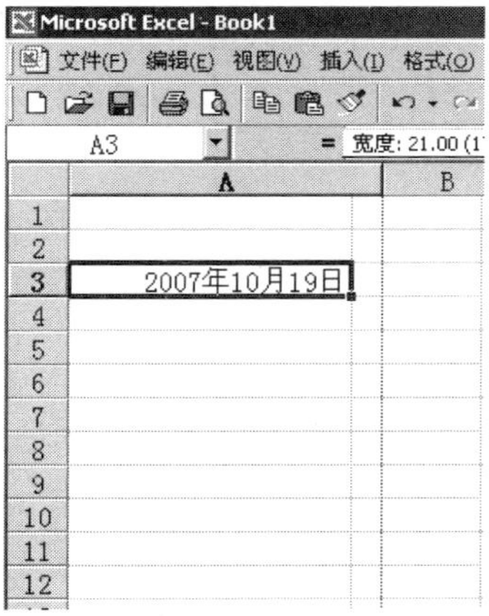

图 3-31　调整列宽

步骤2：将鼠标指向行号边界，当鼠标指针变为“+”时垂直拖动鼠标即可改变行高。如图 3-32 所示。

步骤3：将鼠标放在列标题“B”上单击，可选择一列，如图3－33所示。将鼠标放在行标题5上后单击可选择一行。拖动任意列的右边界可以改变所选列的列宽；如果拖动任意行的下边界可以改变所选行的行高。

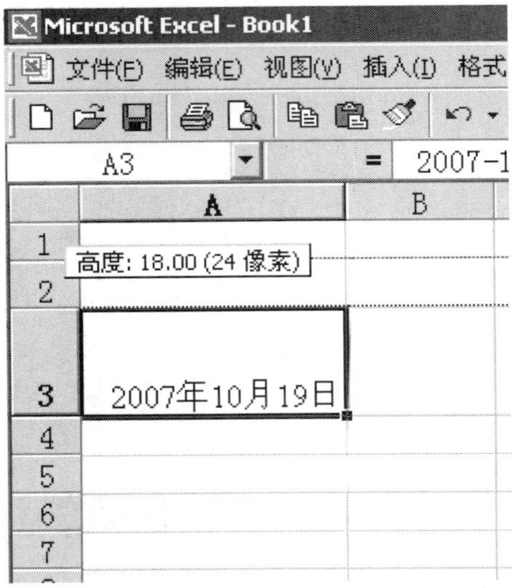

图3－32 改变行高

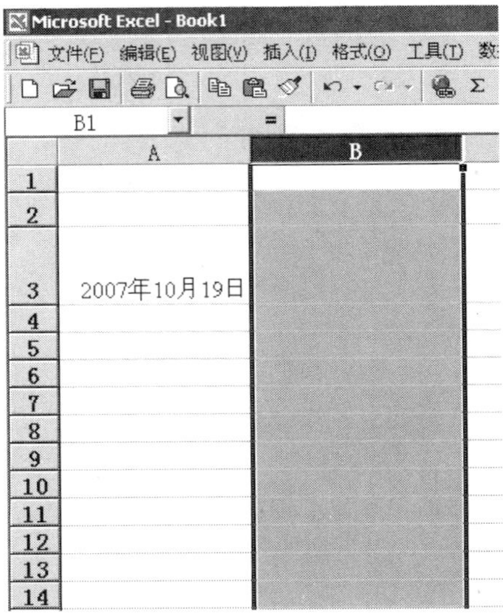

图3－33 选择列宽

方法二：使用菜单命令调整行高和列宽。

使用菜单命令调整行高的具体操作步骤如下：

步骤1：选择需要设置行，选择“格式”→“行”命令，如图3－34所示。弹出“行高”对话框，输入合适的行高，如输入“25”，如图3－35所示，点击“确定”按钮，改变行高，如图3－36所示。

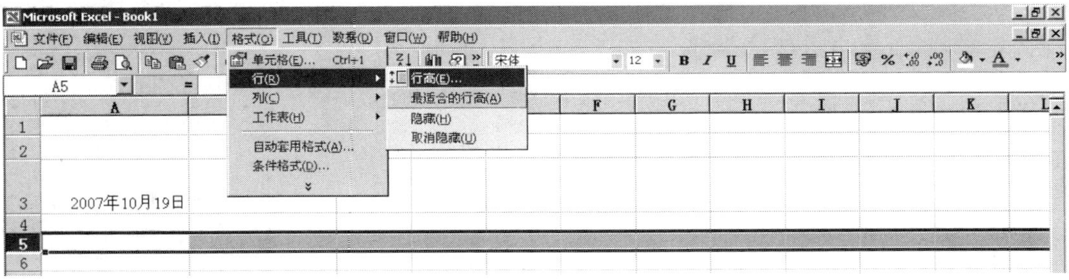

图3－34 选择格式行高命令

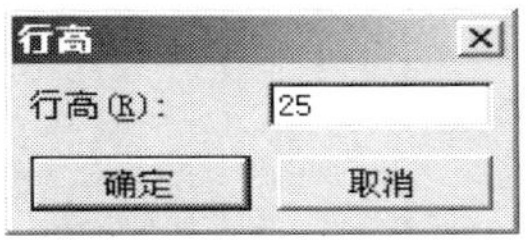

图3－35 设置行高

步骤2：使用菜单命令调整列宽的具体操作步骤如下：选择“格式”→“列宽”命令，如图3－37所示，弹出“列宽”对话框，在“列宽”中输入合适的数字，如“20”，如图3－38所示，点击“确定”按钮，改变后的列宽如图3－39所示。

Microsoft Excel - Book1
文件(F) 编辑(E) 视图(V) 插入(I) 格式(O) 工具(T) 数据(D) 窗口(W) 帮助(H)
宋体
12
A5
2007年10月19日

图 3–36 改变后的行高

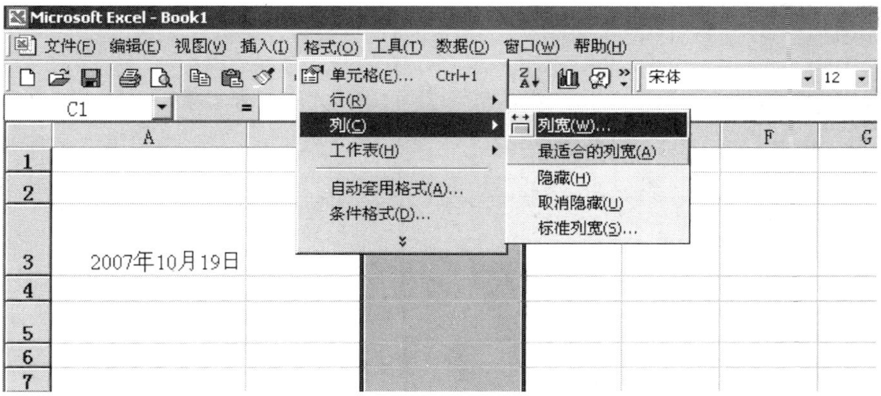
Microsoft Excel - Book1
文件(F) 编辑(E) 视图(V) 插入(I) 格式(O) 工具(T) 数据(D) 窗口(W) 帮助(H)
单元格(E)... Ctrl+1
行(R)
列(C)
工作表(H)
自动套用格式(A)...
条件格式(D)...
列宽(W)...
最适合的列宽(A)
隐藏(H)
取消隐藏(U)
标准列宽(S)...
宋体
12
C1
2007年10月19日

图 3–37 选择格式列宽

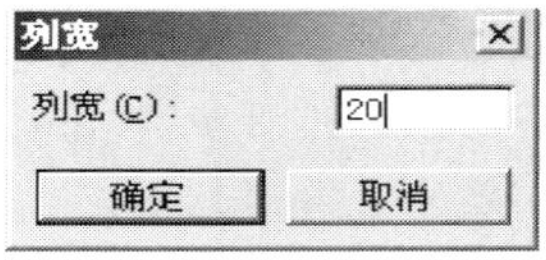
列宽
列宽 (C):
20
确定
取消

图 3–38 输入列宽

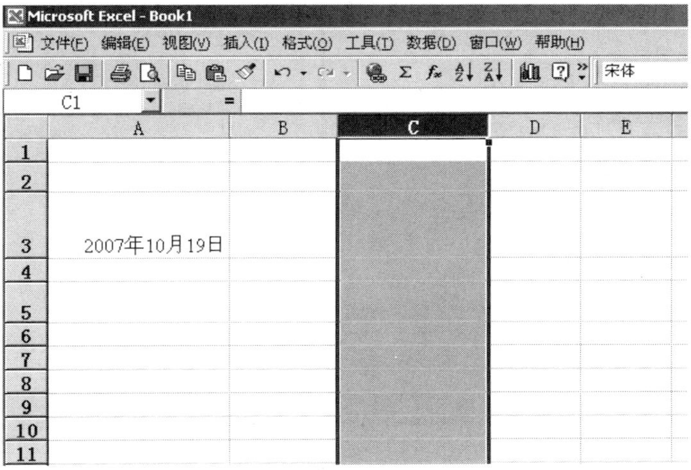
Microsoft Excel - Book1
文件(F) 编辑(E) 视图(V) 插入(I) 格式(O) 工具(T) 数据(D) 窗口(W) 帮助(H)
宋体
C1
2007年10月19日

图 3–39 改变后的列宽

3.5.4 设置单元格边框和底纹

在 Excel 中不但可以调整单元格的边框，还可以设置单元格的底纹和图案。

3.5.4.1 设置单元格边框

在 Excel 2003 中，可以使用“格式”工具栏和“单元格格式”对话框设置单元格边框，还可以采用绘制边框的方法设置单元格边框。

这里主要使用“单元格格式”对话框来添加边框，其具体操作步骤如下：

步骤 1：选择需要添加边框的单元格或单元格区域，如图 3－40 所示。选择“格式”→“单元格”命令，如图 3－41 所示。弹出“单元格格式”对话框，如图 3－42 所示。

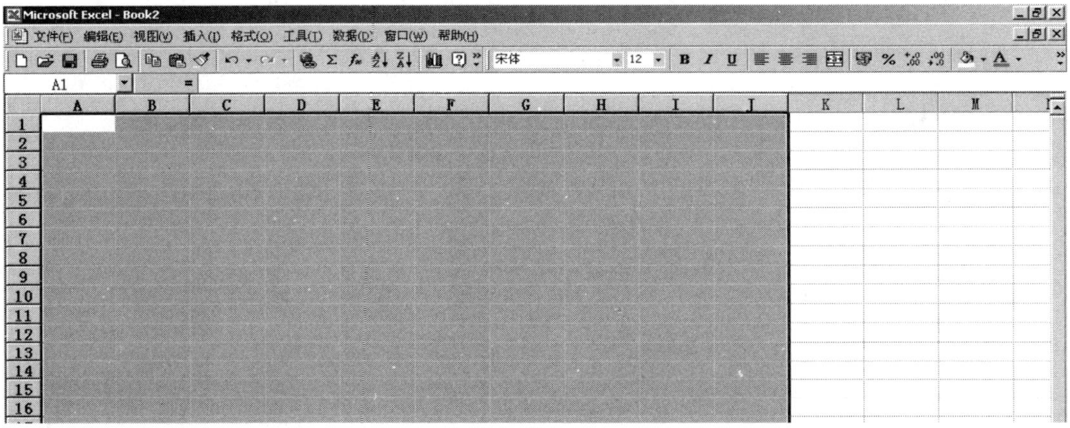

图 3–40 选中单元格

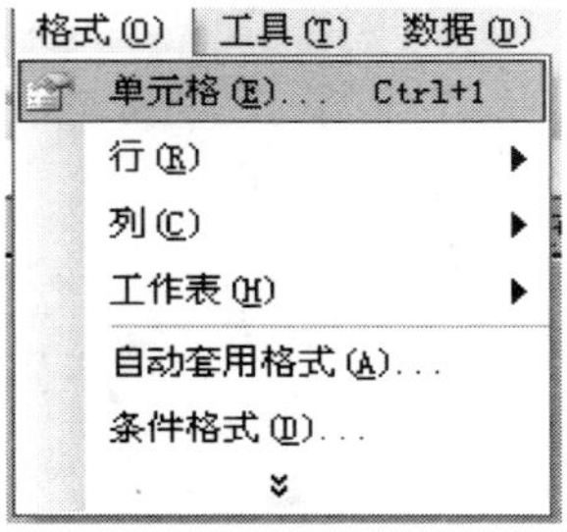

图 3–41 打开格式单元格

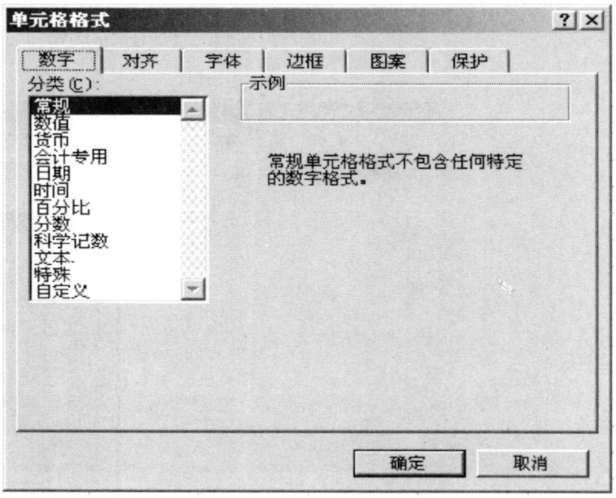

图 3–42 打开单元格格式对话框

步骤 2：选择“边框”选项卡中“线条”→“样式”列表框中的线条样式，在“颜色”下拉列表中选择边框需要的颜色。如图 3－43 所示。

步骤3：设置完成后单击“确定”按钮即可。

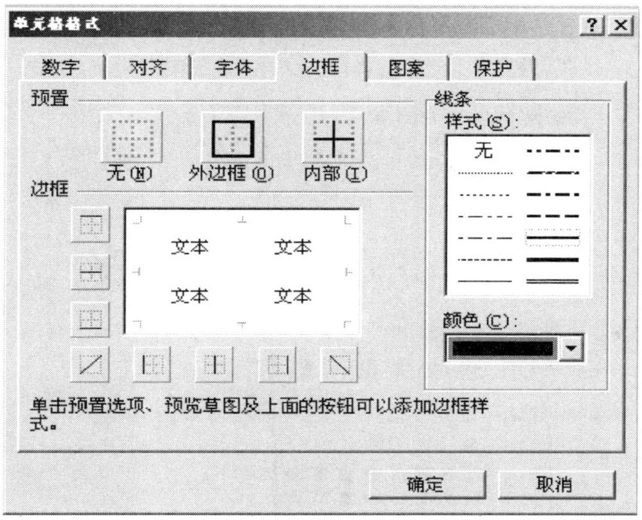

图 3-43　边框和颜色设置

3.5.4.2　设置单元格底纹

在 Excel 2003 中设置单元格底纹的具体操作步骤如下：

步骤1：选择需要设置底纹的单元格，选择“格式”→“单元格”命令，弹出“单元格格式”对话框。

步骤2：单击“图案”选项卡。在“颜色”调色板框中选择需要的颜色作为底纹颜色。如图 3-44 所示。

步骤3：如果需要使用图案作为底纹，在“图案”下拉列表框中单击所需图案样式，并设置好图案的颜色。单击“确定”按钮。如图 3-45 所示。

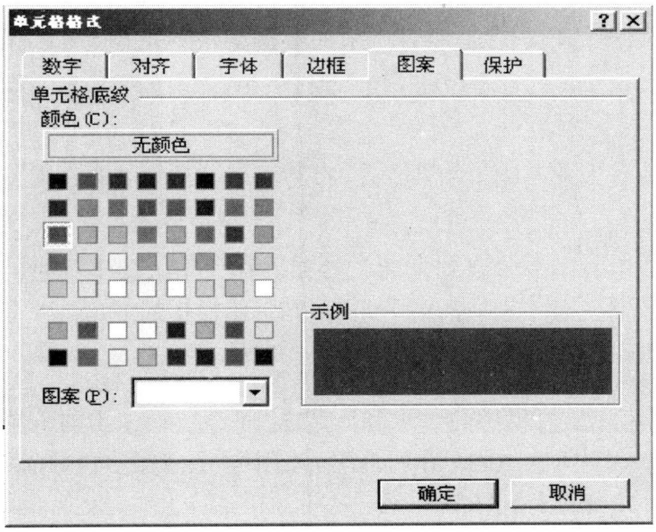

图 3-44　图案设置对话框

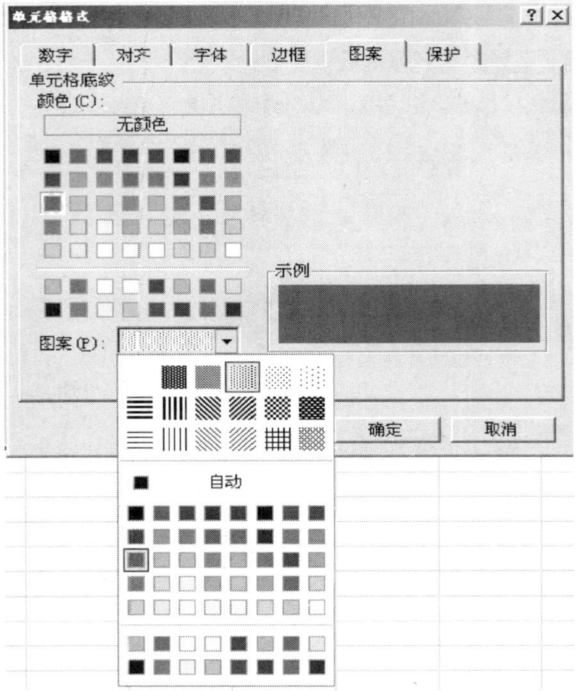

图 3-45 图案底纹设置

3.6 简单计算

3.6.1 求和

Excel 一个最重要的功能就是能将一系列数据很快地求出总和，在 Excel 中有一个“Σ”按钮，这是用于求数值和的按钮，它的作用和使用格式在“插入函数”对话框中可以看见。

使用求和函数有多种方法，常见有：“自动求和”按钮、直接输入函数等方式。

3.6.1.1 使用“自动求和”按钮

在常用工具栏中有一个“自动求和”按钮。在使用求和工具时，应该先将需要显示运算结果的单元定义为“当前活动单元”。其具体操作如下：

步骤 1：选中需要求和的单元格。如图 3-46 所示。

步骤 2：单击常用工具栏中的“求和”Σ 按钮，在弹出的下拉菜单中选择“求和”命令，如图 3-47 所示。此时在所选单元格中显示当前求和的范围单元区。

步骤 3：如果给出的求和区域正确，在求和区域的下一个连续的空白单元格内，Excel 会自动给出求和的数值。如图 3-48 所示。

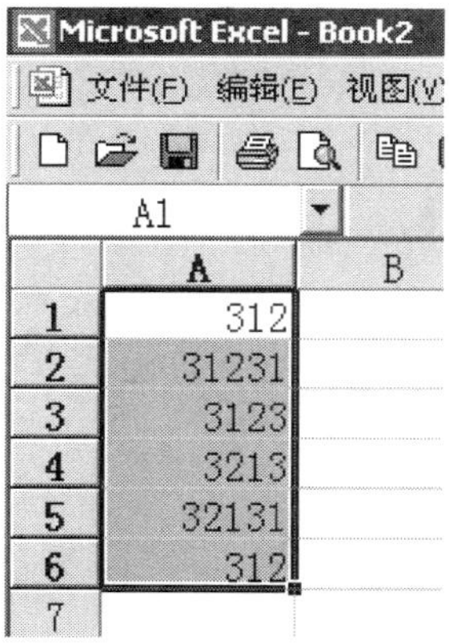

图3-46 选中单元格

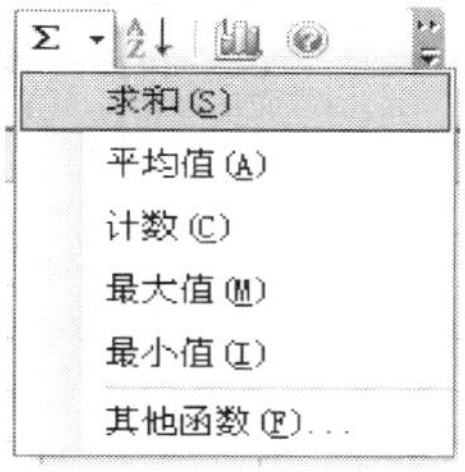

图3-47 求和命令菜单

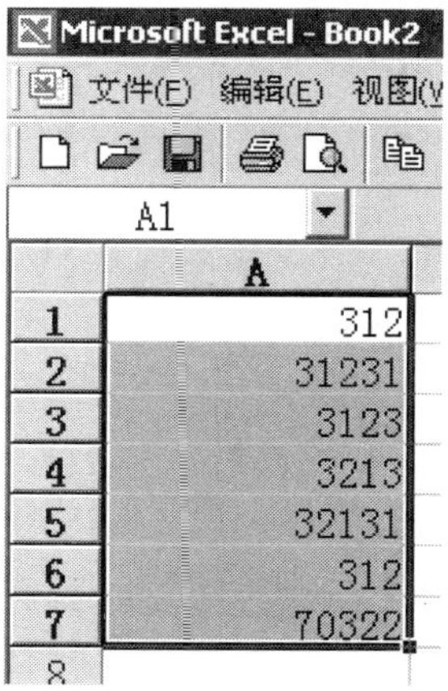

图3-48 求和结果

3.6.1.2 使用函数

当然，您也可以使用求和公式的方式来进行求和。

步骤1：选中求和区域外的其他空白的单元格，如图3-49所示。

步骤2：在单元格内输入求和所使用的公式 = SUM（范围1: 范围2）或者输入公式 = SUM（范围1，范围2，……），如图3-50所示。

图3-49 选中空白区域

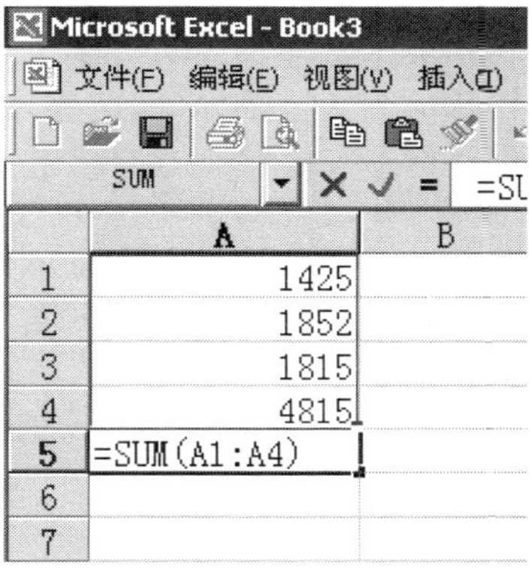

图3-50 输入函数

回车后也可以得到想要的结果，如图3-51所示。

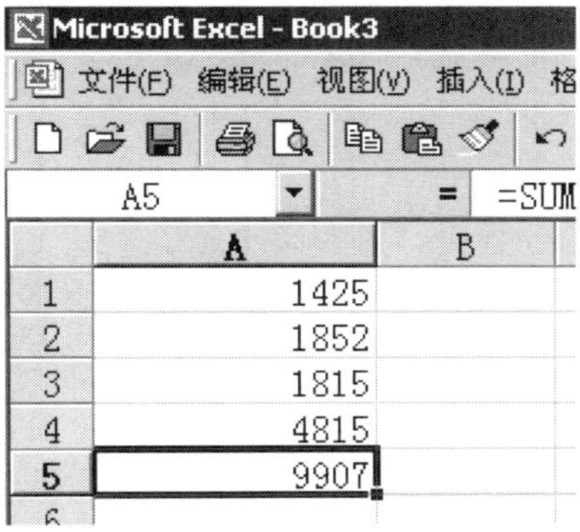

图3-51 求和结果

提示： 通过键盘输入单元范围时，单元地址之间的冒号必须是英文格式的；同样在函数的参数中使用的逗号，也需要是英文格式的。

当然记公式对您来讲也许是一件非常复杂的事情，所以 Excel 还提供了一种直接获取公式的方法。

首先仍旧需要选中求和区域外的单元格，如图 3－49 所示。然后选择插入函数，如图 3－52 所示。您会看到如图 3－53 所示的对话框。

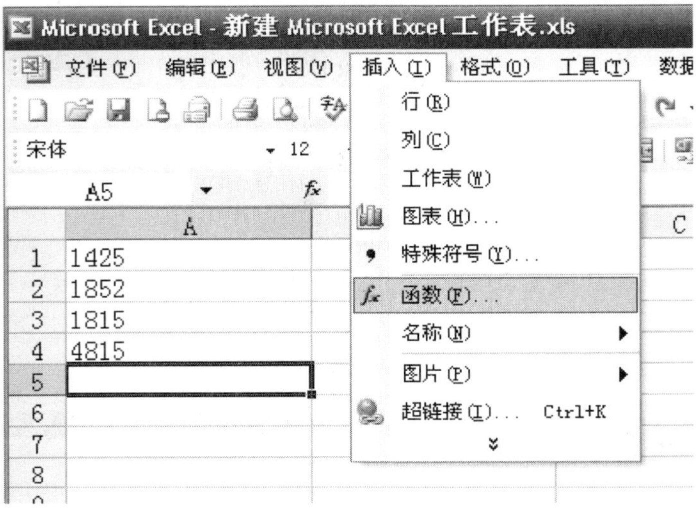

图 3－52　插入函数下拉菜单

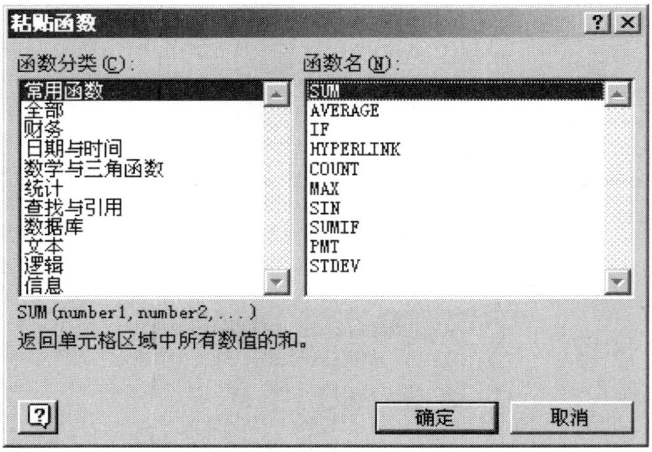

图 3－53　插入函数对话框

在 Number1 里输入 A1: A4（求上面 4 个数字的和），选择 SUM，点击确定后，您就可以得到想要的结果，如图 3－54 所示。

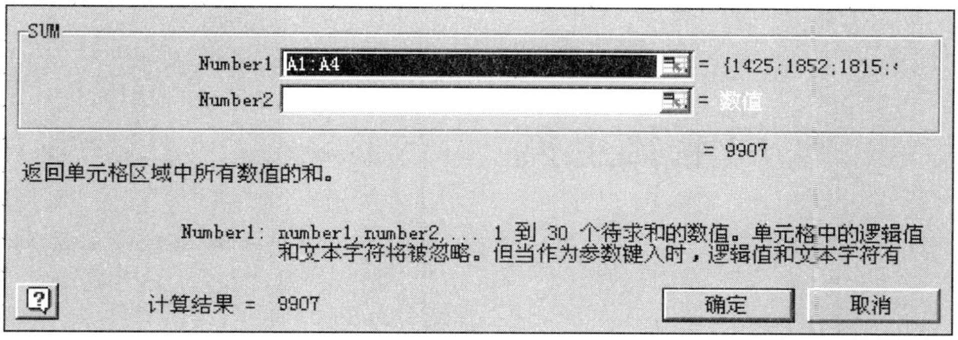

图 3-54 求和结果

3.6.2 求平均数

还是上述那 4 个数字，如果需要求他们的平均数，该怎么办呢？

首先还是选中所求平均数范围内的单元格，如图 3-49 所示，然后选择插入——函数，见图 3-52。在图 3-53 所示中选择平均数 AVERAGE，如图 3-55 所示，然后点击确定，您就可以看到所需要的结果了，见图 3-56。

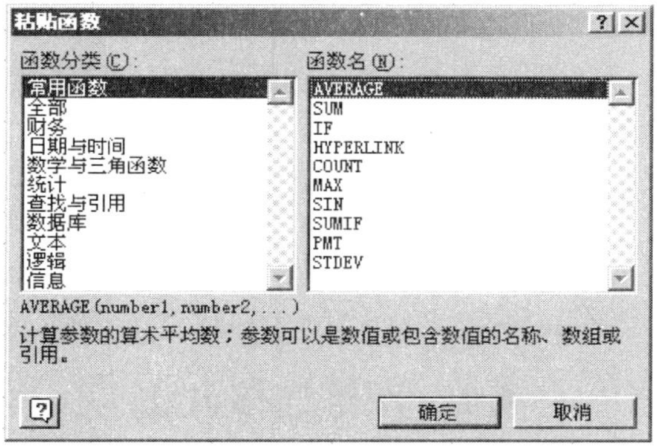

图 3-55 选择 AVERAGE

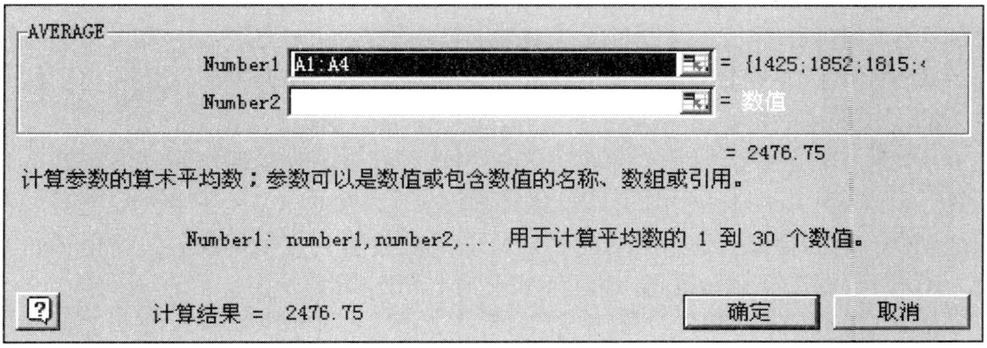

图 3-56 求平均数结果

第四章 用电脑上网

电脑最大的用途莫过于上网了。要上网，您需要首先认识一个新词汇“Internet”，对于刚刚接触网络的朋友来说，或许“Internet”还是一个很模糊的概念，但是，这可是一个非常重要的概念，因为“Internet”已经遍及我们日常生活的各个角落，从今天起，“Internet”也将成为您生活中最好的朋友，帮您解决许多难题。

“Internet”简单说来，就是全球范围内的电脑系统的联网，它将全世界不同角落的成千上万的电脑连接起来，互相交换信息或共同使用同一个信息资源。我们常说的上网，就是通过电脑连接到“Internet”。

这一章我们就要在学习了电脑的基本操作知识的基础上，给大家讲一讲如何用电脑上网，网络里有一个广阔的天地，影响着我们的衣食住行，学会了上网，才能让电脑真正为我们服务。

4.1 网络连接方法

要上网，第一件事就是要让您的电脑与因特网（Internet）连接上。一般来说，家用电脑常见的上网方式有以下 3 种：

方法一：电话拨号上网。所谓的“拨号上网”是指利用调制解调器和电话线，以打电话的方式连接上因特网（Internet）。这种上网方式的速度比较慢。

方法二：ADSL 宽带上网。ADSL 是通过电话线及 ADSL 专用的调制解调器来与网络连接，以连接上 Internet。ADSL 的技术是利用电话线中的高频率区来传送数据，不但传输速度快，也不会影响到一般的通话，所以人们能够一边上网，一边接电话，互不干扰。ADSL 数据传输速率较高，可达 8Mbit/s 下载，1Mbit/s 上传。

方法三：LAN（局域网）小区宽带上网。LAN 是通过小区综合布线和局域网技术实现的宽带接入，是目前家庭用户上网速度和质量最理想的一种上网方式。

目前许多富裕的农村地区都采用了 LAN（局域网）小区宽带上网方式，各家只要向村里申请即有专门人员来安装，操作并不复杂。但如果您的家里没有统一安装局域网，那么您可以选用电话拨号上网或 ADSL 宽带上网方式。虽然上网速度不如局域网快，但它对设备要求不高，只要您家里安了固定电话，就可连接，比较常用，因此，本章着重介绍电话拨号上网和 ADSL 宽带上网的方式。

4.2 上网前的准备工作

上网之前，首先要将下列软硬件准备好，如表 4-1 所示。

表 4-1 上网需要准备的软硬件

上网所需软硬件	拨号连接	ADSL	LAN
一台装有 Windows 的电脑	√	√	√
调制解调器（驱动程序）	√（内置）	√（外置）	×
电话线	√	√	×（光纤或电缆）
ISP 账号	√（上网卡）	√	√
网卡（驱动程序）	×	√	√

4.2.1 一台装有 Windows 的电脑

Windows XP 的上网速度远比 Windows 98/2000/Me 快得多，且调制解调器和网卡的驱动程序可以自动安装，网络设置也很简单，所以，本章内容以 Windows XP 操作系统为例进行介绍。Windows XP 提供多项与 Internet 相关的软件，例如 Internet Explorer（可浏览 WWW）、MSN Messenger（实时传讯软件）等。所以有了操作系统（Windows 98 除外），一些基本的 Internet 软件便一应俱全了。

4.2.2 调制解调器与电话线

要让电脑连接上 Internet，最简便的方式就是利用已经遍布全国的电话网（LAN 上网不需要），并可以通过 HUB 简单实现双机资源共享，如图 4-1 所示。

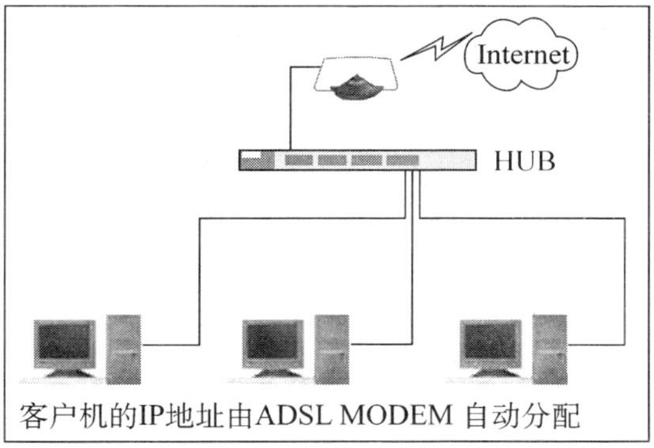

图 4-1 双机资源共享

不论是“拨号”上网还是“ADSL”方式上网，要从电脑发送信息到网络上，或者从网络将数据传输到电脑中，中间必须通过一个交换装置调制解调器（即我们俗称的“猫”）来实现信号的转换。使用拨号上网的用户调制解调器必须自行购买、安装；

ADSL 专用的调制解调器则由电信部门（如中国电信）提供。

4.2.3 ISP 账号

ISP（Internet Service Provider，网络服务提供商）是我们与 Internet 连接的重要桥梁，通过它，我们才能跟整个网络环环相接，取得丰富的资源，所以，当您安装好调制解调器（并安装好调制解调器的驱动程序）等软硬件后，记得向 ISP 申请一个账号，通过该账号登录 ISP 的主机，您的电脑就可以顺利上网了。

4.2.4 网卡

网卡是电脑与网络间的接口（一端收发来自网线的数据，另一端则必须与主板相接）。若您采用 ADSL 的上网方式，那么您的电脑必须安装有网卡才行，网卡是由主板连接网络设备的介质，它的主要功能是将调制解调器内接收到的网络信号传输给电脑。

4.3 调制解调器及网卡的连接

上网基本概念有了，接下来，就要开始实际安装了，首先就要安装调制解调器。前面已经讲了，调制解调器分为“内猫”和“外猫”，“内猫”即指已经安装在电脑主机机箱里的硬件，“外猫”即指需要与电脑连接的外置式硬件，您在购买电脑时可根据需要自行选择安装。

4.3.1 拨号上网

如您购买的是品牌电脑，厂家已帮您安装好了“内猫”，并已安装好了驱动程序，您只要按图 4－2 所示将“内猫”和电话线连接好便可上网了。

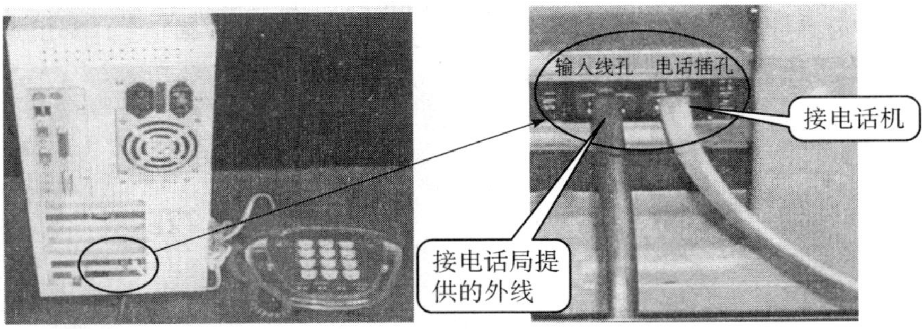

图 4－2 电脑与电话线连接

4.3.2 ADSL 宽带上网

如果您想用宽带（ADSL）上网，则网卡是必需的，下面介绍 ADSL 宽带的连线方法。

步骤 1：将直连网线的水晶插头插入电脑机箱背板的网卡插口上，如图 4－3 所示。

步骤 2：直连网线的另一端插入 ADSL 外猫的 ETHERNET 插口，如图 4-4 所示。

图 4-3　将水晶插头插入网卡插门上

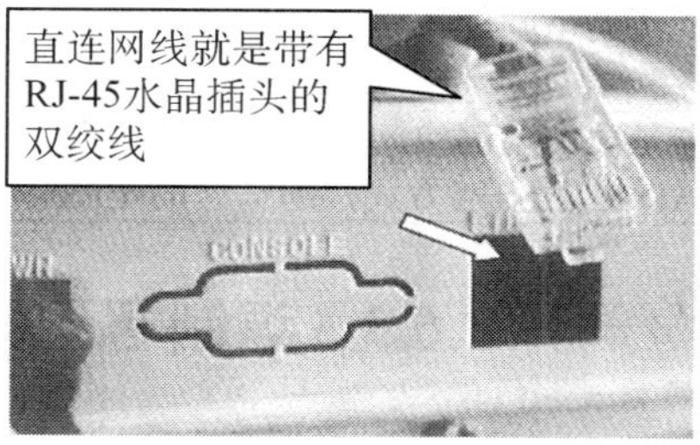

图 4-4　另一端插入 ETHERNET 插口

步骤 3：将双绞线一端的 RJ-11 水晶插头插入 ADSL 外猫的 WAN 插口中，如图 4-5 所示。

步骤 4：将另一端的 RJ-11 水晶插头插入外置分离器的 ADSL 插口中，如图 4-6 所示。

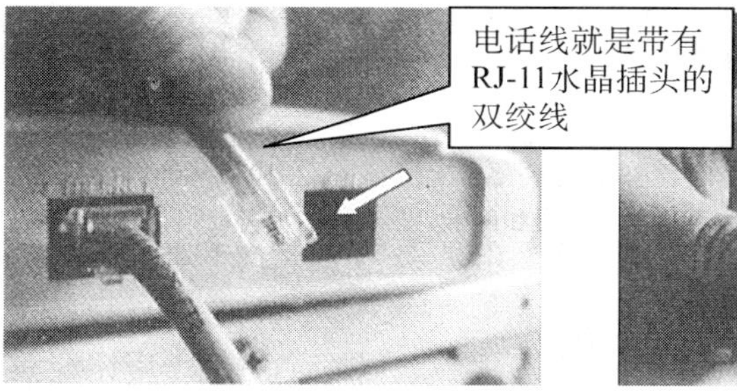

图 4-5　将水晶插头插入 WAN 插口中

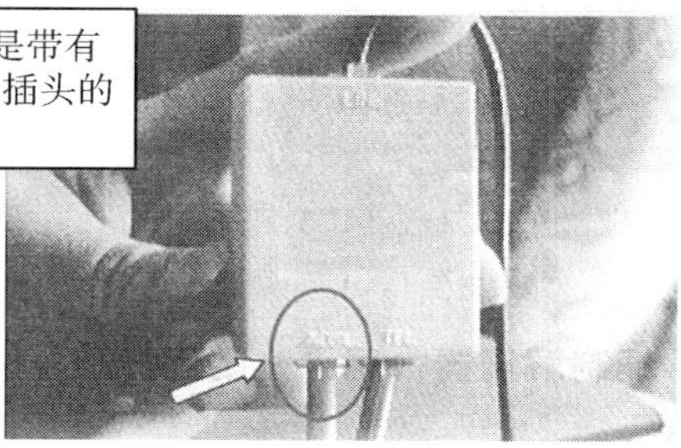

图 4-6　另一端插入分离器的 ADSL 插口中

步骤 5：将连接电话机的 RJ-11 水晶插头插入外置分离器的 TEL 插口中，如图 4-7 所示。

步骤 6：将电话外线的 RJ-11 水晶插头插入外置分离器的 LINE 插口中，如图 4-8 所示。

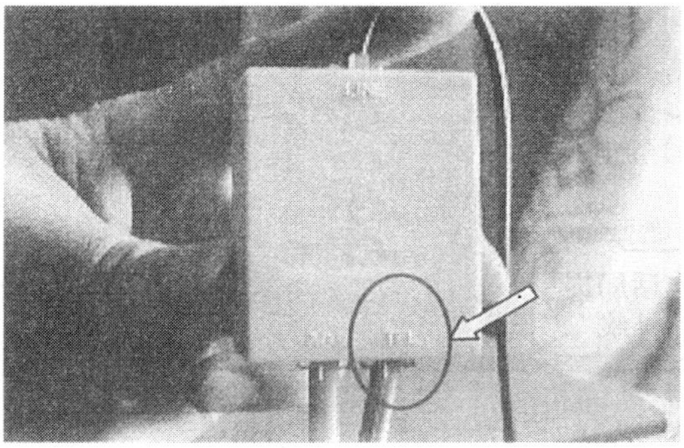

图 4-7　将水晶插头插入 TEL 插口中

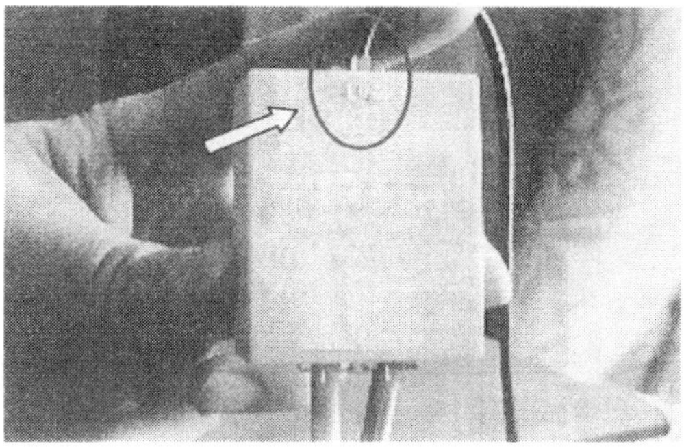

图 4-8　电话外线插入分离器的 LINE 插口中

步骤 7：将电源适配器的电源插头插入 ADSL 外猫的 PWR 插口中，如图 4-9 所示。

步骤 8：将电源适配器插入电源插座板中，按下 ADSL 外猫的电源开关，外猫进入准备工作状态，如图 4-10 所示。

图 4-9　将电源插头插入 PWR 插口中

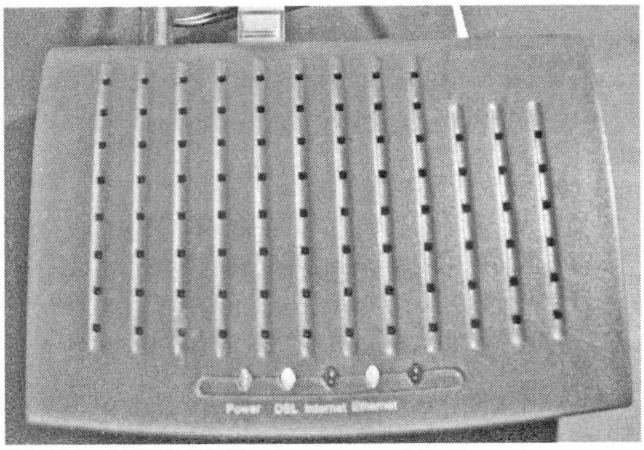

图 4-10　外猫进入准备工作状态

步骤 9：连接好的 ADSL 外猫总图（带 RJ-11 水晶插头的电话线），如图 4-11 所示。

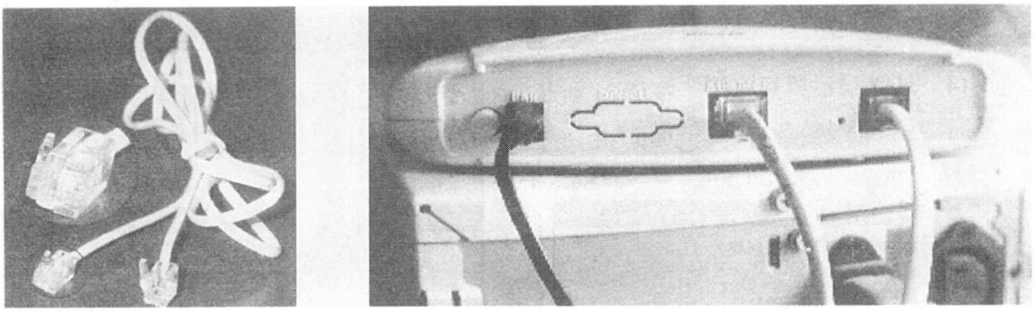

图 4-11　连接好的 ADSL 外猫总图

提示一： 若您采用内置式调制解调器（内猫），请将电话线连到电脑的相应插座即可。若您采用 ADSL 的方式上网，当您向 ISP 申请 ADSL 之后，ISP 就会派施工人员到您家，帮您做硬件部分的设置，所以您只要进行连接的设置就可以了。

提示二： 连接好调制解调器后，还不能上网，还要安装调制解调器的驱动程序，您的电脑才具备上网的基本条件。因为我们采用 Windows XP 操作系统，所以调制解调器或网卡的驱动程序在安装 Windows XP 操作系统时就会自动安装好，不需人工干预。

4.4　网络连接的设置

下面我们将按拨号上网和 ADSL 宽带上网两种方式，介绍调制解调器（网卡）的上网设置方法。

4.4.1 拨号上网的网卡设置

下面，以连接到2631（ISP）为例，进行示范操作，步骤如下。

步骤1：右键单击网上邻居，选择属性打开，如图4-12所示。

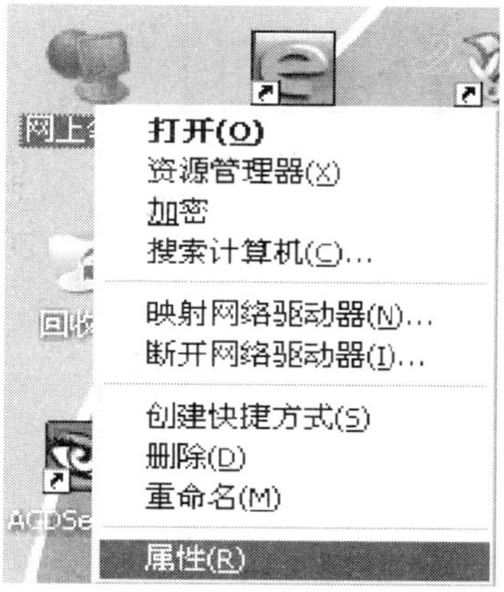

图4-12 选择网上邻居的属性

步骤2：在“网络连接”对话框中，单击“创建一个新的连接”超级链接，启动“新建连接”向导，如图4-13所示。

图4-13 进入新建连接向导

步骤3：在“新建连接”向导中，单击“下一步”按钮，如图4-14所示。

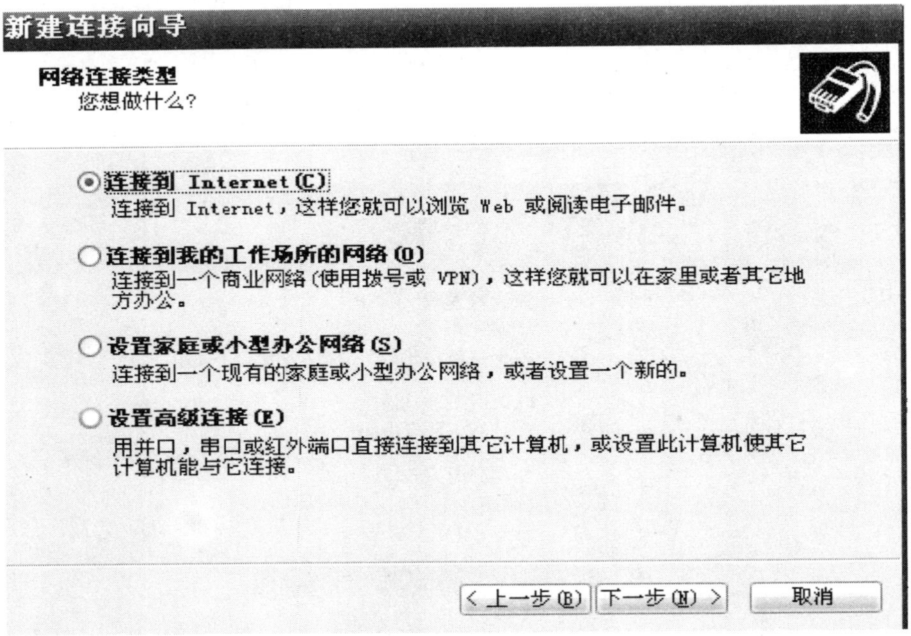

图 4-14　网络连接类型选择连接到 Internet

步骤 4：默认“连接到 Internet”单选项，单击“下一步”按钮，如图 4-15 所示。

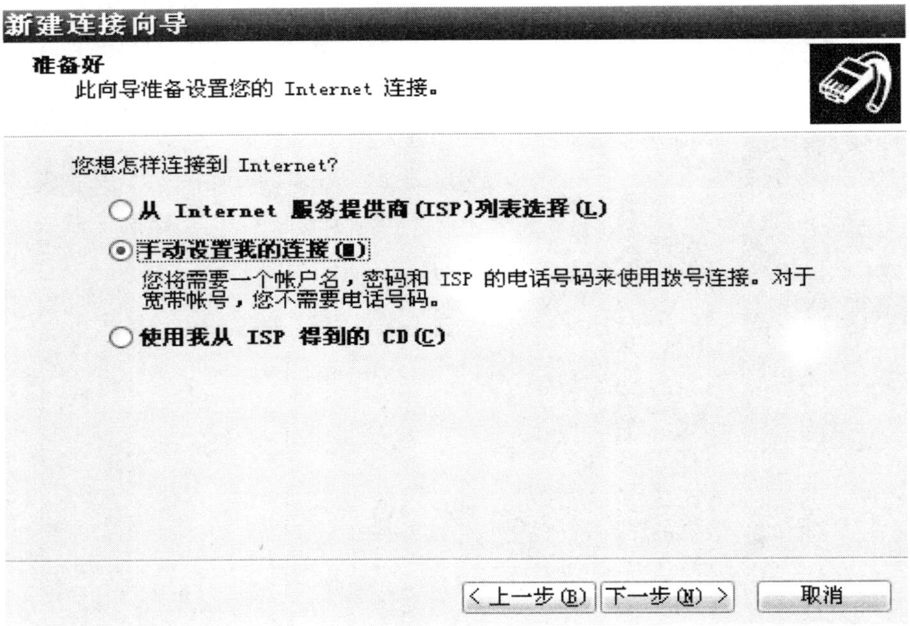

图 4-15　选择“手动设置我的连接”

步骤 5：选“手动设置我的连接”单选项，单击“下一步”按钮，如图 4-16 所示。

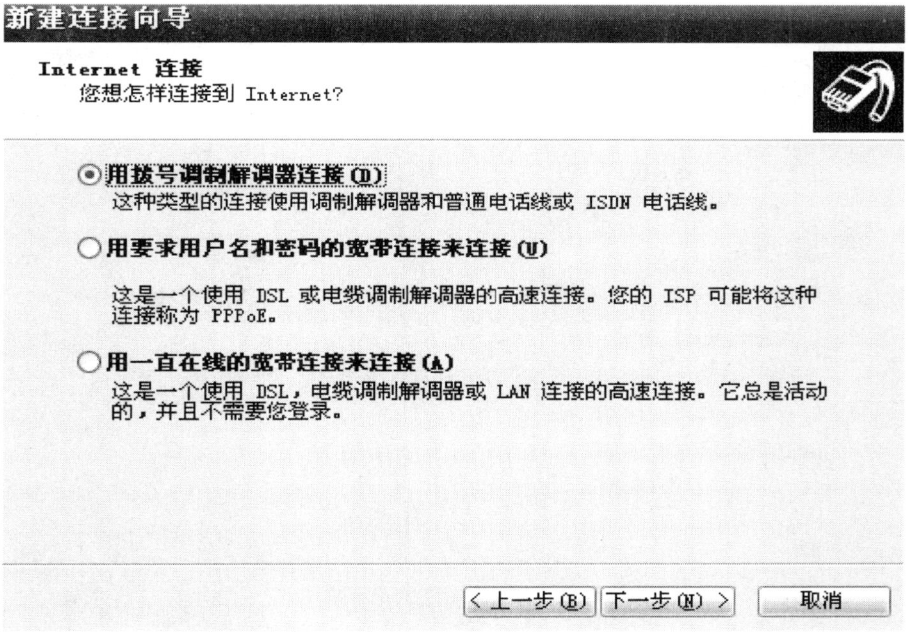

图 4-16　选择用拨号调制解调器连接

步骤 6：选“用拨号调制解调器连接”单选项，单击“下一步”按钮，在“ISP 名称”文本框中，键入“2631”（根据您选购的上网卡要求而定），如图 4-17 所示。

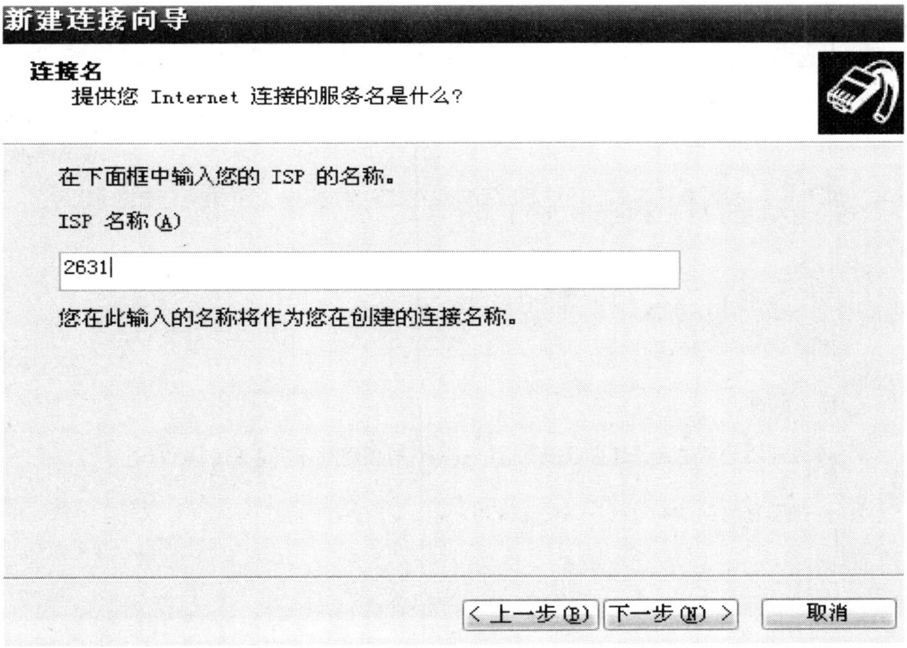

图 4-17　键入 ISP 名称

步骤 7：单击“下一步”按钮，在“电话号码”文本框中，键入“96601”（根据您选购的上网卡要求而定），如图 4-18 所示。

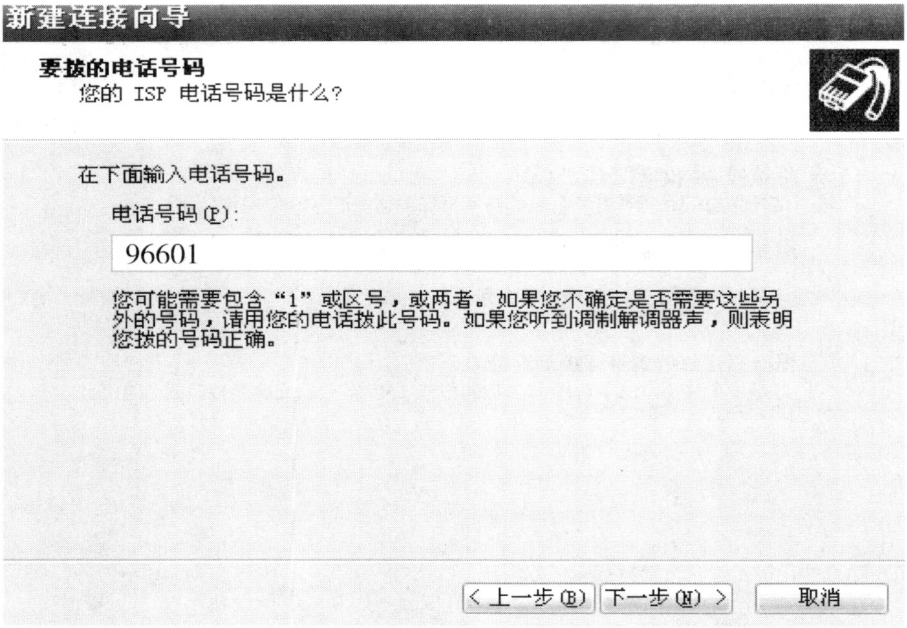

图 4－18　键入上网卡号码

步骤8：单击“下一步”按钮，在“用户名”文本框中，键入“19138003@lo”（根据您选购的上网卡要求而定）；在：“密码”文本框中键入密码，在“确认密码”文本框中再次键入密码，如图 4－19 所示。

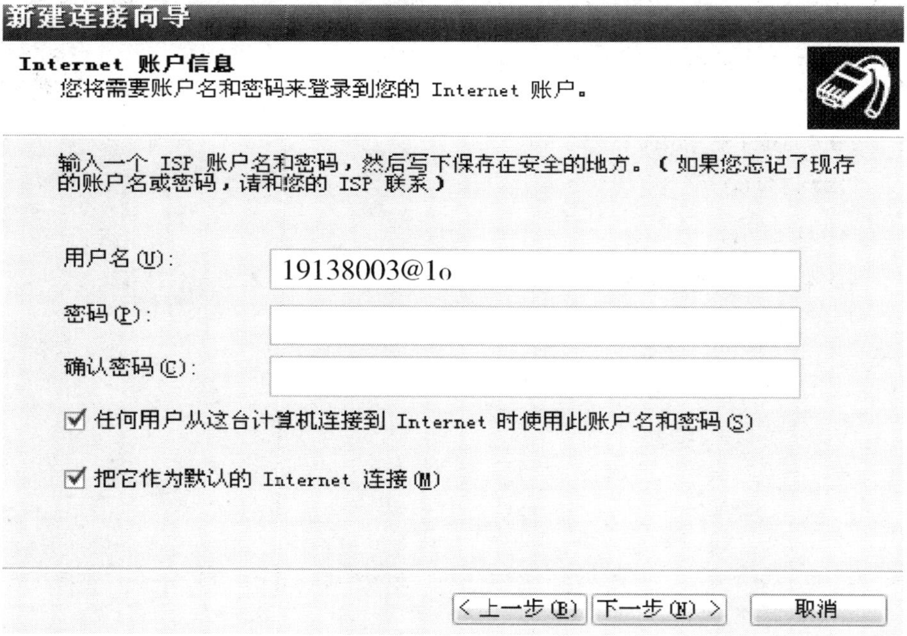

图 4－19　输入账户信息

步骤9：点击下一步，连接完成，如图 4－20 所示。

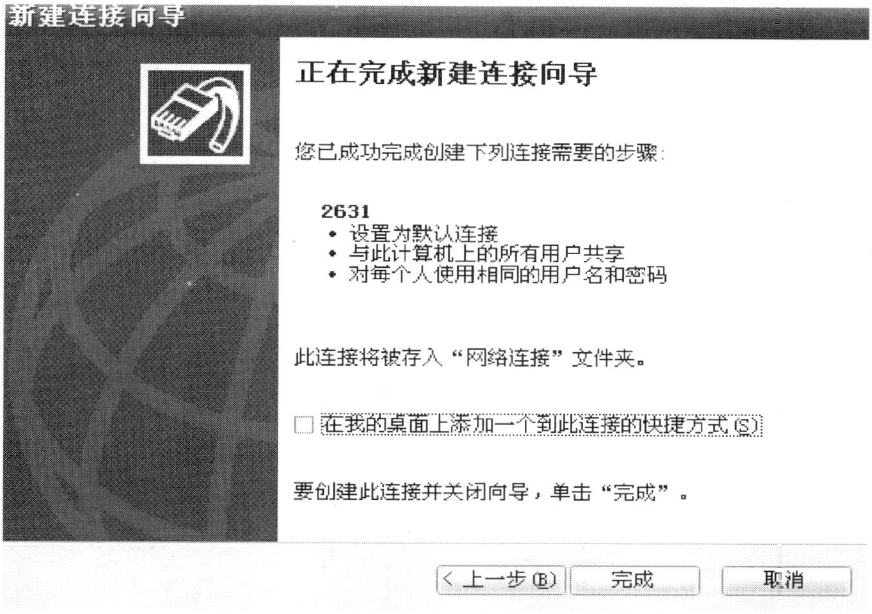

图 4-20　完成连接

步骤 10：勾选“在我的桌面上添加一个到此连接的快捷方式”，单击“完成”按钮。

步骤 11：桌面上有拨号连接 2631 的快捷图标（以后上网单击此图标），在弹出的“连接 2631”对话框中，单击“拨号”按钮，启动连接向导。

步骤 12：连接向导正在拨 96601，并核对用户名和密码。

步骤 13：连通后，在桌面右下角任务栏的通知区域会出现一个小电脑图标，单击该图标可以打开“2631 状态”对话框，您在此可以了解上网的状态是否正常。

步骤 14：打开“网络连接”对话框，您可看到 2631 的默认连接图标。

提示：您只要双击 IE 图标，就可连接“微软（中国）有限公司”网站。

4.4.2　ADSL 宽带上网的网卡设置

ADSL 宽带上网是现阶段最常用的上网方式，连接的主要步骤如下。

步骤 1：右键单击网上邻居，选择属性打开。

步骤 2：在“网络连接”对话框中，单击“创建一个新的连接”超级链接，启动“新建连接”向导。

步骤 3：在“新建连接”向导中，单击“下一步”按钮。

步骤 4：默认“连接到 Internet”单选项，单击“下一步”按钮。

步骤 5：选“手动设置我的连接”单选项，单击“下一步”按钮。

步骤 6：选“用要求用户名和密码的宽带连接来连接”单选项，单击“下一步”按钮，如图 4-21 所示。

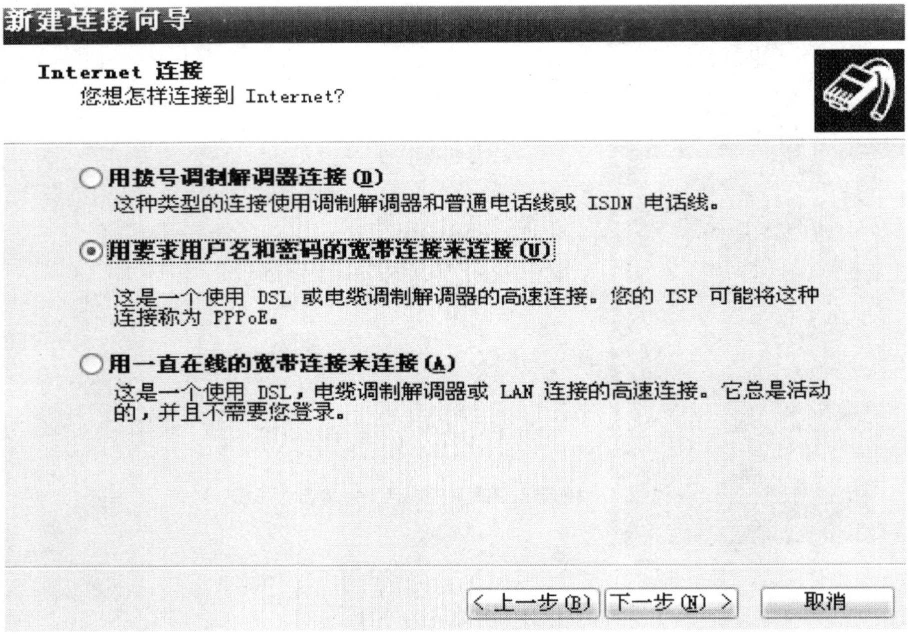

图 4-21　选择“用要求用户名和密码的宽带连接来连接”

步骤 7：在“ISP 名称”文本框中，键入“我的 ADSL 连接”（根据您的喜好而定），单击“下一步”按钮，如图 4-22 所示。

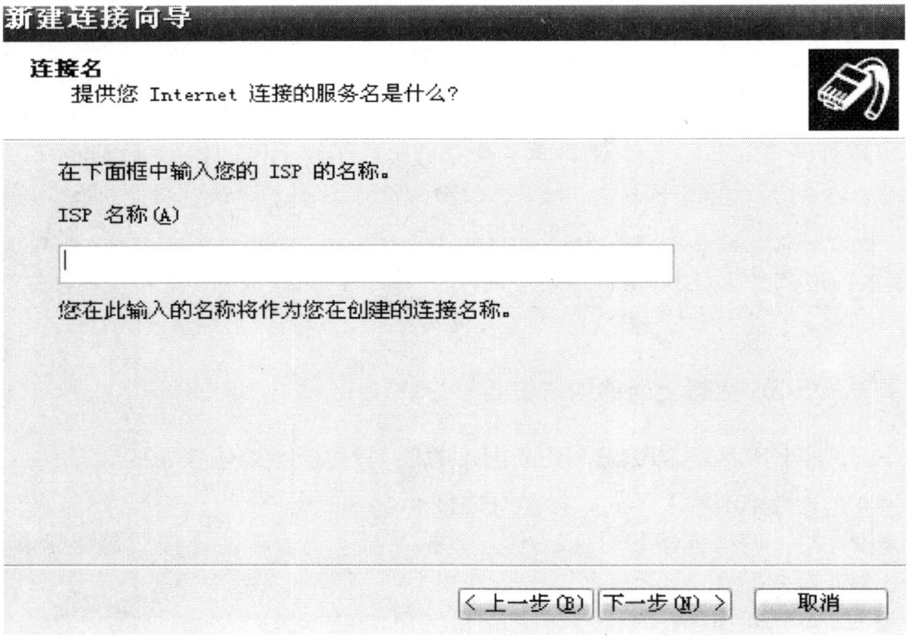

图 4-22　键入 ISP 名称

步骤 8：在“用户名”文本框中，键入“123456789123”（根据您申请的上网账号而定，一般为 12 位数字，用户名最长为 24 位字符）；在：“密码”文本框中键入密码

（密码最长为8位字符），在“确认密码”文本框中再次键入密码后，单击“下一步”按钮，如图4－23所示。

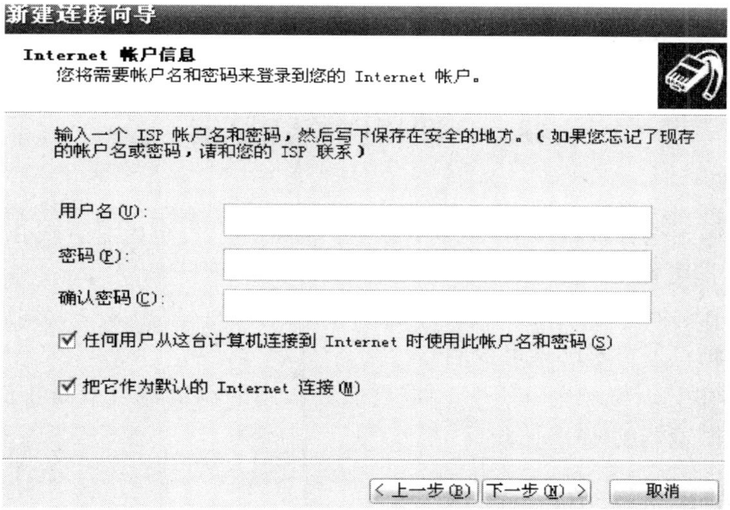

图4－23　键入用户名、密码

步骤9：勾选“在我的桌面上添加一个到此连接的快捷方式”，单击“完成”按钮。

步骤10：桌面上有“我的ADSL连接”的快捷图标（以后上网单击此图标），在弹出的“连接我的ADSL连接”对话框中，单击“连接”按钮，启动连接向导，如图4－24所示。

图4－24　宽带连接

步骤11：连通后，在桌面右下角任务栏的通知区域会出现一个小电脑图标，单击该图标可以打开“我的ADSL连接状态”对话框，您在此可以了解上网的状态是否正常。

提示： 由于使用免申请账号（共用账号）上网的用户较多，特别是节假日，很易造成网络“塞车”，因此建议您多备几个上网账号，如2631、169和163等。

4.5 使用网络浏览器

好了，网络连接已经准备好了，可谓万事俱备，只欠东风了，现在您只要打开网络“浏览器”即可畅游网络了。

浏览器是什么？简单地说，网页浏览器用来显示网页内的文字、影像及其他资讯，要上网，网络浏览器可是必不可少的。

IE浏览器由美国微软公司开发，是目前最常用的浏览器，下面我们就以它为例，向您介绍一下浏览器的使用。

4.5.1 IE浏览器的打开

您可以使用以下几种方式启动IE浏览器：

方法一： 双击桌面上的“Internet Explorer” 

快捷方式图标启动。

方法二： 选择“开始”→“程序”→“Internet Explorer”命令启动，如图4-25所示。

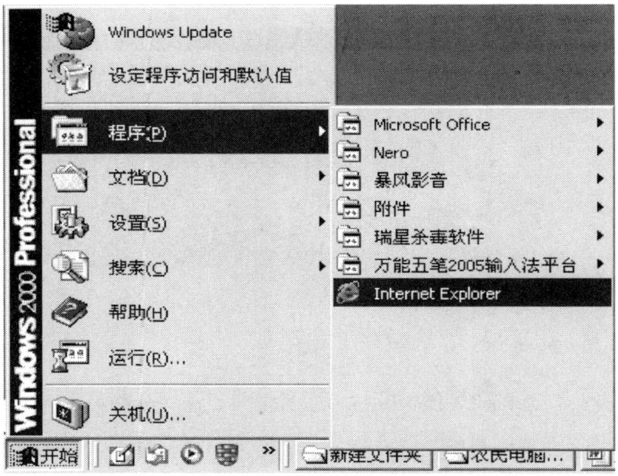

图4-25 启动IE浏览器

4.5.2 IE浏览器的关闭

浏览完网页后，需要关闭IE窗口。关闭IE窗口的方法有如下几种方式：

方法一： 单击IE窗口右上角的关闭按钮，如图4-26所示。

方法二： 双击IE窗口左上角的系统图标，或单击IE窗口左上角系统图标，在弹出

图 4-26　点击关闭按钮

的系统菜单中选择“关闭”命令，见图 4-27。

方法三：用鼠标右键单击 IE 标题栏或右键单击 Windows 任务栏上的 IE 窗口图标，选择弹出菜单中的“关闭”命令，如图 4-28 所示。

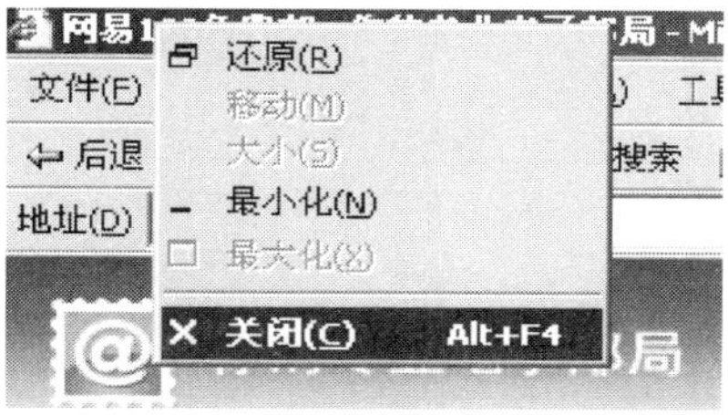

图 4-27　在下拉菜单选择关闭

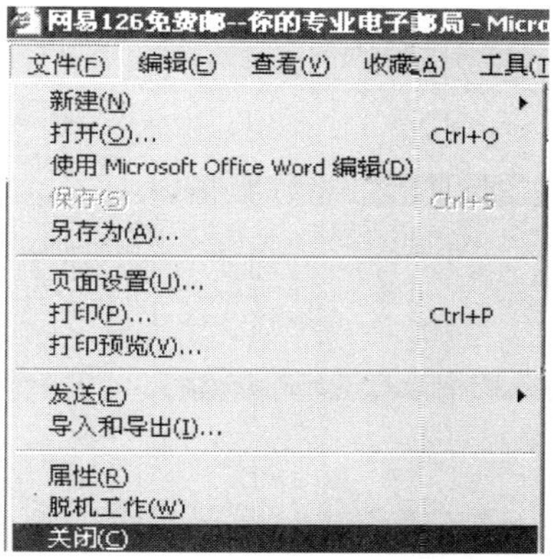

图 4-28　选择文件菜单的关闭命令

4.5.3　浏览网页

浏览网页是 IE 浏览器最大的功能，也是最常用的功能。

步骤1：单击 IE 地址栏，输入要浏览的网页地址，如 www. sina. com. cn，如图 4-29所示。

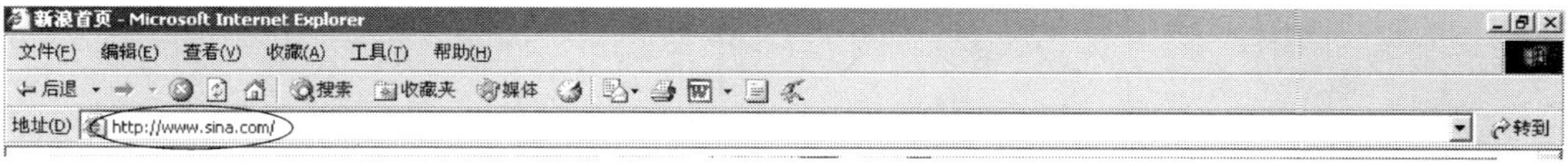

图 4-29　在地址栏输入网址

步骤2：单击 IE 地址栏右侧的“转到”按钮或直接按回车确认。

步骤3：稍等一会儿，IE 浏览器便可打开整个网页，在当前页面中浏览网页的内容。网页中的元素主要包括文字、图片、链接、声音和视频等信息，如图 4-30 所示。

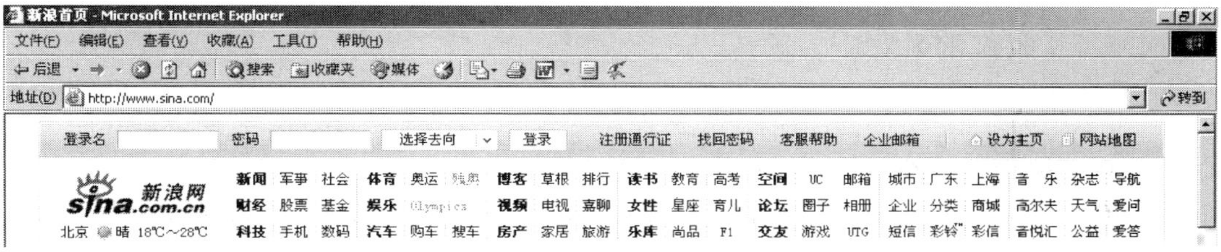

图 4-30　打开的新浪网页

步骤4：如果当前浏览的网页页面比较大，在IE浏览器的右边和下边还会出现两个滚动条，用鼠标按住并拖动这些滚动条，即可查看浏览器窗口中所显示的其他内容。

4.5.4 保存网页

有时需要把正在浏览的网页保存下来，以便以后可以直接在电脑上脱机查看。

步骤1：打开IE窗口，选择“文件”→“另存为”命令，如图4－31所示。

步骤2：在弹出的“保存网页”对话框中选择要存放的路径，并单击“保存”按钮，如图4－32所示。

图4－31 保存网页

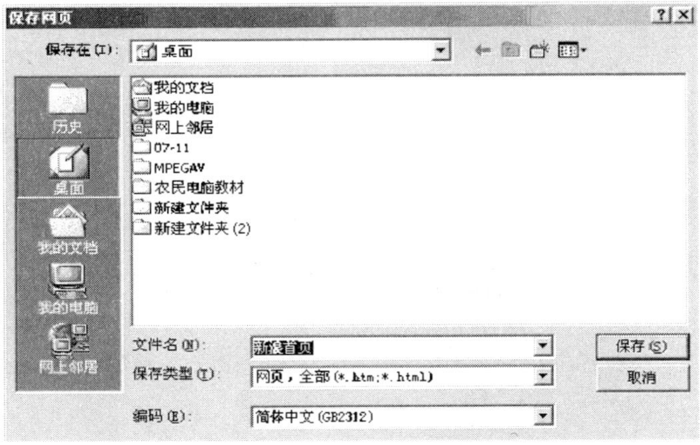

图4－32 选择保存位置

步骤3：IE开始将网页下载并保存到本地电脑，同时弹出提示框，并显示保存进度。这时也可以单击“取消”按钮终止本次保存操作，如图4－33所示。

图4－33 保存页面进程

4.5.5 收藏常用网址

使用IE可以将喜欢的或经常浏览的网站收录到IE收藏夹中，以方便以后在网上冲浪时，快速地打开网站。具体操作步骤如下：

步骤1：打开浏览器，在地址栏中输入网页地址，如www.sina.com.cn，按回车键进入新浪首页。

步骤2：在IE浏览器中选择“收藏”→“添加到收藏夹”命令，弹出“添加到收藏夹”对话框，点击“确定”按钮即可直接保存网页，如图 4-34 所示。

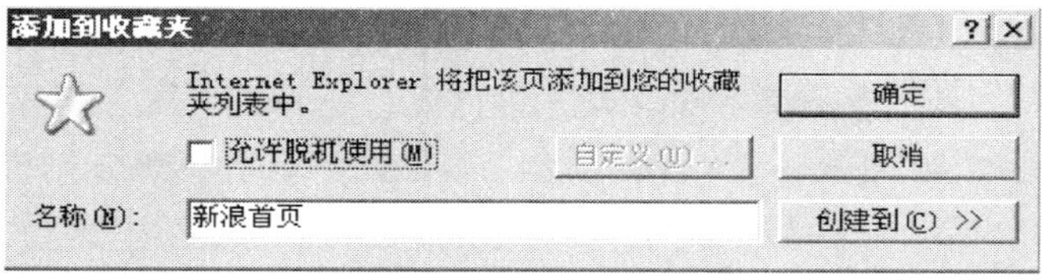

图 4-34　保存网址对话框

在“添加到收藏夹”对话框中，也可以选择“新建文件夹”来创建一个新的文件夹收藏网页，将要保存的统一类别网页存入一个特定的文件夹中。方法如下：

步骤 1：点击“创建到”按钮，出现如图 4-35 所示的对话框。

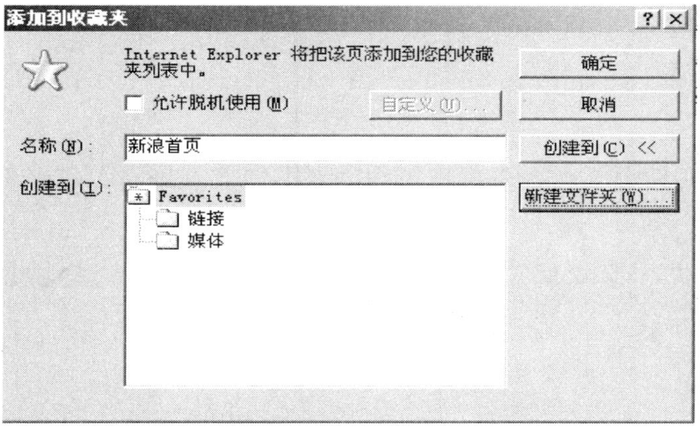

图 4-35　保存网页位置选择对话框

步骤 2：点击新建文件夹按钮，即可出现如下对话框，在文件夹名中输入新的文件夹名，如“网页”，如图 4-36 所示。

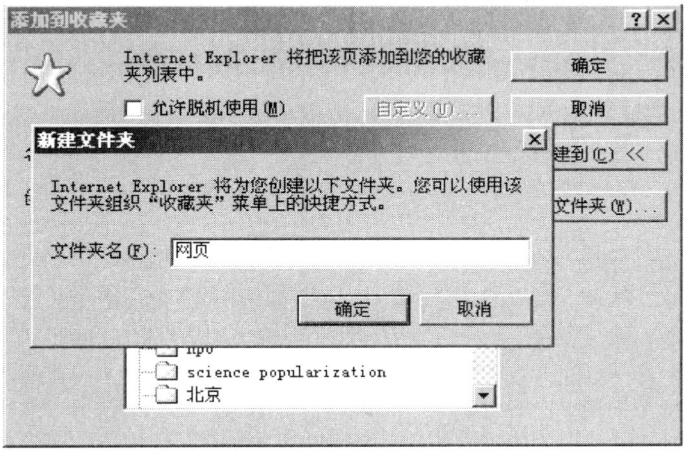

图 4-36　输入新建文件夹名称

步骤3：单击“确定”按钮，出现如图4－37所示的对话框，点击“确定”完成保存。

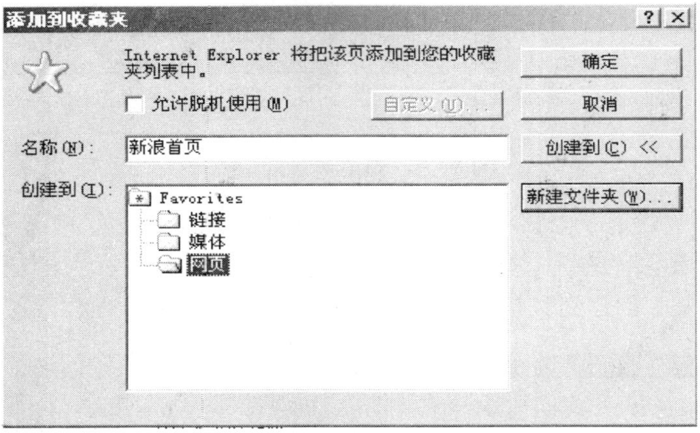

图4－37　网页文件夹创建成功

打开收藏栏，即可见到新浪首页已经保存在名为“网页”的文件夹中了，如图4－38所示。

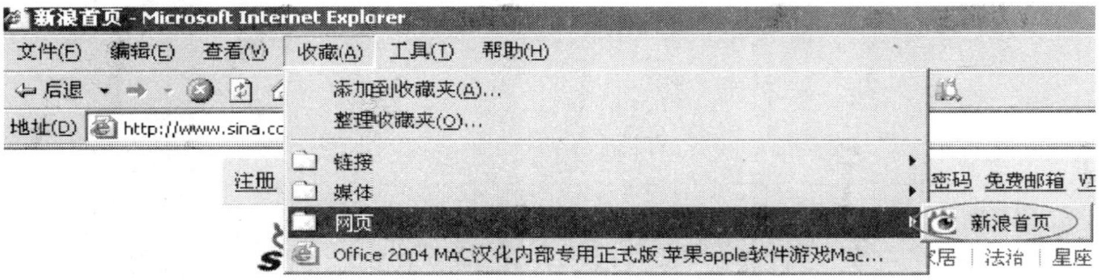

图4－38　保存在收藏夹中的新浪网页

4.6　使用搜索引擎进行搜索

搜索引擎是通过浏览器查阅网上信息必不可少的工具，常见的搜索引擎有Google和Baidu等。

4.6.1　Google搜索引擎

Google是目前世界上使用非常普遍的搜索引擎之一。在IE地址栏中输入http：//www.google.com，按下Enter键，即可进入Google搜索引擎首页，如图4－39所示。

进入Google搜索页面后，其默认功能是网站搜索。可以在此输入要搜索的信息、名称等关键字，Google可查找出所有包含此关键字的网站。具体操作步骤如下：

步骤1：在搜索框内输入关键字，如“现代农业”，如图4－40所示。

步骤2：选中文本框下方的“中文网页”单选项，单击“Google搜索”按钮。

步骤3：Google很快会搜索出包含“现代农业”的网站，如图4－41所示。

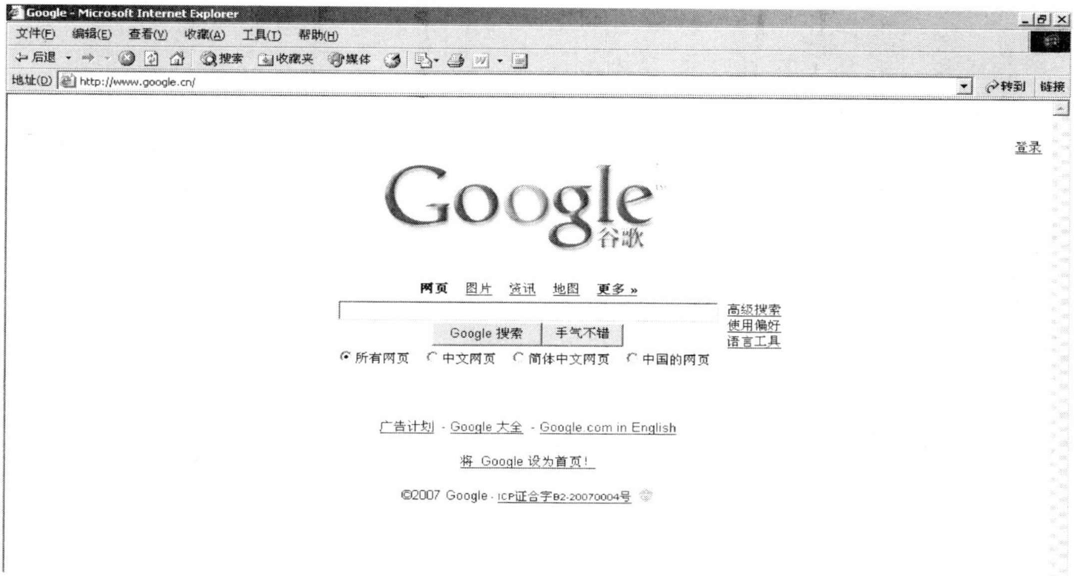

图 4-39 Google 首页

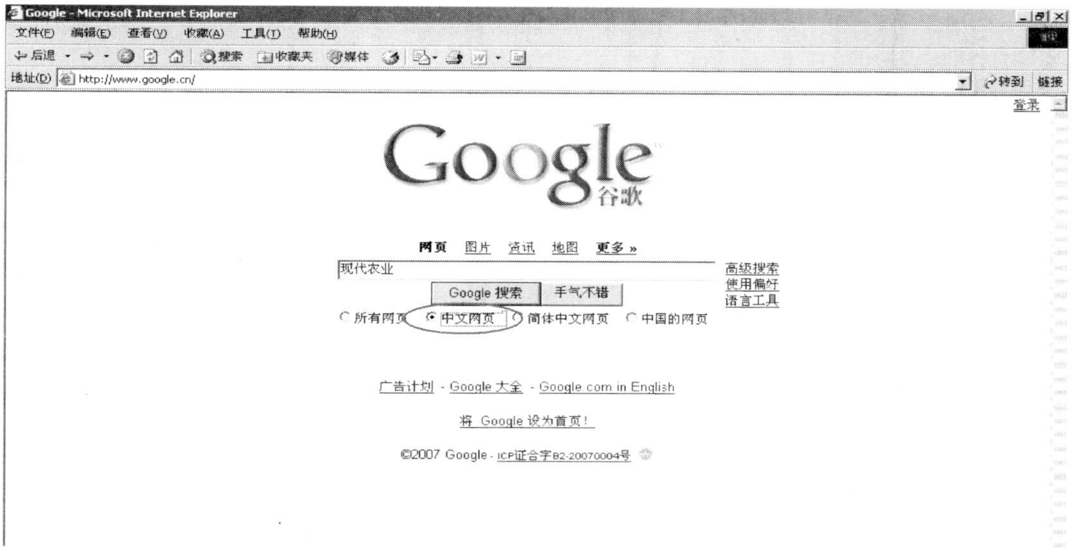

图 4-40 搜索现代农业

从检索结果看，在繁体中文和简体中文网页中，约有4 180 000项符合现代农业的查询结果。

4.6.2 Baidu 搜索引擎

和 Google 一样，使用百度搜索也非常简单，只需输入要查询内容的关键词，并单击“百度搜索”按钮，即可得到相关搜索结果。具体操作步骤如下：

步骤 1：打开百度主页，在输入框中输入“新农村”，如图 4-42 所示。

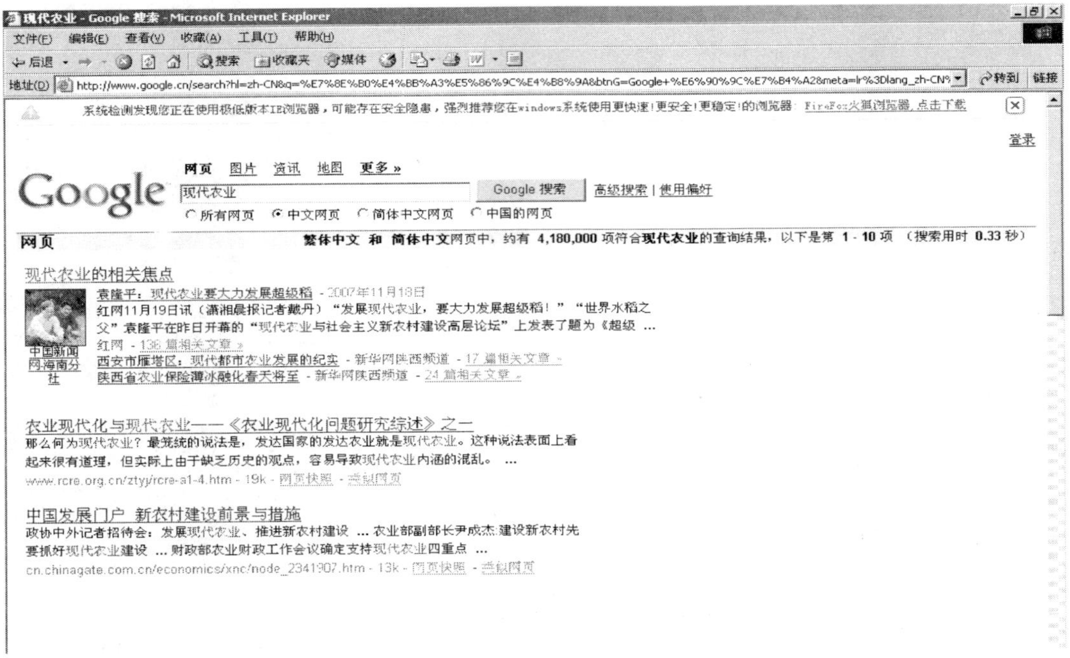

图 4-41　搜索结果

图 4-42　在百度搜索“新农村”

步骤 2：单击“百度一下”，即可搜索到包含“新农村”的网站信息，如图 4-43 所示。

从图中可以看出，通过 Baidu，我们可以找到与新农村相关的网页约 21 600 000 篇，用时 0. 035 秒。

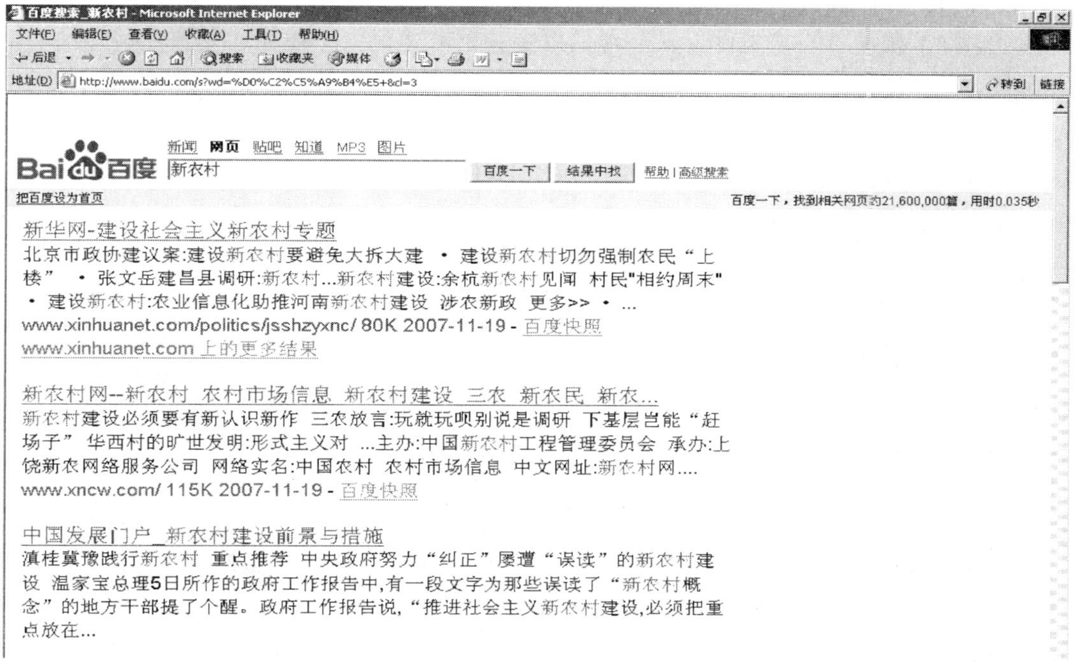

图 4-43 搜索“新农村”结果

4.7 怎样从网上下载资源

网上冲浪，“下载”必不可少，简单明了地说，“下载”就是把网络上的资源存到自己的电脑中，以满足自己的需要。举个简单的例子，您想听流行的歌曲《好日子》，可是一时又买不到，怎么办？当然是网上下载啊！网上的资源丰富多彩，几乎无所不包，不仅是音乐，还有电影、软件、小说、相声等都可以从网上下载，而且许多资源都是免费的，您只需花费一点点上网费用即可获得想要的东西，何乐而不为呢?

从网上下载资源的方式很多，目前比较常见的有 HTTP 下载、FTP 下载、BT 下载、P2P 下载等下载方式。

4.7.1 使用 IE 浏览器下载

IE 浏览器的功能十分强大，除使用 IE 浏览器进行网页浏览、资源搜索以外，也可以使用 IE 浏览器直接进行网上资源的下载。比如我们想下载“迅雷”软件，首先您要通过搜索引擎搜索到“迅雷”软件的下载页面，然后找软件下载的链接，再按如下方法操作即可。

方法一：直接单击文件进行下载。

在没有安装其他下载工具的时候，可以通过 IE 浏览器直接进行下载，具体操作步骤是：

步骤 1：在 IE 浏览器中打开需要下载的资源所在网页，单击网页中的任一下载链接，见图 4－44。

步骤 2：在弹出的“文件下载”对话框中，单击“保存”按钮，见图 4－45。

图 4－44　下载链接

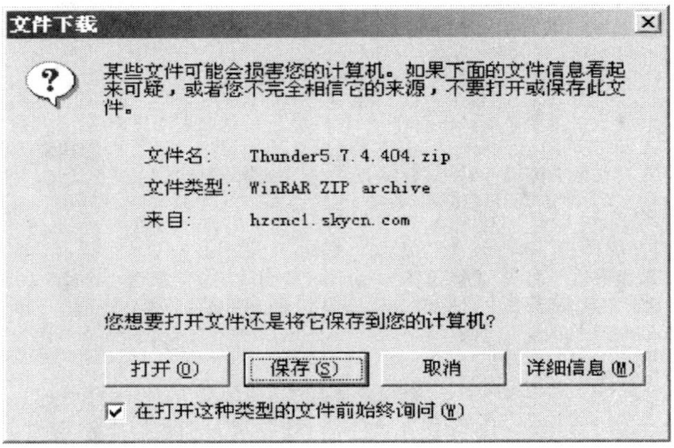

图 4－45　文件下载对话框

步骤 3：在弹出的“另存为”对话框中选择下载文件在电脑中存放的位置，见图 4－46。

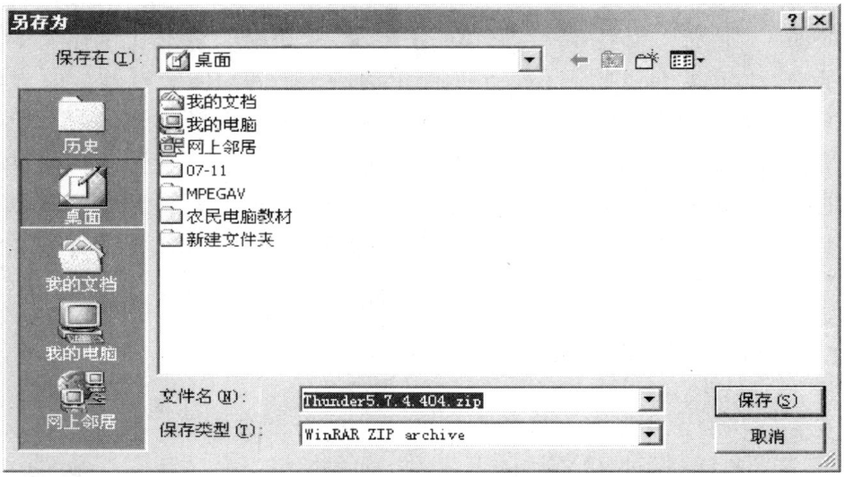

图 4－46　保存路径对话框

步骤 4：单击“保存”按钮后，IE 就开始直接下载文件了。下载完成后，系统会给出下载完毕的提示，见图 4－47。

方法二：使用快捷菜单下载文件。

在浏览器中下载文件时，也可以通过快捷菜单进行下载。具体操作步骤如下：

步骤1：打开下载页面，右键单击需要下载的文件链接，选择弹出菜单的“目标另存为”命令，见图4-48。

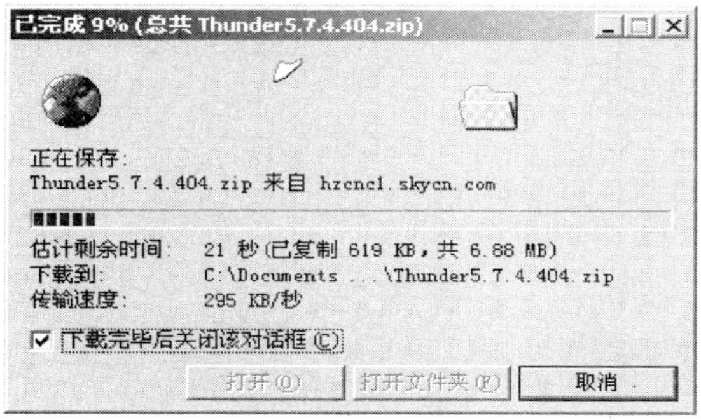

图4-47　下载进度显示

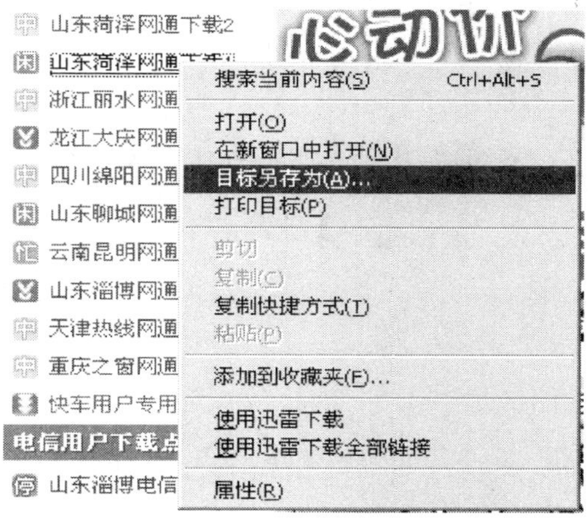

图4-48　在下拉菜单中选择保存

步骤2：在弹出的“另存为”对话框中选择保存地址即可，见图4-49。

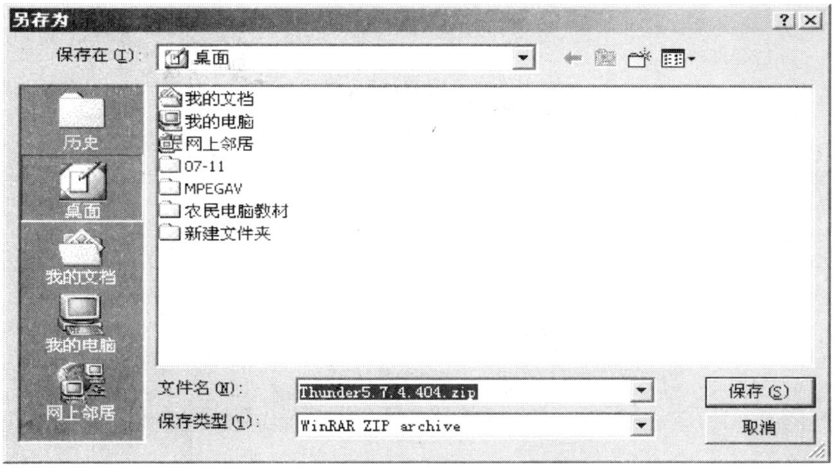

图4-49　下载路径选择对话框

4.7.2　使用下载软件进行下载

以上讲的下载方式都没有借助任何工具，为了提高下载速度，您还可以借助一些下载的工具来缩短下载所需的时间。不仅省时间，而且可以节省上网的费用。常见的下载软件有迅雷、网际快车，下载加速器等，这里主要讲解用迅雷工具进行下载。

迅雷软件的功能可谓强大，它比直接下载最显著的优势有两点：提供了强大的断点续传、多任务下载和任务管理功能。断点续传是指当您在下载过程中网络忽然断了，或者在您有事需要出门关掉电脑的情况下，不必担心还未下载完成的任务，迅雷会帮您保存这次的下载内容，并在您下次开启迅雷时继续完成上次的下载任务。多任务下载是指您同时可以下载多个内容，而不相互干扰。迅雷的具体操作步骤如下：

步骤1：在电脑中安装迅雷软件，此项操作可在购买电脑时要求厂家给您装好。

步骤2：打开下载页面，如图 4-50 所示。

步骤3：单击右键，出现如图 4-51 所示的菜单，将鼠标移到“使用迅雷下载”命令，单击左键，即会出现如图 4-52 所示对话框，单击“浏览文件夹”，选择要保存的目录，然后按确定按钮，见图 4-53。

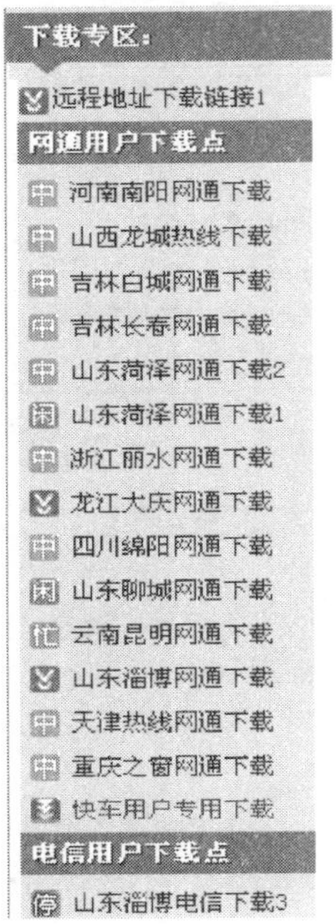

图 4-50　下载链接

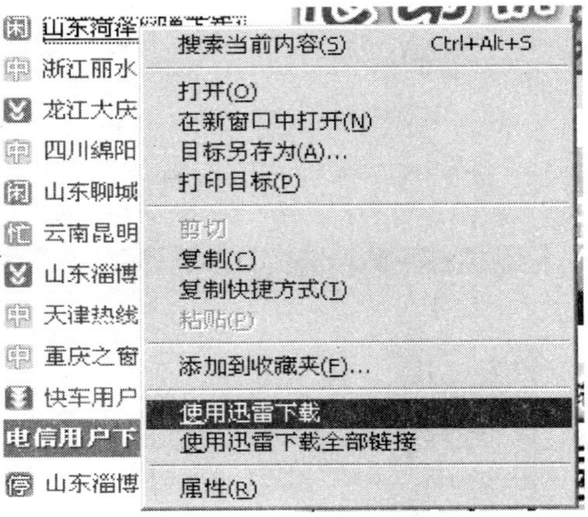

图 4-51　选择迅雷下载

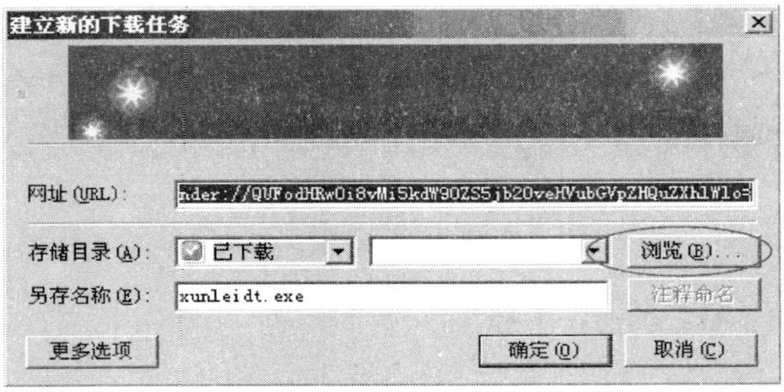

图 4-52　选择浏览

步骤4：点击图 4-53 中“确定”按钮，即将此链接添加到下载任务列表中，如图 4-54 所示。

步骤5：迅雷开始下载，下载完成后将文件保存在您刚才选中的存放地址中，如图 4-55 所示。

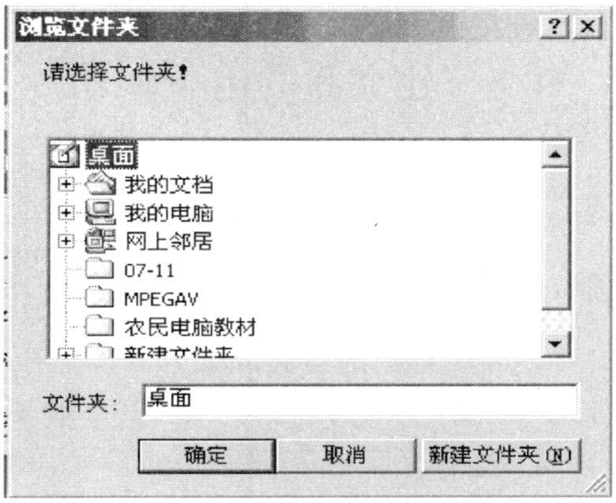
浏览文件夹
请选择文件夹!
桌面
我的文档
我的电脑
网上邻居
07-11
MPEGAV
农民电脑教材
文件夹:
桌面
确定
取消
新建文件夹(N)

图 4–53 选择保存路径

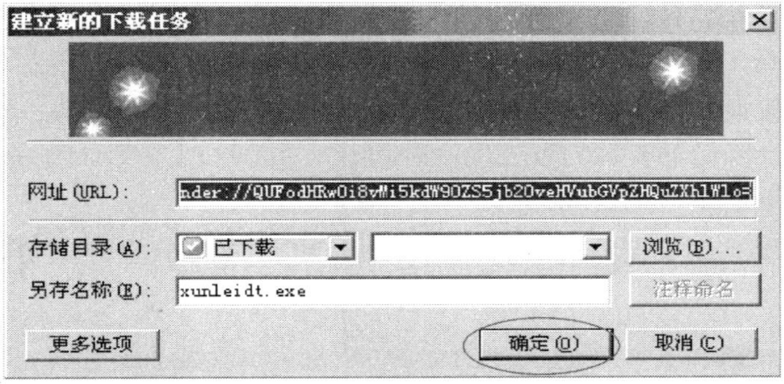
建立新的下载任务
网址(URL):
存储目录(A):
已下载
浏览(B)...
另存名称(E):
xunleidt.exe
注释命名
更多选项
确定(O)
取消(C)

图 4–54 建立下载任务

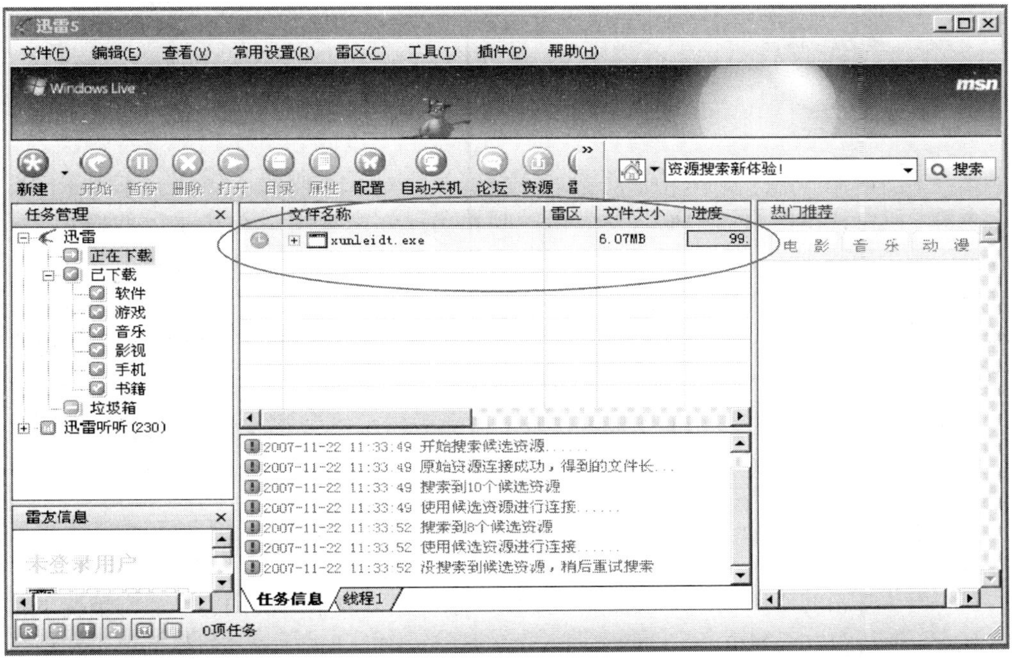
迅雷5
文件(F) 编辑(E) 查看(V) 常用设置(R) 雷区(C) 工具(T) 插件(P) 帮助(H)
Windows Live
msn
新建 开始 暂停 删除 打开 目录 属性 配置 自动关机 论坛 资源
资源搜索新体验!
搜索
任务管理
迅雷
正在下载
已下载
软件
游戏
音乐
影视
手机
书籍
垃圾箱
迅雷听听 (230)
文件名称
雷区
文件大小
进度
xunleidt.exe
6.07MB
热门推荐
电 影 音 乐 动 漫
2007-11-22 11:33:49 开始搜索候选资源......
2007-11-22 11:33:49 原始资源连接成功，得到的文件长...
2007-11-22 11:33:49 搜索到10个候选资源
2007-11-22 11:33:49 使用候选资源进行连接......
2007-11-22 11:33:52 搜索到8个候选资源
2007-11-22 11:33:52 使用候选资源进行连接......
2007-11-22 11:33:52 没搜索到候选资源，稍后重试搜索
雷友信息
未登录用户
任务信息
线程1
0项任务

图 4–55 迅雷下载界面

4.8 建立我的电子邮箱

当您要给远方的亲人或朋友写信时，是否还需要准备信纸、信封、邮票，还要找邮局或信筒才能发出呢？一般情况下，这封信至少要经过 3 到 7 天才能邮寄到对方手中，有时信件寄达的时候，信件里的内容已经过时了。现在有了电子信箱，寄信变得非常简便，您可以足不出户，只在电脑前就完成信件的发送，对方也会在几秒钟之内就收到您的信件，并及时做出回复。下面我们就一起到 Internet 上来申请一个自己的免费信箱吧。

4.8.1 我要申请免费邮箱

电子邮箱是管理和存放电子邮件的网站空间。按其使用情况可分为免费邮箱、收费邮箱和企业邮箱 3 种。目前使用最普遍的是免费电子邮箱，有很多网站提供免费邮箱服务，如目前较大的中文网站新浪、搜狐、雅虎等都有这种服务，您还可以选择专门做免费电子邮件网站如 www.126.com 来申请自己的邮箱。这里以申请新浪免费邮箱为例，向您介绍申请免费邮箱的步骤。

步骤 1：打开 IE 浏览器，进入新浪网首页，单击页面中的“免费邮箱”链接，见图 4-56。

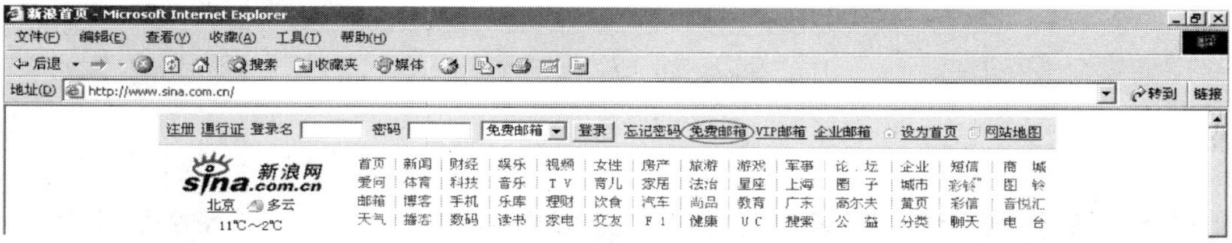

图 4-56 选择“免费邮箱”

步骤 2：在弹出的“新浪邮箱”页面中单击“注册免费邮箱”链接，见图 4-57。

步骤 3：在弹出的页面中输入要申请的邮箱名，如您想用“新农业”的拼音“xinnongye”作为邮箱名，如图 4-58 所示，输入好后，还需点击“查看邮箱名是否可用”来确定这个邮箱名是否已经有人用过，见图 4-59，通过检查我们发现“xinnongye”已经被人用过了，我们必须重新给邮箱起个名，如“xinnongye888”，检查确认可以使用后单击“下一步”按钮。

步骤 4：填写注册资料，如图 4-60 所示，完成后单击“提交注册信息”按钮。

步骤 5：经邮箱系统审核，所填写的资料完整后，免费邮箱就申请成功了。

4.8.2 我要接收电子邮件

在对电子邮箱的使用中，接收新邮件应该是您首先需要学习的内容。通常情况下，用户在申请一个新的电子邮箱后，就能立即登录到该邮箱中。不同网站所提供的电子邮箱虽然略有不同，但都有［收件箱］（或者被称为［收件夹］）供用户接收和阅读电子邮件。

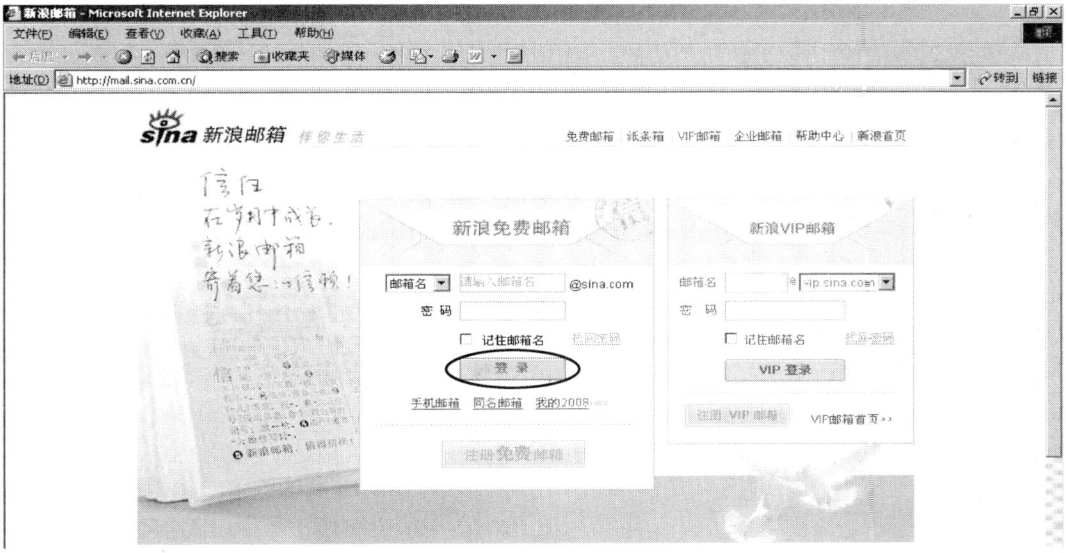

图 4-57 注册免费邮箱

图 4-58 键入邮箱名

以刚才注册的新浪邮箱为例，详细讲解一下网上收发电子邮件的方法：

步骤 1：进入网站首页登录电子邮箱。例如，在 IE 地址栏中输入“www. sina. com. cn”后按回车键，进入新浪首页，见图 4-61。

步骤 2：在其中输入电子邮件的用户名和密码，单击［登录］按钮，即可进入邮箱，如图 4-62 所示。可以看到，当前邮箱中已有 1 封新邮件，全部邮件总数也为 1 封。

步骤 3：单击“收件夹”，打开收件夹窗口，可以看到收件夹中新邮件的状态、发件人、主题、日期和大小等信息，如图 4-63 所示。在这个窗口中，您可以根据“发件人”信息来查看发件人的邮箱地址，从而判断邮件是哪个朋友发送过来的。原来您收到的邮件是新浪网站发来的，通知您邮箱已经开通使用了。

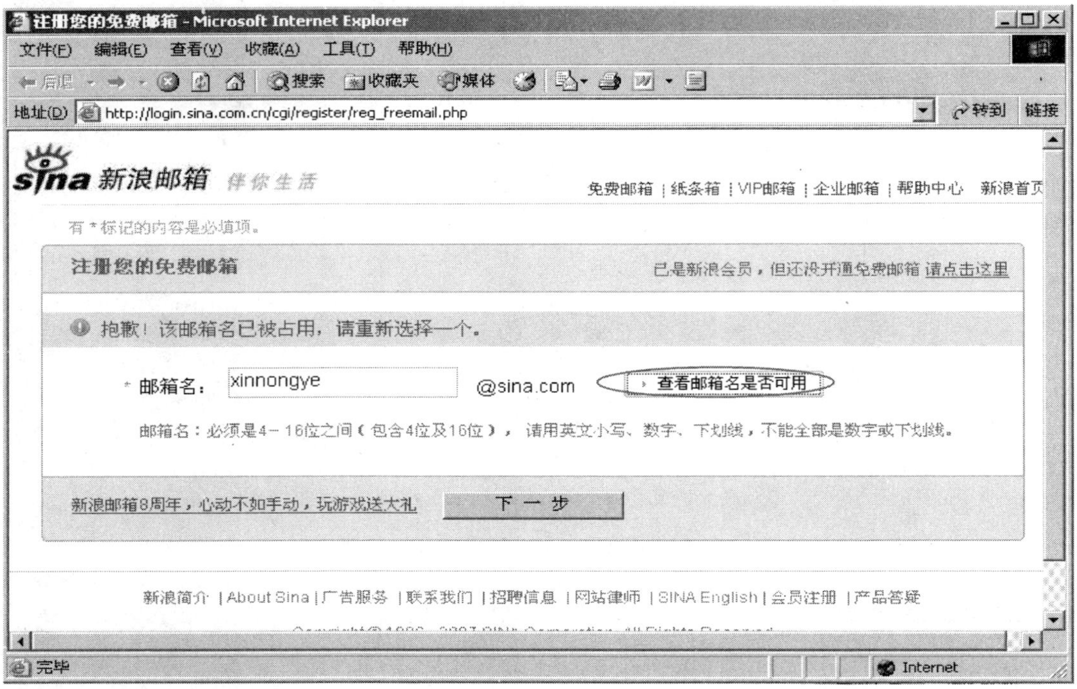
注册您的免费邮箱 - Microsoft Internet Explorer
http://login.sina.com.cn/cgi/register/reg_freemail.php
新浪邮箱
有 * 标记的内容是必填项。
注册您的免费邮箱
抱歉！该邮箱名已被占用，请重新选择一个。
邮箱名：
xinnongye
@sina.com
查看邮箱名是否可用
下 一 步

图 4-59　查看邮箱名是否可用

注册第二步 - 新浪邮箱 - Microsoft Internet Explorer
新浪邮箱
您的邮箱名：xinnongye888@sina.com
请设置安全信息
密码：
确认密码：
密码查询问题：
--请您选择--
密码查询答案：
找回密码的手机：
请填写个人信息
证件类型：
身份证
证件号码：
服务条款

图 4-60　填写注册资料

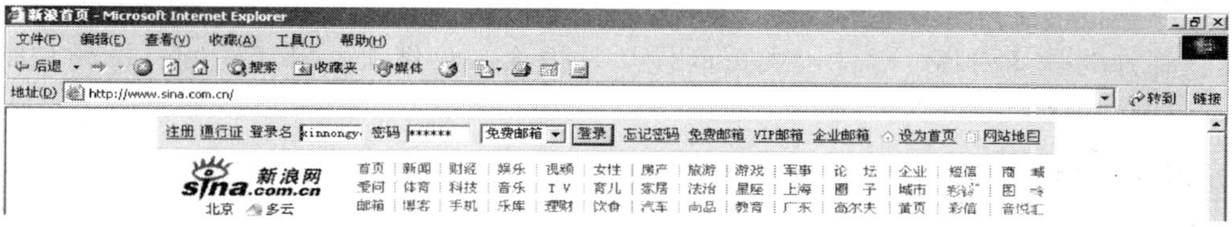
新浪首页 - Microsoft Internet Explorer
文件(F) 编辑(E) 查看(V) 收藏(A) 工具(T) 帮助(H)
地址(D) http://www.sina.com.cn/
注册 通行证 登录名 密码 免费邮箱 登录 忘记密码 免费邮箱 VIP邮箱 企业邮箱 设为首页 网站地图
新浪网 sina.com.cn

图 4-61 进入新浪页面

新浪邮箱 - Microsoft Internet Explorer
文件(F) 编辑(E) 查看(V) 收藏(A) 工具(T) 帮助(H)
地址(D) http://mail3-118.sinamail.sina.com.cn/cgismarty/index.php
sina 新浪邮箱
VIP邮箱 邮箱帮助 新浪首页
收信 写信
邮件夹管理
自建邮件夹 新建
通讯录
邮箱选项
短信提醒
联系客服

图 4-62 进入邮箱

新浪邮箱 - Microsoft Internet Explorer
地址(D) http://mail3-118.sinamail.sina.com.cn/cgismarty/index.php
第一时间目睹各类重大突发事件
收件夹
共1封邮件，1封未读，1/1 页
转移邮件到 删除 拒收 举报并删除 POP收信
sinamail@sina.com 恭喜您申请的新浪免费电子邮箱正式开通 2007-11-22 15:11 5.13K

图 4-63 邮箱收件夹

步骤 4：单击主题为“恭喜您申请的新浪免费电子邮箱正式开通”的电子邮件，即可见到邮件的具体内容。邮件正文页面包括发件人、收件人、发送时间、标题和邮件正文，如图 4－64 所示。

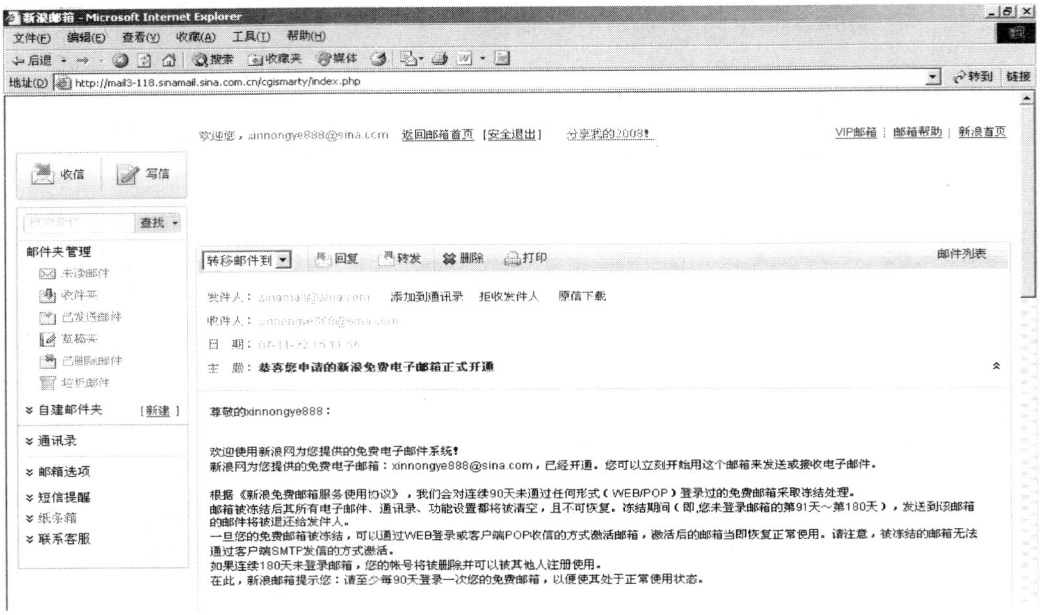

图 4－64　阅读邮件

步骤 5：如果您认为这封邮件是从陌生的邮件地址寄来的垃圾邮件，可以先选中该邮件，再点击“拒收”按钮，这样，来自这个地址的邮件将全部被拒绝接收，不会再打扰您了，如图 4－65 所示。

图 4－65　拒收邮件

如果接到的是朋友的来信，可以选择“添加到通讯录”按钮，见图 4-66，将发信人的地址保存在自己的邮箱通讯录中，以便日后使用，如图 4-67 所示。

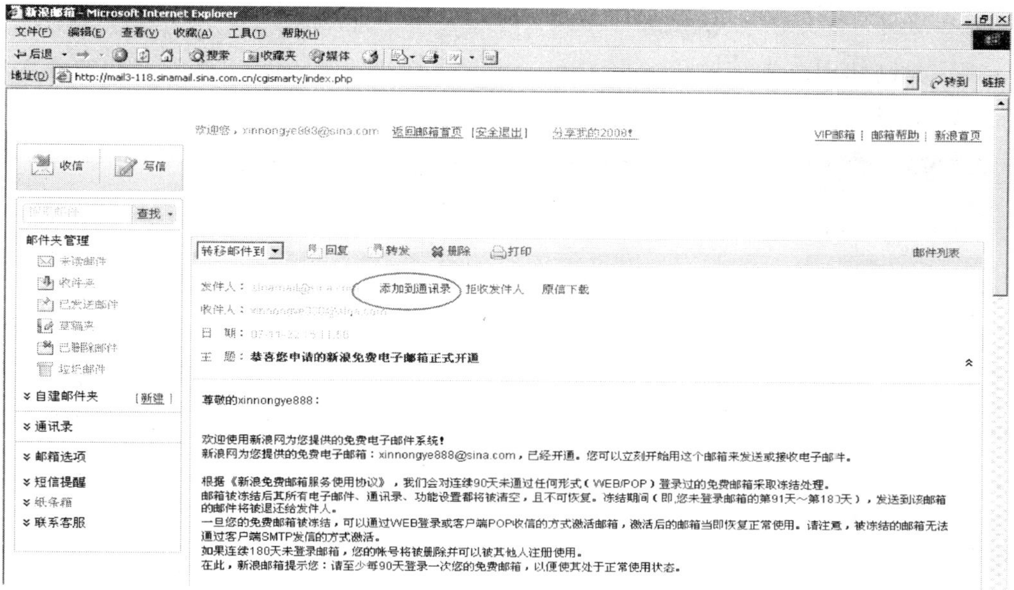

图 4-66 添加发件人到通讯录

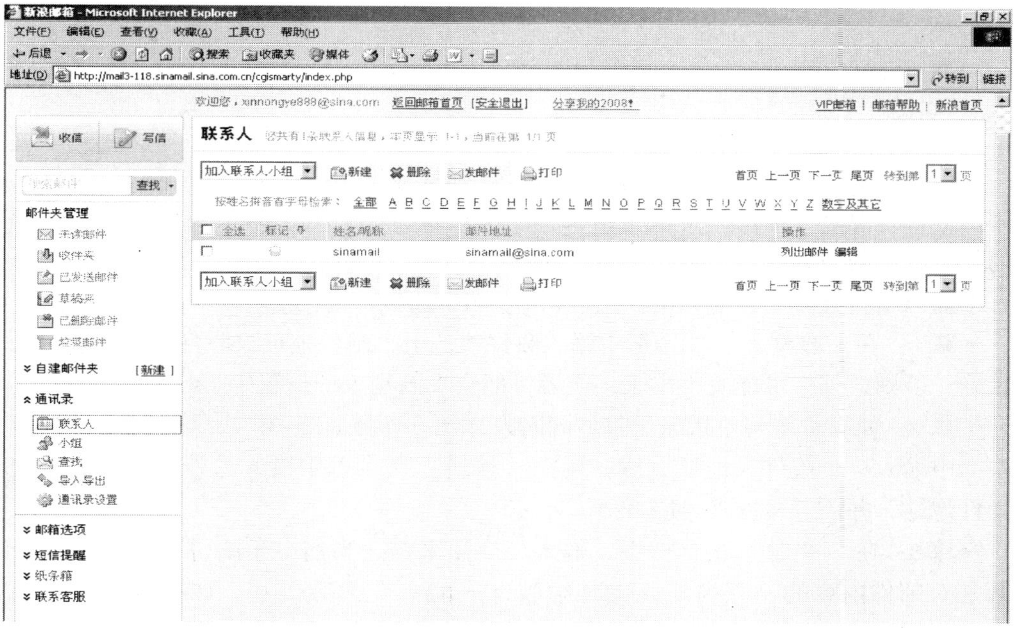

图 4-67 联系人界面

电子邮件的传送速度之快是普通邮件无法匹敌的，从一个用户发送邮件到另外一个用户接收到邮件，只需要几秒钟即可完成。在您新申请一个邮箱之后，也可以利用新的邮件地址自己给自己发送一封邮件，来感受一下邮件的传送速度。另外，这样也可以用来验证该邮箱是否已经正常开通，并验证自己的邮箱用户名和密码是否已经记牢。

4.8.3 我要发送电子邮件

4.8.3.1 写信的一般步骤

现在我们就用刚申请的电子邮箱写一封信。在进入邮箱后，首先需要点击“写信”，进入写信状态，如图4-68所示。

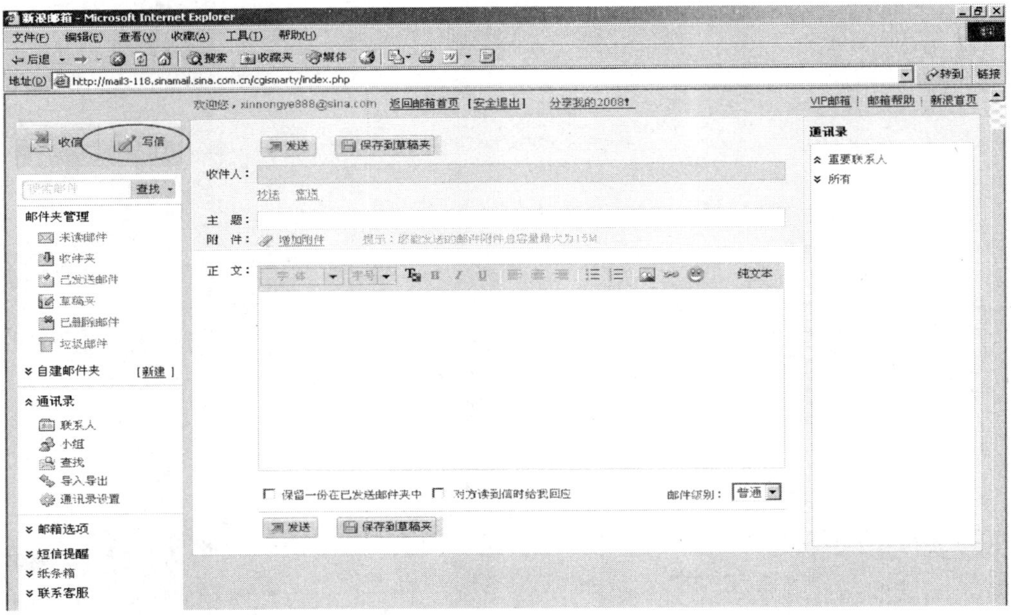

图4-68 进入写信状态

写信时需要填写一些必要的信息，以保证邮件能够准确而且及时地到达收件人的信箱。通常情况下，邮件需要填写信头和正文两部分的内容。信头也就相当于传统邮件的信封，它的内容通常包括收信人的地址、抄送人的地址和主题。

下面以给自己发一封信为例，向您讲解一下写信的一般步骤。

步骤1：在［收件人］文本框中输入收件人的电子邮件地址。收件人的地址必须填写正确，否则，邮件可能发不出去，或者可能会发到别人的信箱中了。

步骤2：如果希望将一封电子邮件同时发送给多个不同的用户，可以在［收件人］文本框中输入一个收件人地址之后，再在［抄送］文本框中输入另外多个抄送人的电子邮件地址，并用分号或逗号隔开。

步骤3：在［主题］文本框中，输入一个用来描述当前电子邮件的主题。这个主题既是对邮件内容的一个提要，也是给收件人的一个内容提示。如果收件人将要在同一时间内处理许多的邮件，就会参考邮件的主题来区别阅读优先级，在第一时间内阅读重要的文件。主题可以让收件人对邮件的主要内容一目了然，起到了见题达意的作用。

正文是电子邮件的主体，它类似于传统邮件中的信纸及信的内容。用户可以在邮箱中直接书写邮件的正文，也可以在Word或写字板等文件中写完以后再粘贴到（新邮件）窗口下半部分的空白区中。

步骤 4：在发信之前，如果您想自己保存底稿，可以选中☑保留一份在已发送邮件夹中，然后点击“发送”，如图 4－69 所示。

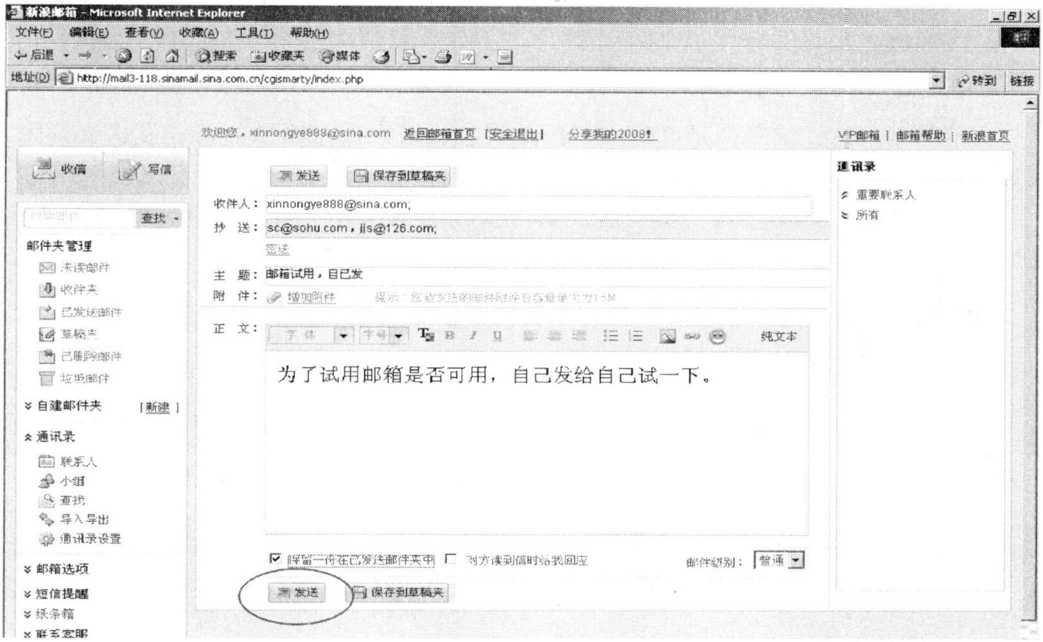

图 4－69 点击“发送”

发送完成后，如显示图 4－70 界面，则表示发送成功。

图 4－70 发送成功界面

不同网站上所提供电子邮箱的发送和接收步骤基本相同。现面我们简单总结一下：

首先，登录网站首页，输入邮箱地址、类别及密码，进入电子邮箱；然后，新建一封邮件或对现有邮件进行回复，打开［写邮件］窗口，填写收件人地址、主题、信的正文和附件等部分的相应信息；最后，在确认无误后将邮件发送出去。书写并发送新邮件可以按照以上步骤进行。

4.8.3.2　发送附件文件

有的时候，发送的邮件是已经写好的信件，也可以通过附件的形式发送。具体方式如下：

点击“增加附件”按钮，在“增加附件”按钮下出现一条文本框，单击“浏览”按钮，见图4－71。

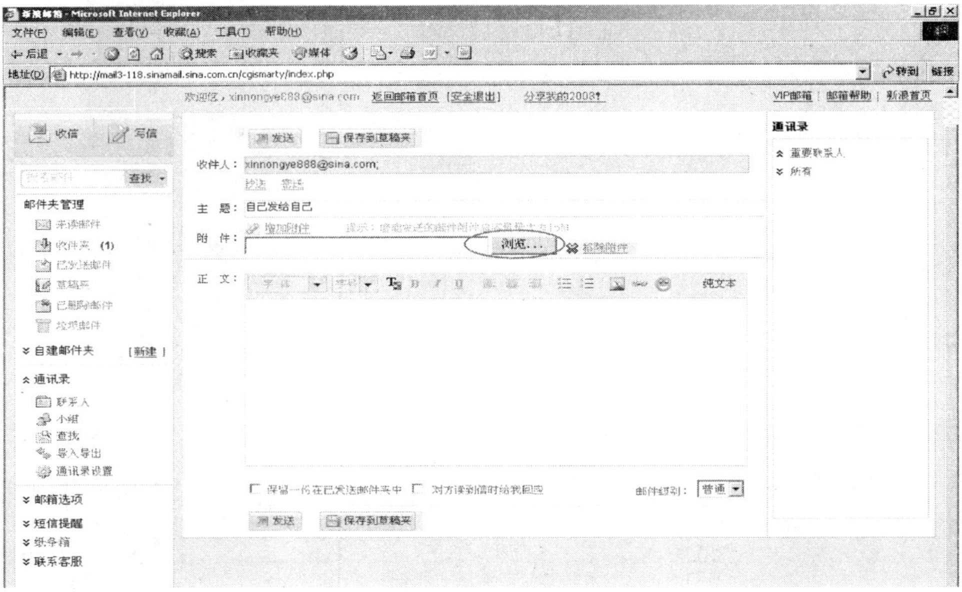

图4－71　添加附件

找到要发送的文件，选中后确定，见图4－72。

这时可以看到，增加的附件已添加进来，如图4－73所示。

如果您需要对该附件进行修改，可以单击其右侧的［删除］按钮，将已有附件删除并重新添加。如果需要添加其他附件，可以按照以上步骤重复操作。

全部完成后，单击［发送］按钮。等待几秒钟，随后将出现邮件发送成功窗口，表示一封邮件已经成功发送了。

提示：发送邮件时如果出现错误，很可能是遇到了两个方面的问题：一个问题是等待，这可能是因为网络繁忙，在发送邮件时需要较长时间，或者需要重发；另一个问题是由于收件人地址信息填写不正确造成的。当遇到发送邮件错误时，邮箱会显示出错提示页面，告诉您可能在哪里出现了错误。通常状况下，只要根据提示进行修改，就能纠正所出现的问题。

新浪邮箱 - Microsoft Internet Explorer
http://mail3-118.sinamail.sina.com.cn/cgismarty/index.php
欢迎您，xinnongye888@sina.com
收信
写信
邮件夹管理
收件人：
xinnongye888@sina.com;
选择文件
查找范围(I)：
桌面
我的文档
我的电脑
网上邻居
瑞星个人防火墙
07-11
MPEGAV
农民电脑教材
新建文件夹
21世纪首都农业.doc
21世纪首都农业第4期.doc
不同基质配比对甜椒穴盘育苗的影响.doc
文件名(N)：
21世纪首都农业.doc
文件类型(T)：
所有文件(*.*)
打开(O)
取消
发送
保存到草稿夹
通讯录
邮箱选项
短信提醒
联系客服

图 4–72　找到要发送的文件

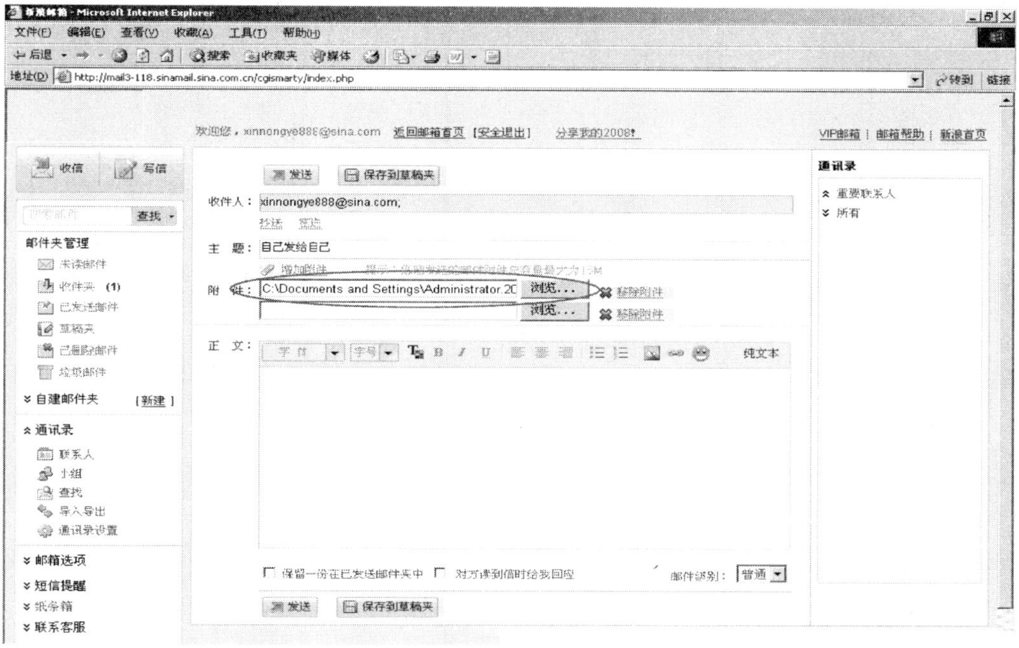
新浪邮箱 - Microsoft Internet Explorer
http://mail3-118.sinamail.sina.com.cn/cgismarty/index.php
收信
写信
邮件夹管理
发送
保存到草稿夹
收件人：
xinnongye888@sina.com;
主　题：
自己发给自己
附　件：
C:\Documents and Settings\Administrator.20
浏览...
移除附件
正　文：
纯文本
邮件级别：
普通
通讯录
重要联系人
所有
邮箱选项
短信提醒
联系客服

图 4–73　上传附件

第二部分

应用篇

引　言

计算机、互联网技术的迅速发展和信息基础设施建设的日益加快，给我们的生产生活带来了巨大的变化，我们的生产效率和生活质量正随着信息化的推进而不断提高。网络打破时间、空间障碍，使我们更加及时准确地获得农业新品种、新技术信息，帮助我们依靠科技增收致富；网络为我们搭建了广阔的农产品交易平台，使我们不出家门就能把农产品卖到全国乃至世界的各个地方；网络简化了政府的办事程序，提高了办事效率，让我们不必东奔西走，让政府能更好地为老百姓服务；网络实现了“一人授课，万人受益”的远程教育，让我们坐在家门口就能天天看到全国各地的农业大教授、大专家“面对面”给我们讲生产技术；此外，网上还有各种书籍、电影、音乐让孩子们的课余生活更加丰富多彩……学习了本书第二部分的内容，您就能发现计算机和网络正从各个方面改变着我们的生产、生活方式，提高着我们的生活水平，学会了如何应用网络，您的生活会更加便捷，更加充满乐趣。

第五章 网上农业科技服务

前面我们已经学习了使用计算机和上互联网的基本方法，本章我们将以农民朋友最关心的农业科技信息为例，向您介绍如何利用互联网查找到最新的、适用的新品种、新技术信息，如何让计算机一步步地教我们防治各种病虫害，在生产中遇到问题如何能在家里随时向北京的专家面对面地请教。此外，如果您家里没有计算机或者不能上网，我们还将介绍几个近年来北京市信息办、市农委、市科委等单位在您家门口建设的信息服务站点，看看这些站点都能给您提供哪些帮助。

5.1 如何获取网上农业信息

5.1.1 使用网络农业信息搜索引擎

如果您想在网络的海洋中迅速地找到您所需要的某一方面的农业科技信息，最方便快捷的方法就是使用搜索引擎，前面我们已经学习了通过百度或谷歌等搜索引擎查找信息的方法，这里想告诉您要查找农业科技信息还可以利用一些专业的搜索引擎，下面以中国农业科学院农业信息研究所多媒体技术研究室研发的“农搜”搜索引擎为例，向您作一简单介绍。

步骤1：打开上网的浏览器，输入以下网址：http：//www. sdd. net. cn/，进入“农搜”搜索引擎页面。如图5－1所示。

步骤2：进入搜索引擎后，请先选择您要搜索的农业信息类别，再在中间的输入框中键入您要搜索的信息的关键字。如您想通过该搜索引擎了解一些枣树栽培方面的实用技术，则点击“实用技术”，然后点击“搜索”。如图5－2所示。

步骤3：在实用技术搜索页面上方的输入框中输入您要搜索的关键词，如键入“枣树”，点击“搜索”，则进入如图5－3所示的搜索结果页面，在这里您可以看到“农搜”搜索引擎为我们搜索到的枣树栽培相关信息。选择点击“无核脆枣高密度丰产栽培”，即可看到相关的网站内容。如图5－3及图5－4所示。

图 5-1 “农搜”搜索引擎页面

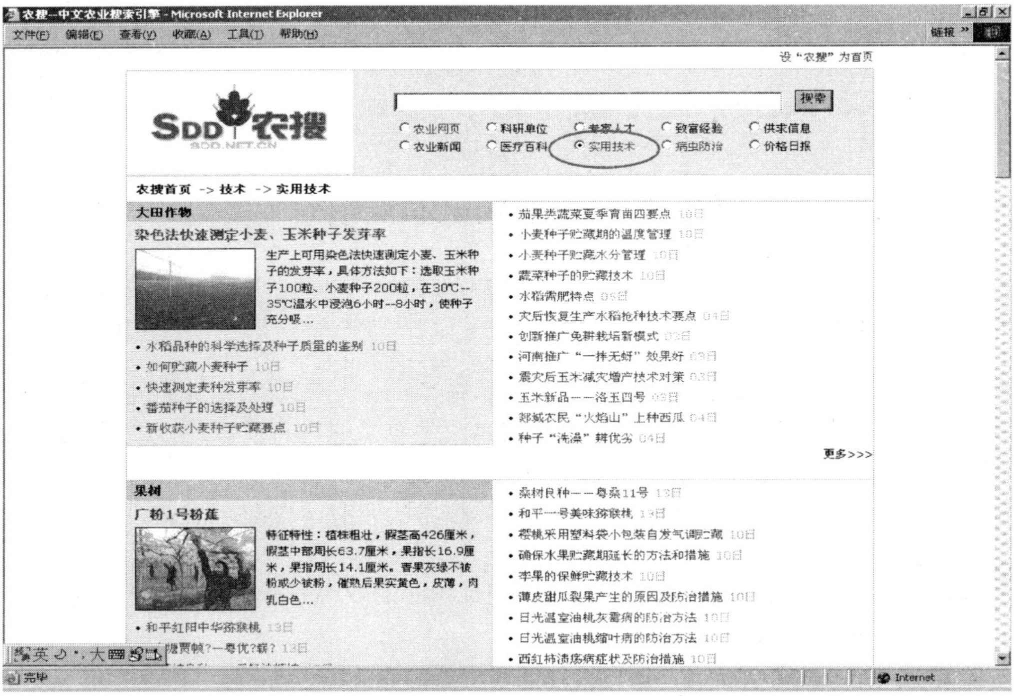

图 5-2 实用技术搜索页面

5.1.2 浏览农业专题网站

除了通过搜索引擎有目的性地查找农业信息，您还可以浏览农业专题网站获得系统的农业科技、政策方面的知识。现在互联网上农业专题网站、网页的数量很多，涉及的内容已经涵盖了种植、养殖、水产、林业、农产品加工、市场销售、农业政策等

图 5-3 搜索结果页面

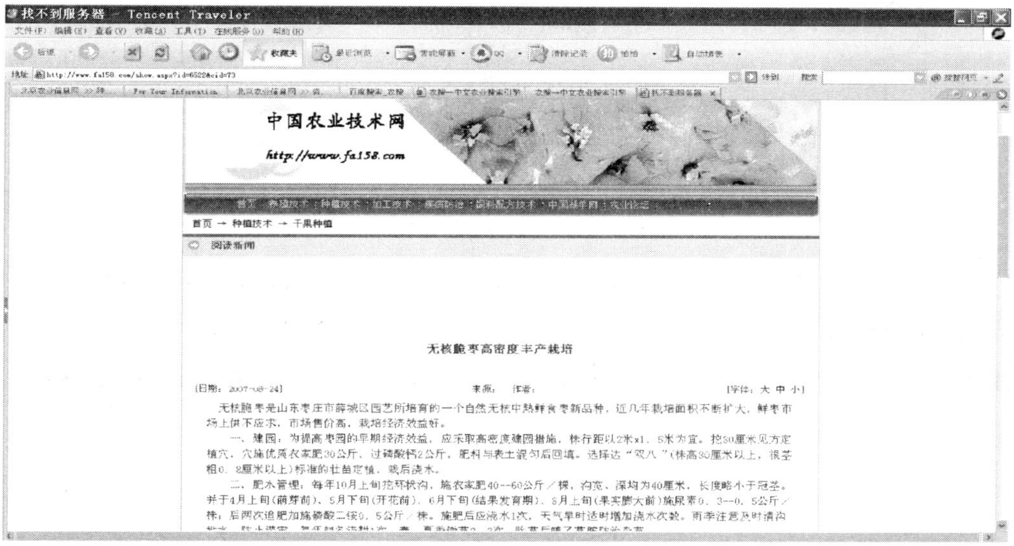

图 5-4 “无核脆枣高密度丰产栽培”技术介绍

各个方面，按照创办单位划分大致有以下几种类型：

①由各级政府部门建设的网站。这类网站政策性、权威性强，可帮助农民及时了解农业政策信息。

②各农业院校及农业科研机构建设的网站。这类网站能够最大程度地满足农民对农业技术的需求。

③农业企业创办的网站。这些网站主要为企业自身宣传服务，您可在这里了解到最新的农资和农产品市场信息。

④新闻媒体创办的网站，这些网站以播报农业新闻为主要内容，同时也涉及其他“三农”信息，属于以新闻为主的综合性网站。

这里我们将以“北京农业信息网”为例，向您介绍由北京市农林科学院创办的这一以为京郊农民提供农业科技信息为主的网站。下面就让我们一起到北京农业信息网去看一看。

步骤1：点开网络浏览器，输入 http：//www. agri. ac. cn/，进入北京农业信息网主页面。我们可以看到，在首页上方排列着北京农业信息网为您设计的26个栏目。如果您想了解种植方面的信息，那么就在上面找到“种植参谋”，点击进入。如图5－5所示。

图5－5　北京农业信息网主页面

步骤2：在“种植参谋”页面中又分有好几个子栏目，如种植技术、庄稼医院、种植基地等，假如您想查看种植技术，则点击“more”如图5－6所示。

图5－6　种植参谋页面

步骤3：点击“more”后，进入种植技术界面，如图 5-7 所示。

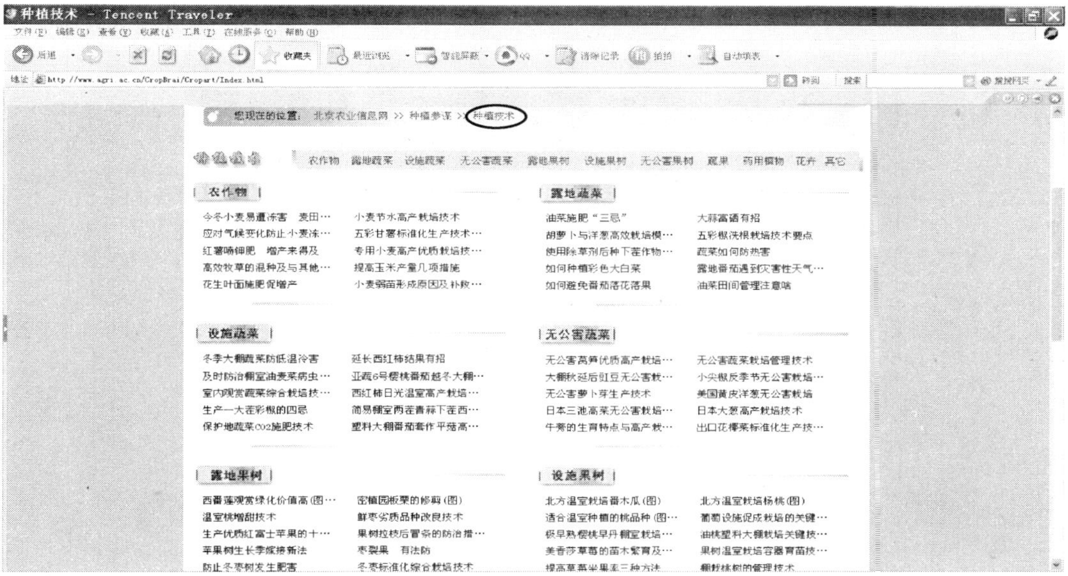

图 5-7　种植技术页面

在这里，您可以了解有关“农作物、露地蔬菜、设施蔬菜、无公害蔬菜、露地果树、设施果树、无公害果树、蓏果、药用植物、花卉 ”等方面的技术，如果您对设施蔬菜感兴趣，则可点击上部“设施蔬菜”，进入以下界面，如图 5-8 所示。

图 5-8　设施蔬菜页面

步骤4：点击需要的文章链接，如“冬季大棚蔬菜防低温冷害”，进入具体的技术内容页面，如图 5-9 所示。

图5-9　“冬季大棚蔬菜防低温冷害”技术介绍

如果您还想了解有关养殖的技术，那么让我们回到主页面。

步骤1：在进入北京农业信息网主页面后找到“养殖顾问”，点击进入。如图5-10所示。

图5-10　点击养殖顾问

步骤2：点击“养殖顾问”后进入的页面如图5-11所示，也分为几个子栏目，如养殖技术、养殖基地、养殖门诊等，您可同上述查询种植技术一样，点击相关信息后，逐步进入查看养殖技术内容。

图 5-11　养殖顾问页面

步骤 3：假如您对畜禽混饲给药问题有兴趣，则可点击“畜禽混饲给药应注意的问题”，进入文章内容页面，如图 5-12 所示。

图 5-12　“畜禽混饲给药应注意的问题”介绍

除此之外，北京农业信息网还为我们提供了诸如贮藏加工技术、农业科技进展等丰富的农业技术信息，您也可以通过以上的方法在网站里尽情浏览。

5.1.3　检索网上农业专题数据库

在政府管理部门和农业科研机构建设的网站上有很多能为大家提供各类农业技术、农业统计数据、农业政策法规、农产品市场信息等内容的数据库，这些数据库是由信息专家们经过采集、筛选、整理、加工后形成的同一主题下的相关数据的集合，这类信息质量较高，具有权威性、科学性、完整性，通过对数据库的查询检索，您可以找到翔实可靠的农业信息。现在我们以北京市农林科学院农业科技信息研究所组织建设的“北京农业数字信息资源中心”数据库群为例来介绍一下数据库信息的检索方法。

“北京农业数字信息资源中心”是迄今为止北京地区覆盖面最广、内容最丰富的数字化农业知识仓库，现已建成200余个数据库，数据量达130余万条。内容包括农业科技资源、农业生产资料资源、农业人力资源、在京农业机构、农产品市场信息、农业自然环境资源、农业生物资源、农业政策法规与标准、农村社会经济统计、特色农业、京郊特色资源、农村社会生活等12大类信息。

如何利用北京农业数字信息资源中心检索到您所需要的数据信息呢？下面跟随我们来了解一下吧。

步骤1：在地址栏内输入 http：//www.agridata.gov.cn，进入“北京农业数字信息资源中心”网站。如图5－13所示。网站的主页面为功能区、登录区、内容指引区、内容展示区4个主要区域。

图5－13 北京农业数字信息资源中心网站

步骤2：查找信息。

①利用站内导航查找信息

方法一：点击“站内导航”下的数据库分类目录，见图5－14；

然后查看数据库目录，点击“访问数据库”，见图5－15。

方法二：在内容展示区找到所需要的数据库，点击进入，见图5－16。

方法三：在内容展示区找到数据库所属的分类，点击“更多”进入数据库列表，访问数据库，见图5－17。

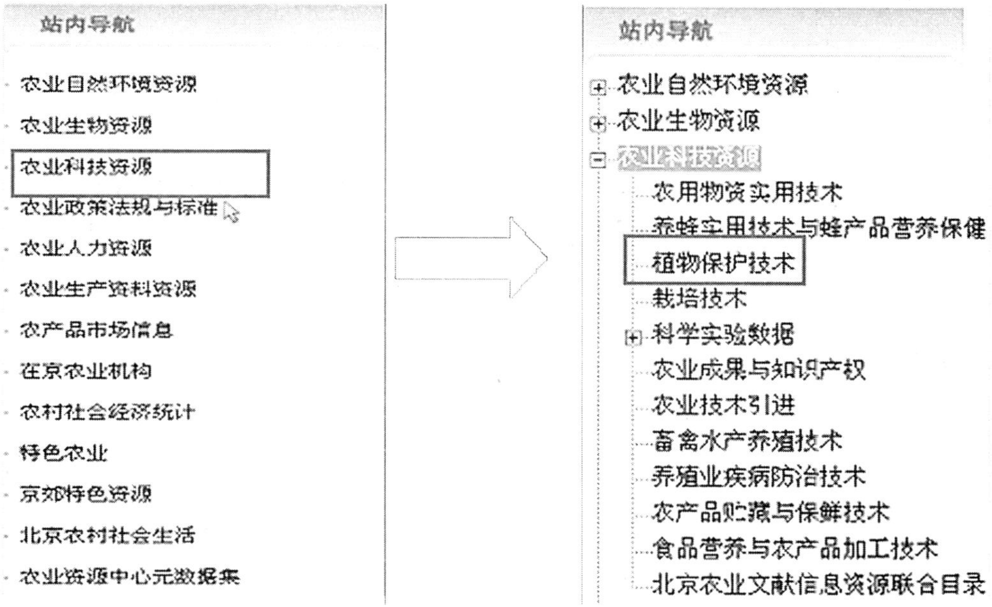

图 5-14 选择农业科技资源下的“植物保护技术”

图 5-15 植物保护技术库记录

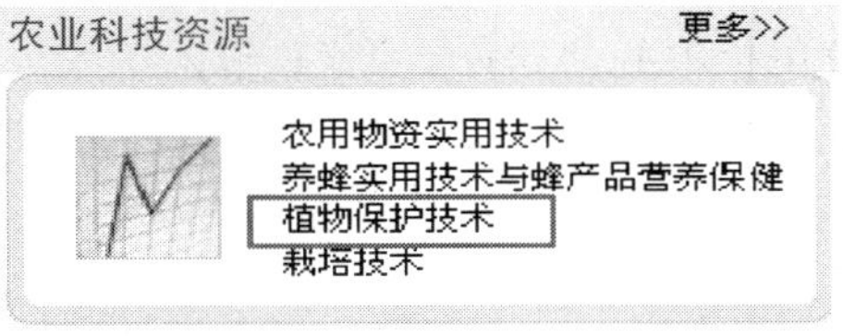

图 5-16 在展示区上找到“植物保护技术”进入

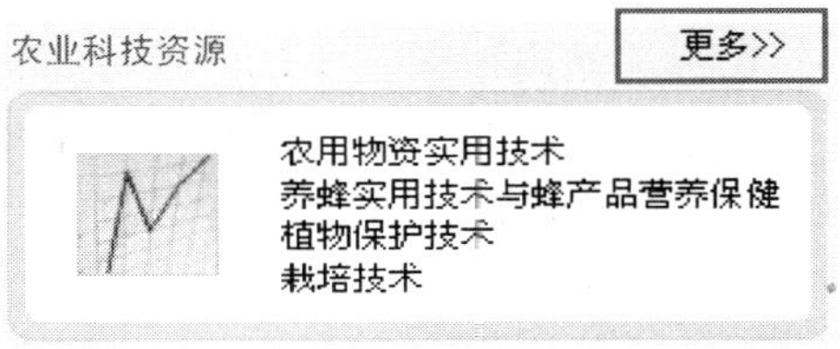

图 5-17 点击“更多”进入农业科技资源库

找到所要的数据库后，点击进入，查看数据列表，单击“详细”，就可以看到详细内容了，见图 5-18。

②通过检索查找信息

方法一：使用“站内搜索”查询信息。

“站内搜索”是指在所有数据库群中搜索与输入词相匹配的结果。具体使用方法如下：

找到“登录区”下的“站内搜索”，在空白文本框中，输入检索词，单击“检索”，进入查询结果页中，选择“查看”，即可看到与检索词相符的结果。以检索“菜

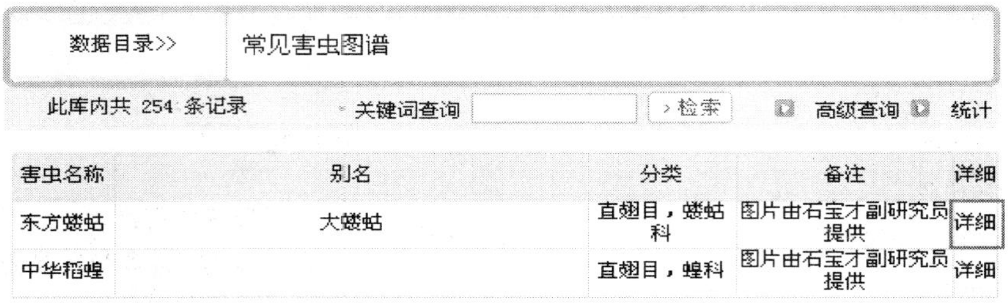

图 5-18　查阅数据库详细内容

豆”为例，见图 5-19。

图 5-19　通过站内搜索检索“菜豆”信息

方法二：使用“跨库查询”查询信息。

“跨库查询”是指在用户所选定的若干个数据库中，搜索与输入词相符合的结果。具体使用方法如下：

找到“站内搜索”下的“跨库查询”或菜单栏中的“跨库查询”；

在您所选定的数据库名称前，请单击方框“□”，方框内出现“√”后为选择成功，选完数据库后，在上面的“关键词检索”后的空白文本框内输入检索词，单击“检索”按钮。

选库区域内，黄色标记后为数据库分类名称，勾选其前面的方框“□”后，将选中该分类下的所有数据库。例如：查询农业生物资源类下有关“菜豆”的信息，见图 5-20。

方法三：使用“单库简单查询”查询信息。

“单库简单查询”是指在当前一个数据库的所有字段中，搜索与输入词相符合的结果。具体使用方法如下：

进入数据库后，找到数据列表上面的“关键词查询”，在空白文本框中，输入检索词，再单击“检索”，见图 5-21。

跨库查询
关键词检索 菜豆
检索
(请勾选以下要检索的数据库)
农业生物资源
菠菜种质资源库
印度南瓜种质资源库
苦瓜种质资源库
豇豆种质资源库
其他豆类种质资源库
叶用芥菜种质资源库
1996-1997年营养品质数据库
2000年以前营养品质数据库
2001年营养品质数据库
其他瓜类种质资源
水产品种审定数据库
食药用花木资源数据库
兽医本草资源数据库
北京地区水生植物资源数据库
农作物品种数据库
园林花卉品种数据库
药用植物品种数据库
畜禽品种数据库
果蔬品种数据库
水产品种数据库待修改
北京植物资源数据库
北京常见树种库
北京蝶类资源数据库
花生种质资源库
辣椒种质资源库
茄子种质资源库
蔬菜种质基本情况表
北京鸟类资源库
北京兽类资源数据库
1998年营养品质数据库
稻作种质资源库
小麦种质资源库
玉米种质资源库
大白菜种质资源库
甘蓝种质资源库
西红柿种质资源库
甜椒种质资源库
黄瓜种质资源库
萝卜种质资源库
菜豆种质资源库
营养品质数据表
甜瓜种质资源库
美国南瓜种质资源库
草业种质资源库
大麦种质资源库
小白菜种质资源库
羽衣甘蓝种质资源库
中国南瓜种质资源库
丝瓜种质资源库
芹菜种质资源库
胡萝卜种质资源库
核桃种质资源库
苹果种质资源库
杏树种质资源库
检索结果
返回上级查询
检索词： 菜豆
数据库：1996-1997年营养品质数据库 此库内共 40 条结果，点击 详细
数据库：兽医本草资源数据库 此库内共 1 条结果，点击 详细
数据库：果蔬品种数据库 此库内共 39 条结果，点击 详细
数据库：北京植物资源数据库 此库内共 6 条结果，点击 详细
数据库：菜豆种质资源库 此库内共 21 条结果，点击 详细

图 5-20　通过跨库检索查询

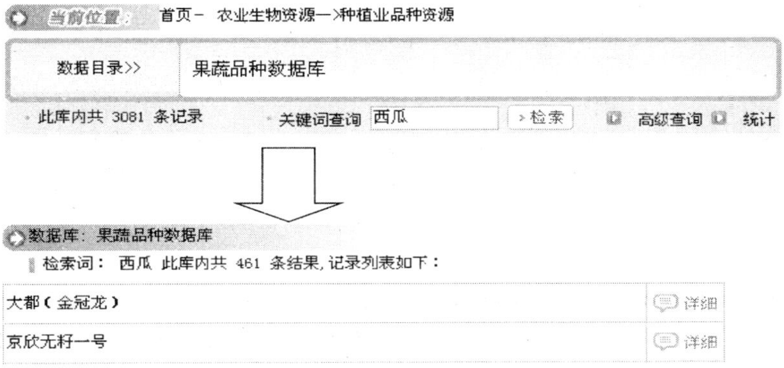
当前位置： 首页－ 农业生物资源—>种植业品种资源
数据目录>>
果蔬品种数据库
此库内共 3081 条记录
关键词查询 西瓜
检索
高级查询
统计
数据库：果蔬品种数据库
检索词： 西瓜 此库内共 461 条结果，记录列表如下：
大都（金冠龙）
详细
京欣无籽一号
详细

图 5-21　使用单库简单查询的检索结果

方法四：使用“单库高级查询”查询信息。

“单库高级查询”是指在当前一个数据库中，输入并选择查询条件，通过组配各字段的查询条件，搜索得到更为精确的结果，具体使用方法如下：

进入数据库后，找到数据列表上面的“高级查询”，请单击进入，在“关联”下，点击倒三角“▾”，下拉列表，选择字段检索间关系“并且”或“或者”；在字段项右侧空白文本框内输入检索词，或点击倒三角“▾”，下拉列表，选择字段检索内容。例如：在“登记肥料数据库”中查询正式登记的肥料品种，见图5-22。

企业名称	产品通用名称	产品商品名称	登记情况	登记证号	产品形态	详细
渭南市科技开发实业总公司	微量元素叶面肥料	复合营养液	正式登记	农肥准字098号	水剂	详细
天津市南泰化工科技有限公司	微量元素叶面肥料	植物营养素	正式登记	农肥准字153号	水剂	详细

图5-22　运用“单库高级查询”检索结果

提示：许多网站上的数据库像“北京市农业数字信息资源中心”一样是必须成为用户登录后才可以使用，具体如何获得登录用户名和密码，可以通过网站上的联系电话和用户帮助获得。

5.1.4 求助网上农业专家系统

农业专家系统是农业信息技术人员为我们广大农民进行农业生产专门研发的决策咨询系统，它来自专家经验，可指导农民科学种田，培训农业技术人员，传播先进适用的农业实用技术。它可应用于农业的各个领域，如作物栽培、植物保护、配方施肥、农业经济效益分析、市场销售管理等。农业专家系统分为单机版和网络版，大兴区农委为本区农民引进了网络版农业专家系统，如果您在大兴区上网，就可以登录“大兴农业信息网”使用系统。下面就以大兴区的网络版“农博士专家咨询系统”为例，带您体验一下农业专家系统的威力。

步骤1：输入网址 http：//dx. 221. gov. cn/，进入大兴农业信息网页面，点击“农博士专家咨询系统”按钮，如图5－23所示。

图5－23　点击大兴农业信息网上的“农博士专家咨询系统”栏目

步骤2：在“农博士专家咨询系统”页面，选择您感兴趣的专家咨询系统种类，假如您选择蔬菜类的“黄瓜专家咨询系统”，那么点击进入。如图5－24所示。

步骤3：进入黄瓜专家咨询系统页面后，如果您知道病害的名称，可点击左侧的病害名称、输入病名和上方的“树形浏览”查看相应病害的病种特征和防治措施；如果不知道是什么病害，可点击“智能诊断”进入下一个页面进行病虫害诊断，如图5－25所示。

步骤4：点击“智能诊断”进入诊断页面，选择黄瓜病害症状特征，如：“苗干枯”，然后点击“下一步”进行诊断，如图5－26所示。

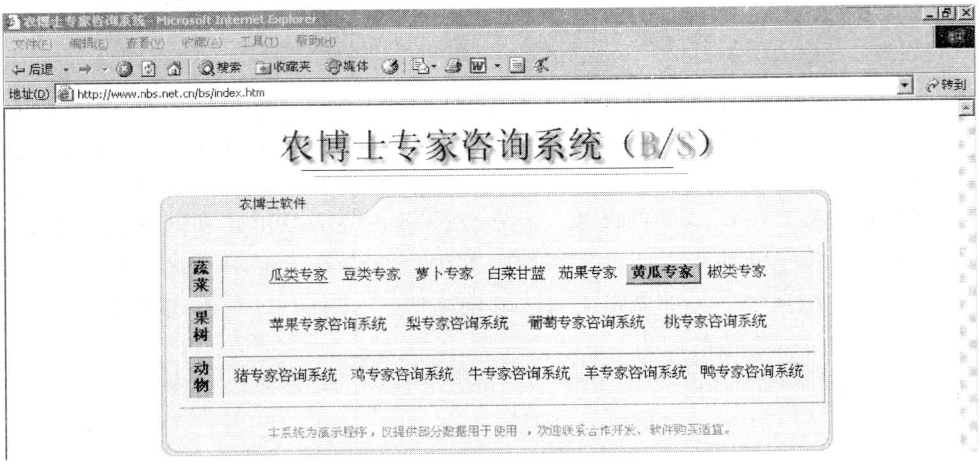

图 5-24　农博士专家咨询系统页面

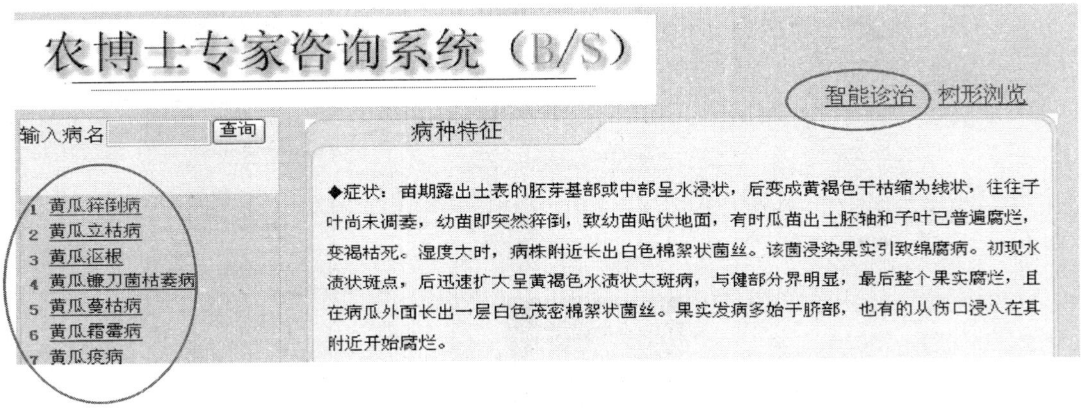

图 5-25　黄瓜病害诊断界面 1

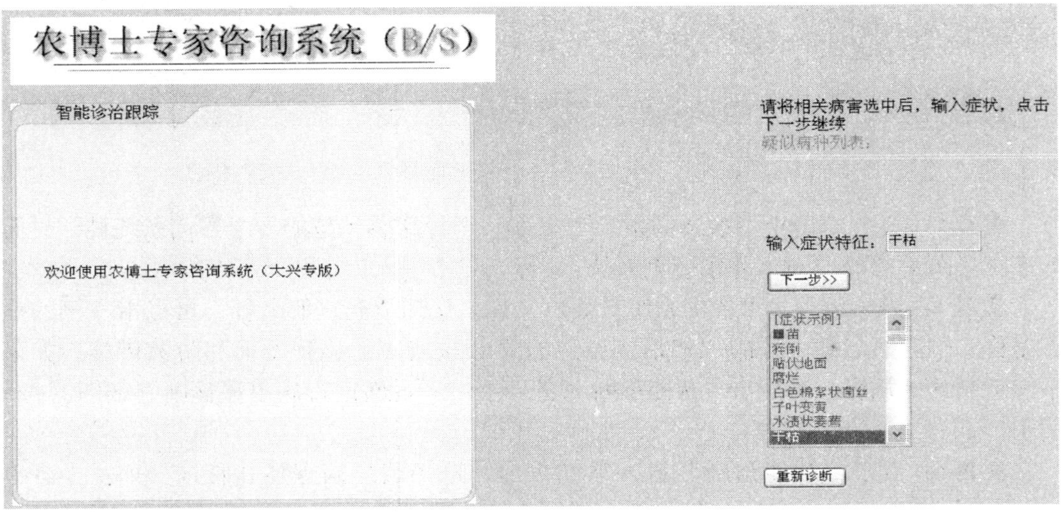

图 5-26　黄瓜病害智能诊断界面 2

步骤 5：得出黄瓜苗干枯可能出现的相关病害列表，因为得出的结果不唯一，所以要继续进行症状选择，如“贴伏地面”，继续点击下一步进行诊断，如图 5－27 所示。

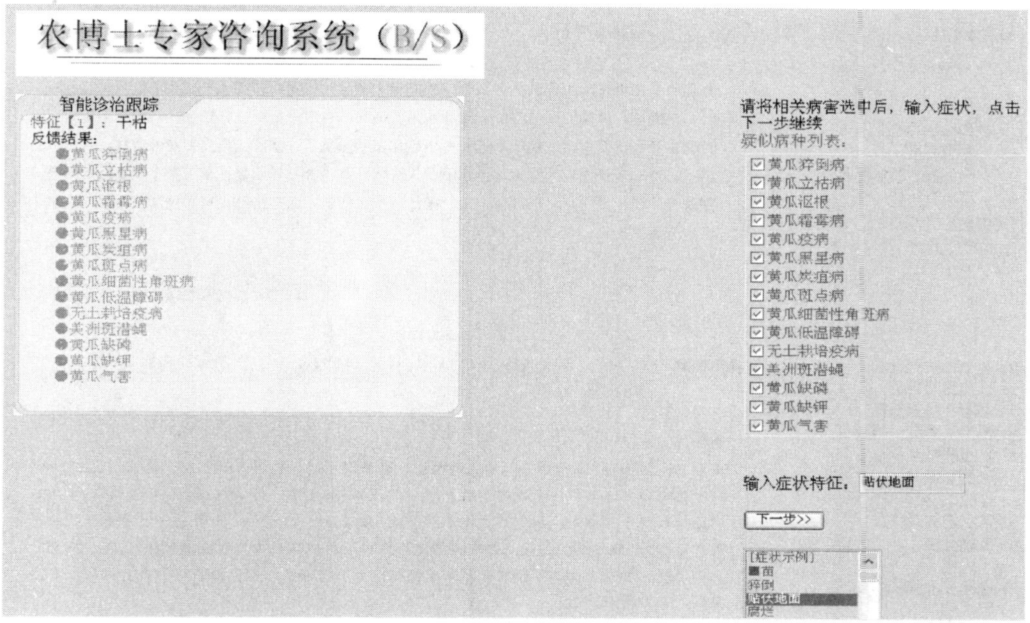

图 5－27 黄瓜病害诊断界面 3

步骤 6：点击“下一步”后，系统根据检索条件“黄瓜苗干枯”和“苗贴伏地面”得出诊断结果“黄瓜猝倒病”，如图 5－28 所示。

图 5－28 黄瓜病害诊断结果“黄瓜猝倒病”

步骤 7：点击诊断结果“黄瓜猝倒病”，可查看该病病种特征（图 5－29）和防治措施（图 5－30）。

步骤 8：点击诊断结果的“对照特征图”，如点击“图 1”，可查看发病的病害特征照片，如图 5－31 所示。

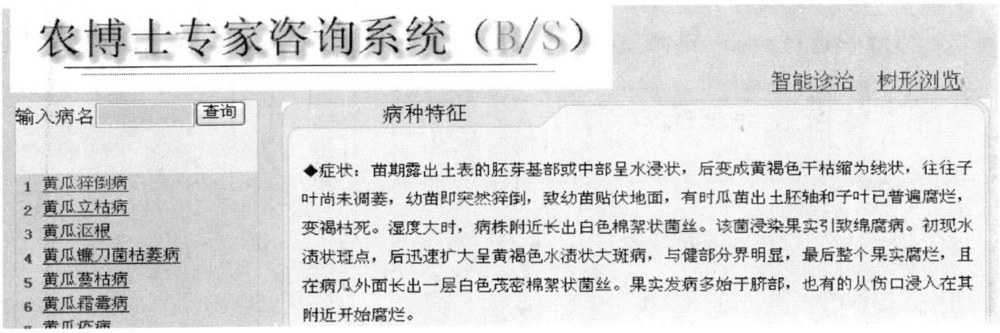

图 5-29　病害的病种特征

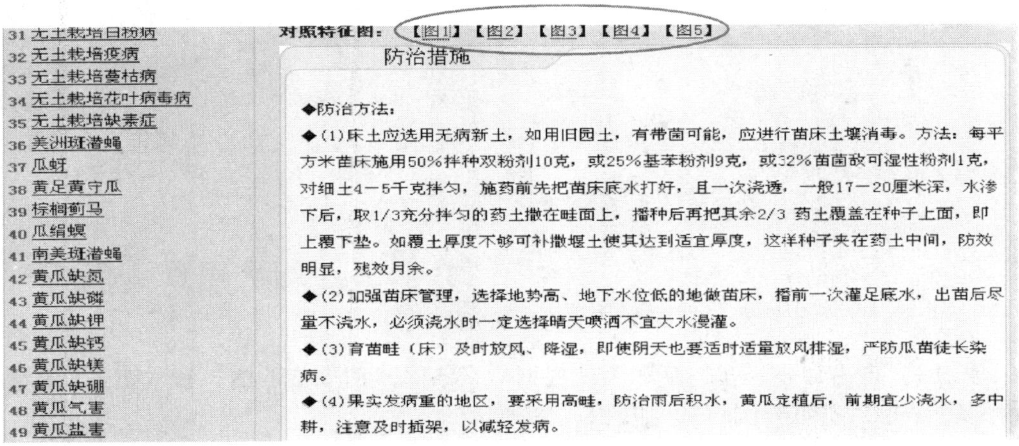

图 5-30　病害的防治措施

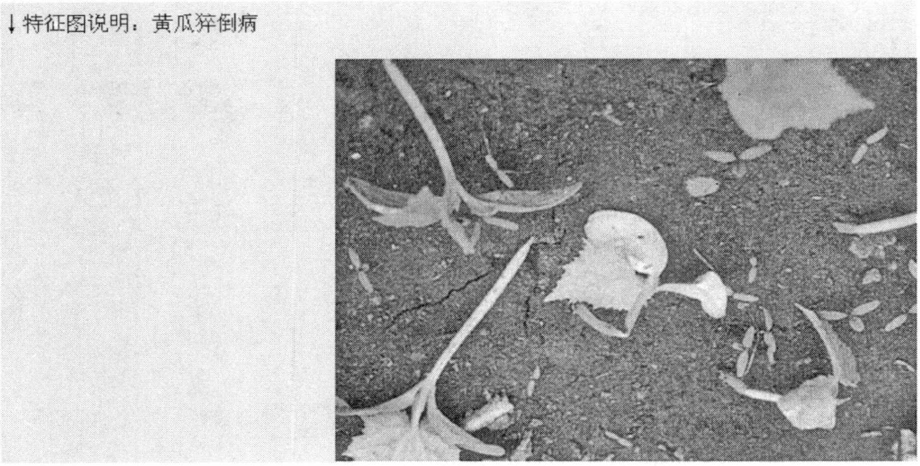

图 5-31　病害特征照片

5.1.5　应用农业触摸屏查询系统

触摸屏是目前操作最简单、最方便的计算机智能终端设备如图 5-32 所示，用户只需要用手指轻轻地触摸显示屏上的图示或文字就能实现对主机操作，查询到我们需要的信息。

现在北京市农村工作委员会已经在京郊区县的部分村开展了触摸屏村务公开和网络信息查询试点应用，如果您所在的村里已经安装了触摸屏，那么您就可以通过它方便地获取到您所需要的村政村务、办事指南、农业科技信息、实用技术、生活知识等信息。下面我们将以怀柔区“庙城镇查询系统”为例，向您介绍触摸查询系统的使用方法。

*步骤*1：将触摸屏接通电源，开机后出现的首页面如图5-33所示，内容包括“庙城镇概况”、“庙城镇组织机构”和“全程代理和项目审批”三部分，可以用手指触摸任意一个栏目即可进入相应的页面。

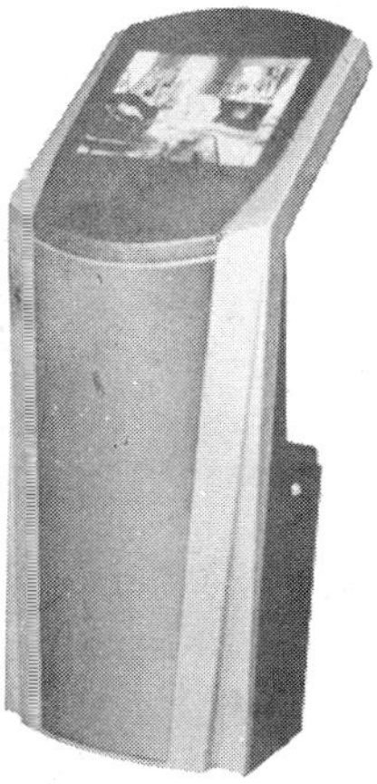

图5-32 触摸屏

图5-33 怀柔“庙城镇查询系统”首页面

*步骤*2：如果您想浏览庙城镇的介绍，即可用手指触摸“庙城镇概况”栏目，进入如图5-34所示界面。

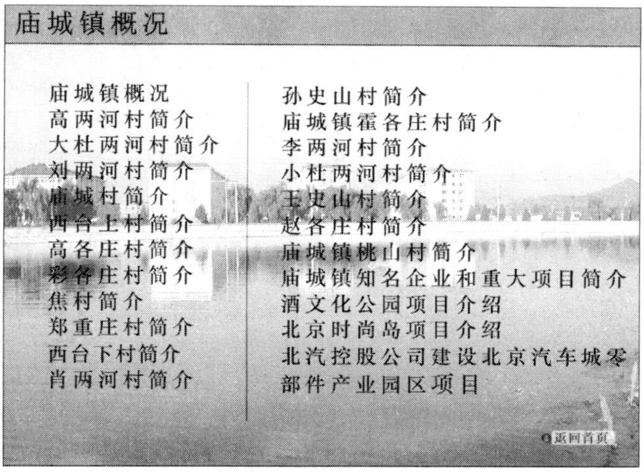

图5-34 “庙城镇概况”页面

步骤3：选择任意一个栏目用手指触摸，如触摸“高两河村简介”，进入如图5－35所示的页面。

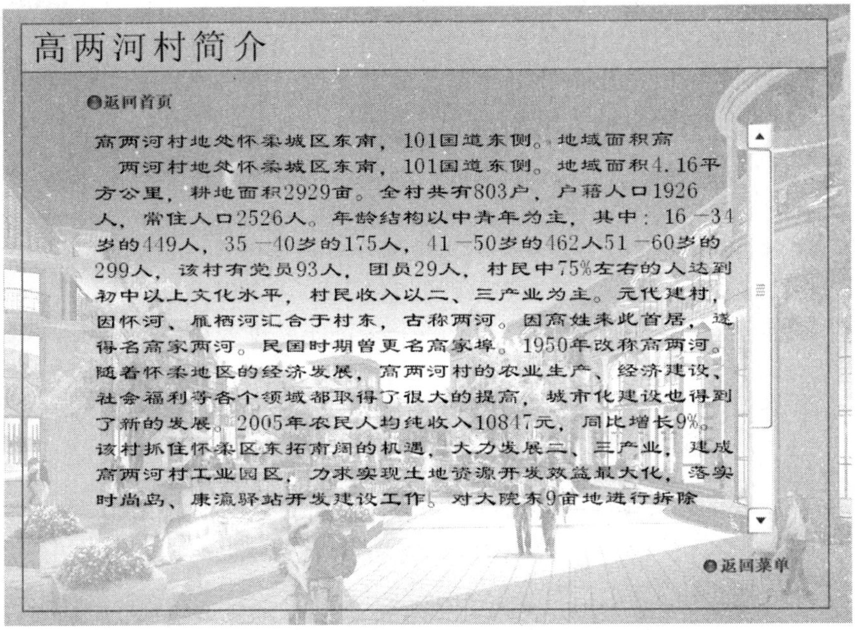

图5－35　庙城镇概况“高两河村简介”页面

步骤4：可以用手指触摸屏幕左上角“返回首页”，返回图5－33所示页，然后按照同样的方法分别进入“庙城镇组织机构”和“全程代理和项目审批”进行信息查询；也可以用手指触摸屏幕右下角“返回菜单”返回图5－34所示的页面进行对其他村庄及企业的情况介绍进行查询。图5－36至图5－38是怀柔“庙城镇查询系统”中“庙城镇组织机构”和“全程代理和项目审批”的部分内容展示。

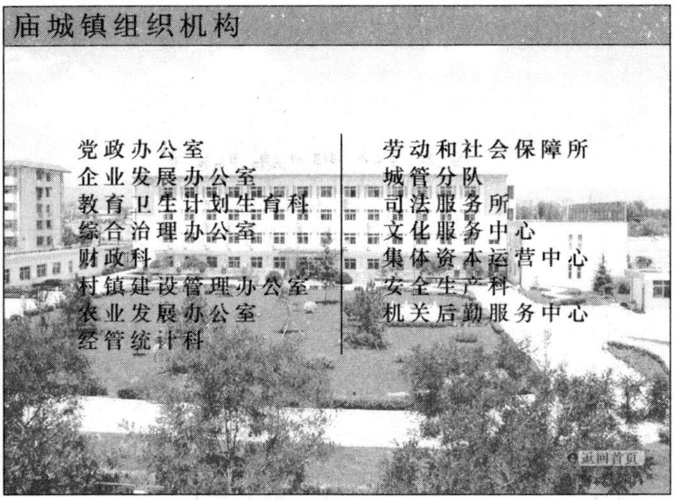

图5－36　“庙城镇组织结构”页面

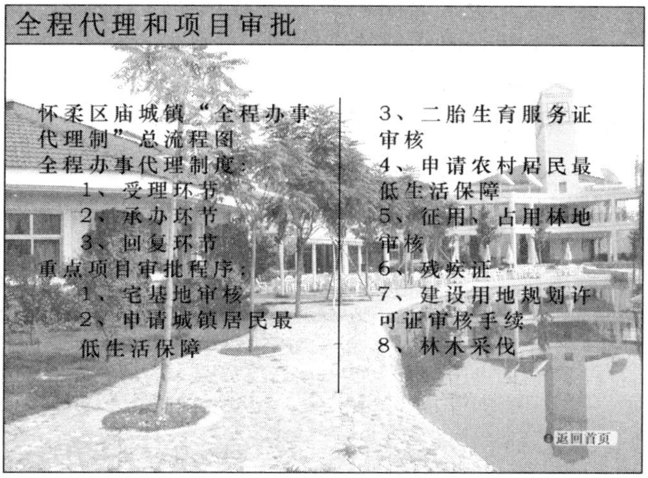

图5-37 “全程代理和项目审批”页面

图5-38 全程代理和项目审批中“宅基地审核”页面

5.1.6 接收“移动农网”短信

“移动农网”是由北京市农村工作委员会、北京市信息化工作办公室与中国移动等联合推出的一种信息服务方式。该方式充分利用移动网络覆盖率高、郊区农民手机普及率相对较高的特点，借助信息机、农信机、手机等通讯工具，把涉农信息以短信、互联网等方式传送给农民，实现涉农信息的发布和传递。

“移动农网”是您身边的“种植养殖参谋”，是您手上的“农产品经纪人”。有了它，您可以定期获得政策法规、农业科技、市场供求、价格行情等各方面信息，信息及时、内容准确，包括农业气象、农业科研、农业技术推广、农村市场和综合经济分析等都由市、区县、乡镇各级行政管理和事业单位等权威部门提供。

“移动农网”的信息传输分为市、区县、乡镇、村（农民专业合作组织、涉农企业）等四级，北京市农委信息中心将各单位提供的信息统一汇总传输给各区县；区县再根据本地区的产业发展需求对信息进行选择、加工，同时加入区县一级单位提供的地方信息一并通过信息机传给所辖的乡镇；乡镇一级“移动农网”管理部门与区县一级一样，对接收的信息进行选择、加工并加入本地信息后，利用信息机传给各行政村及本乡在“移动农网”注册的农民专业合作组织和涉农企业。“移动农网”项目在村一级安装了农信机，利用这种形似电话的设备，可以向农民手机发布农业气象、农产品价格、市场行情、农业新闻等信息，农信机也可通过村内广播直接把涉农信息告知村民。截至2007年底，北京市农村70%的乡镇、80%的行政村和重点农民专业合作组织都已接通了“移动农网”，现已有终端用户22万个，它方便、快捷、普及的特点，使它在指导农业生产和农村重大气象预警等方面发挥了积极的作用。

看了上面的介绍，您是不是也想让自己的手机接入“移动农网”呢？您可以与您所在的村委会、合作组织联系，通过他们在“移动农网”注册，成为终端用户，这样您的手机就可以定期接收到免费的各种您所需要的涉农信息了。

5.2 如何远程咨询农业专家

要通过浏览网页、数据库或利用农业专家系统解决您遇到的生产问题，前提都需要您对于碰到的问题有一个明确的判断，才能在此有针对性地查找解决方案。但我们知道，很多农业生产问题对于一般生产者而言很难在第一时间就做出判断，这时也许您更希望能够有专家通过你的描述，或直接通过观察病害特征来给您帮助。网络打破了时间、空间的阻隔，为您不出家门随时向专家提问创造了条件，下面我们将以北京农业信息网咨询热线和远程双向视频诊断系统为例向您作一介绍。

5.2.1 北京农业信息网“咨询热线”与“北京农技110”电话咨询热线

通过以下步骤，您就可以通过北京农业信息网“咨询热线”栏目向专家提问。

步骤1：您要注册为北京农业信息网的用户。用户注册如图5-39所示，您只需在相应栏目中输入自设数据就可以，如在会员名中输入自己想用的名字，在密码栏中输入自设密码等，一一填好后即可点击“提交注册信息”完成注册。

步骤2：当您按提示信息进行注册完毕后即可进行登录，登录页面如图5-40所示。

步骤3：登录后，您就可以对有关问题进行提问了，北京农业信息网的专家团队将在1个工作日内给予解答，图5-41是用户对芹菜有关病害提问后得到的答复。

针对部分农民家里上网难的问题，北京农业信息网在咨询热线基础上又开发了电话语音信息咨询系统，您只需拨打电话010-51503939或用手机发短信至13501209900，就可以和上网一样获得个性化的信息服务。在此简单向您介绍一下电话语音咨询系统的使用方法。

图 5-39 会员注册

图 5-40 登录页面

您拨打热线电话号码 010－51503939，根据语音提示即可收听到系统信息，具体信息按键操作如图 5－42 所示。

1 号键：市场信息（包括主要农产品市场价格、供求信息、市场行情预测及信息发布）

2 号键：新品种新良种信息（包括蔬菜、果树、花卉、畜禽、水产等）

3 号键：实用种植技术信息（包括蔬菜、果树、花卉、食用菌等种植技术、病虫害防治、农药使用方法及禁用农药信息等）

图 5-41 芹菜病害问题解答页面

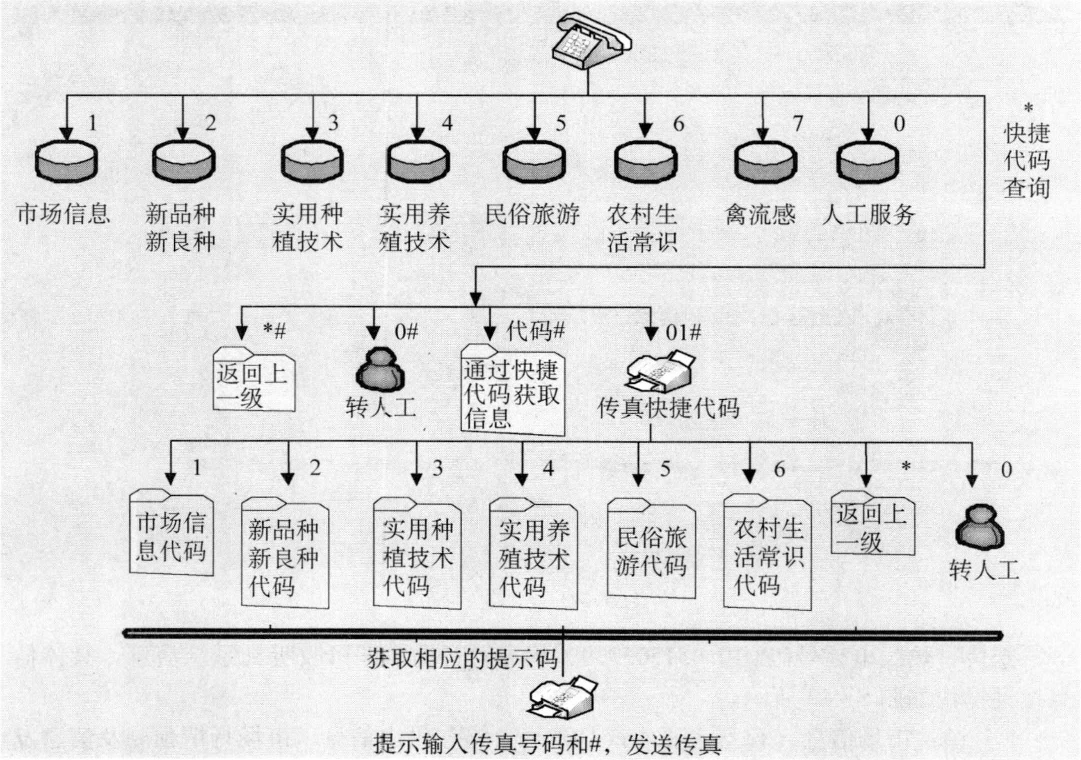

图 5-42 语音咨询系统按键功能示意图

4 号键：实用养殖技术信息（包括家畜、家禽、水产、特养等养殖信息、疫病防治、兽药使用方法及禁用兽药信息等）

5 号键：区县民俗旅游信息

6 号键：农村生活常识信息（包括医疗保健、法律常识、营养健康、天气预报等）

7 号键：禽流感

0 号键：人工咨询服务

#号键：快捷代码信息提取服务

＊ 号键：返回上级菜单

在拨打电话的同时，您还可以登陆以下网址 http：//www. agri110. net/，浏览语音咨询系统的相关信息。如图 5－43 所示。

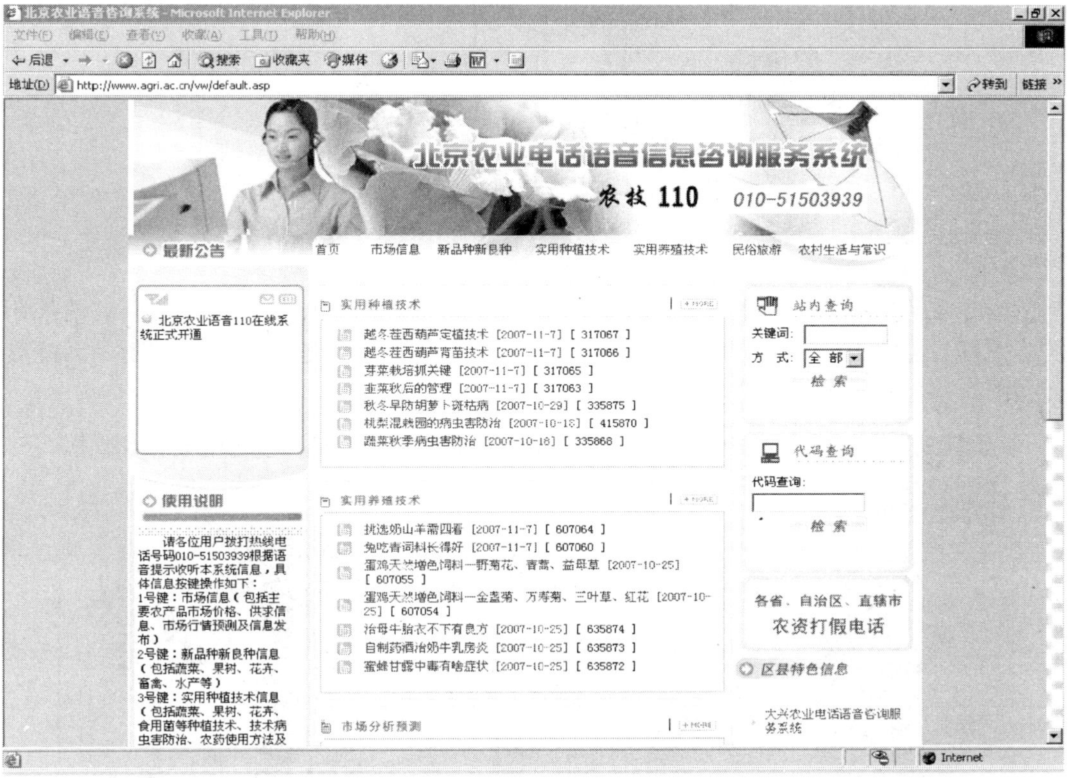

图 5－43　北京农业电话语音信息咨询服务系统网站

5. 2. 2　远程双向视频咨询诊断系统

远程双向视频诊断系统是北京市农林科学院信息所于 2007 年针对京郊信息基础设施不断完善、信息网络不断延伸的实际，为满足农民与专家之间进行远程“面对面”交流的需要研发的视频信息实时交互系统。利用该系统，您只要利用普通的 PC 机、耳机和麦克风就可向北京市农林科学院的坐席专家进行实时在线的技术咨询，也可使专家通过视频交互对病虫害进行远程诊断，随时开设远程课堂。系统功能如图 5－44 所示。

北京市农林科学院信息所已在京郊各区县建立了 80 多个远程双向视频咨询诊断系统应用示范点，并为每个站点都培养了信息管理员，如果您的村里已经安装了该系统，那么您就能在站点管理员的指导下利用该系统面对面地向北京市农林科学院的专家提

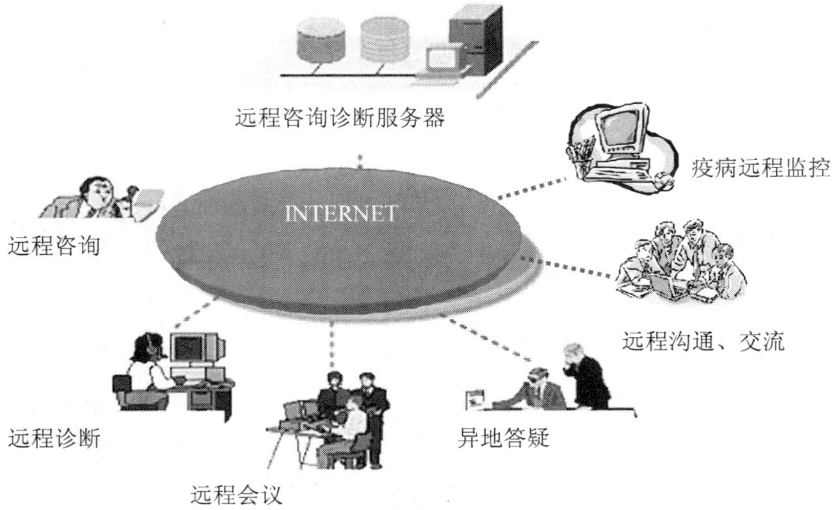

图 5-44　远程双向视频咨询系统功能

问，给专家传递病虫害样本实物照片，也可以将远程摄像头安装在乡镇教育培训基地的养殖场、温室大棚等生产第一线，让专家通过观察生产实地情况作出判断。系统界面如图 5-45 和图 5-46 所示。

图 5-45　远程双向视频咨询培训界面

远程双向视频诊断系统在示范点的应用取得了良好的效果，受到当地农民的广泛欢迎。今后北京市农林科学院信息所将进一步扩大该系统的推广应用面积，在不久的将来，更多的京郊农民将能在家门口用上这一先进的信息系统。

图 5-46　远程双向视频会议界面

5.3　您身边有哪些信息服务站点

北京市信息办、科委、农委等政府部门，围绕“221”行动计划，利用现有资源，充分发挥自身工作的特点和优势，联合农业科研机构和区县相关部门，在京郊建立了多种形式的农村信息服务网络，形成了近千个基层信息服务站点，为实现信息服务“进村入户”开创了多种模式。如果您家里现在还没有电脑或者上网还不方便，那么您可以到这些信息站点看一看，它们就建在您的村里，在这里您可以方便地上网，看到上面我们提到的网站，除此以外，各个站点还有一些特色服务，相信在这里您一定会有所收获。

5.3.1　数字家园

2006 年北京市信息办、市农委在规划启动新农村综合信息服务体系建设时，提出了“五个一”的建设目标，即“接通一条宽带网络，建设一个村级综合服务站（数字家园），建立一个网站，组织一批信息资源和服务资源，制定一套信息化工作机制”，以此为指导，在北京市农村组织实施了“数字家园”建设工程，力争将农村“数字家园”建成基层公共信息服务场所，实现通过信息化手段为农民提供一个信息服务平台、信息技术培训平台和生活娱乐平台，满足农民的信息需求，为农民提供信息发布、信息咨询、技能培训、文化娱乐、网上办事等综合信息服务的目标。2007 年市信息办、市农委组织新建了 169 个农村“数字家园”，对原有 300 个“数字家园”的管理运行进行了规范，并为各站点编制配发了《农村“数字家园”信息资源库》系统光盘，内容包括网上图书、多媒体课件、益智游戏、数字电影和戏曲节目及农业科技电子期刊等，充实了“数字家园”的信息服务内容。为扩大站点覆盖范围，市信息办在2008年还将建设200个农村“数字家园”（图5-47和图5-48）。

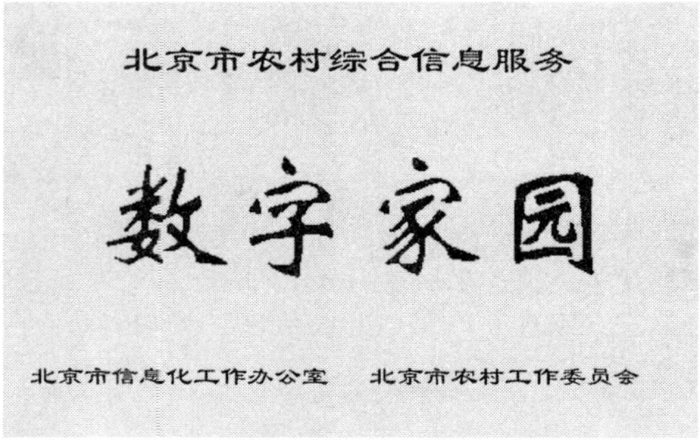

图5-47　“数字家园”牌匾

图5-48　大兴区北蒲洲村农民参加数字家园信息培训

5.3.2　爱农信息驿站

2005年9月，北京市科学技术委员会在全市范围启动了以爱农信息驿站为主要载体的信息助农综合服务网络建设工程。工程的实施坚持以“政府搭台、企业运作、科技支撑、农民受益”为目标，以爱农信息驿站为经营、服务场所，以市场化运作、企业化运营为实施手段，整合供销社、农企农协、软件企业、信息资源单位的多种资源，搭建起了有中心站运营平台支撑的、以信息员为核心、以爱农卡为纽带的驿站服务运营体系。科技、市场信息采集发布、缴费服务、数码冲印服务、特色农产品配送、农家乐京郊游等是驿站面向农民开展的主要服务，现已初具规模，形成了代收、代理、代办三大类服务业务体系。目前“爱农信息驿站”已经依托京郊11个区县的村委会、龙头企业、供销社建立站点500多个，建立服务网点1 000多个，覆盖了100个乡镇、3 000个村，受益农民200万人，每月服务量达到10万人次（图5-49和图5-50）。

图 5-49　爱农信息驿站标识

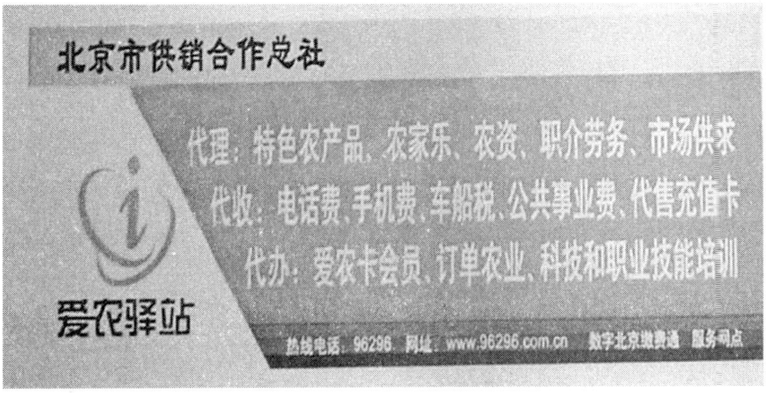

图 5-50　爱农驿站服务项目

5.3.3　远程教育接收站

现代农民远程教育与信息服务平台集成了卫星传输、语音合成、流媒体、数据仓库等先进信息技术，其本身的特点和优势使其在现代农业科技推广服务中发挥了重要作用：第一，可不受时空的制约，只要远程站点具备相应的设备、信息员掌握相应的操作程序，就可按照您的意愿随时随地地组织学习；第二，您可以自主选择强化学习课程；第三，培训时间灵活，可使您不误农时、不误农活；第四，缩短了城乡距离，推动了城市教育资源向农村流动，既有利于提升农村教学水平，也减轻了您进城学习的繁重负担；第五，培训方式多样，理、工、农、医可以共融、共用，普教、成教、短期培训等多种办学形式并举。北京市已经建立了农民远程教育站点 436 个，遍布北京市所有乡镇及部分重点村。在远程教育接收站点，您可以获得图、文、声、像并茂的技术培训，同时，所有的远程教育站点均提供适合当地需求的远程教育课件、电子图书、益智游戏等内容的远程教育数字资源，极大地丰富了远程教育站点的服务能力。此外，部分有条件的远程站点已安装了双向视频咨询诊断系统，您可在信息员的指导下向北京市农林科学院的专家面对面咨询农业生产问题（图 5－51 和图 5－52）。

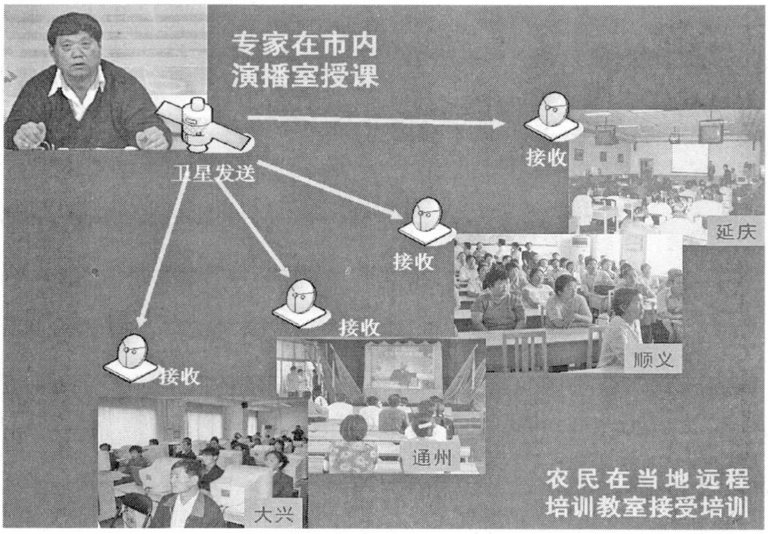

图 5－51　现代远程培训示意图

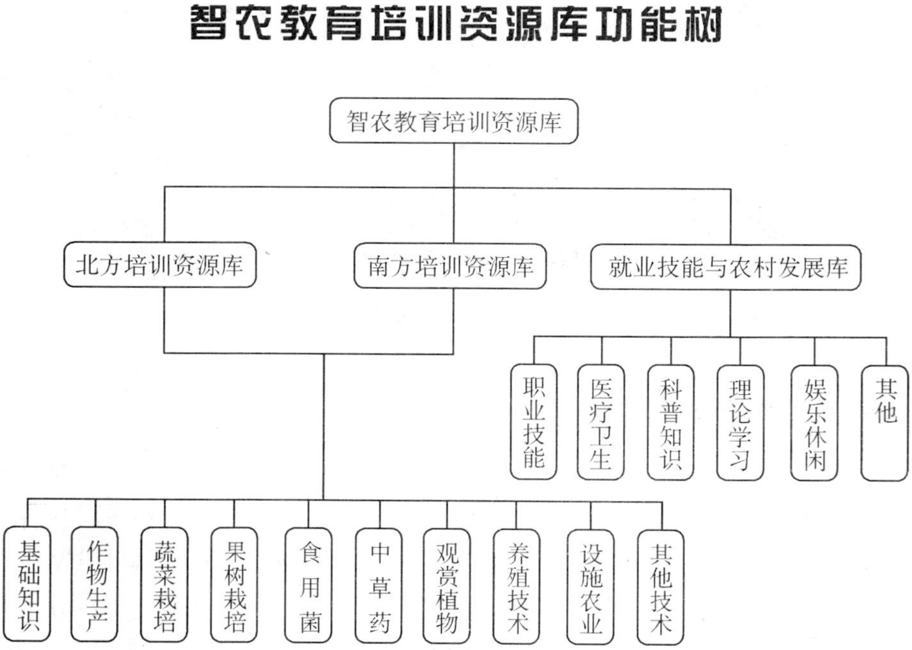

图 5－52　农民远程教育培训资源库

第六章 网上农产品交易

如今，对于许多城里人来说，在网上买卖东西已经成为一种生活习惯了，网上购物对买东西的人来说，不仅可以节省时间，还可以省下不少的金钱，而对于卖东西的人来说，也省去了找门面、看店的麻烦，可以说网上交易让买卖双方都得到了实惠。

这种商业模式现在已经慢慢扩展到了农村，并悄悄地改变着一部分农民朋友的生活方式。如果您还没有过网上交易的经历，不要着急，相信通过本章的学习，在网上买卖东西也会成为您生活中的一部分，并带给您意想不到的收益。

那么，您都可以在网上做哪些交易呢？假设您是一位普通的种植户或养殖户，您的产品不仅优质而且高产，可是您却仍然为如何把它卖个更高的价钱而发愁，那么您就可以通过农业电子商务网站做足宣传，让自己的产品通过互联网，让全国甚至全世界的人看到，大大提高产品卖出去的可能性。再比如您是着急春耕的农户，却不知道今年该种什么好？什么品种更高产更抗病？哪里的肥料或农药更能帮您提高产量？等等……一切的疑问您都可以通过农业电子商务网站的产品查询找到答案。当然，通过网络交易的平台，您还可以自己成为老板，足不出户地经营自己的产品。

网络的发达，让一切变得皆有可能。本章就以几个比较有影响的农产品电子商务网站为例，介绍如何进行网上交易的实际操作。在进入实际操作之前，让我们先来看看通过网络做生意都需要哪些步骤，如图 6-1 所示，让您先做到心中有数。

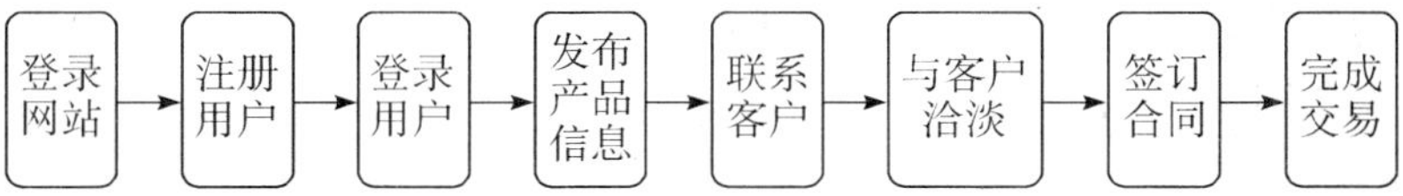

图 6-1　通过网络做生意的过程

也许您看了这个网络做生意的过程图后，仍然不太明白它的具体步骤，不用急，当您慢慢学完后面的内容后，再翻回来看这个图，您就会对网上交易的过程感到非常清晰了。

步骤 1：登录网站。找到自己选择的宣传网站，如“中国西瓜网”或阿里巴巴网站。

步骤 2：网站注册。网络上有很多提供商务功能的网站，但不是所有的功能都可以使用，有些需要您先注册成为会员才行，网站注册其实就是让您在这个网站做个登记，您只需根据提示一步步填写好自己的相关信息就行了。通过在网站上填写自己的详细信息进行注册，您就得到了一个在相应网站上唯一的用户名。

步骤3：注册确认。这一步并非所有网站都需要。有的网站并不提供注册确认功能，用户填写完注册信息并经系统检查无误后，立即就成为网站的注册用户，登录后就可以使用网站功能了。而有的网站会给您注册时填写的邮箱发一封确认信，用户点击确认信的相应链接确认自己的注册行为后，才成为网站的正式用户并使用网站提供的功能。

步骤4：发布产品信息。登录网站以后，就可以将自己的产品信息发布到网站上，当然，在发布产品信息之前，最好通过网络检索一下自己产品的市场行情以及同类产品在不同地区的价格、销售情况，做到心中有数，把自己的产品卖个好价钱。

步骤5：等待客户联系。发布产品信息以后，会有很多的人通过网络看到发布的产品信息，可能会有很多人通过电话或电子邮件、即时通讯工具途径咨询有关信息，这时就是推广自己产品的最佳时机了，您只需向咨询者如实地说明自己产品的情况即可。

步骤6：与客户洽谈。在与咨询人达成了购买事项后，可以通过电话、电子邮件或即时通讯工具，甚至可以双方见面进一步洽谈交易的具体事宜。

步骤7：签订产品购销合同。所有交易事宜洽谈完毕后，就可以签订产品购销合同了，目前由于安全和认证等问题，大多数网站还不支持在线签订合同，因此，可以通过见面或传真的方式签订合同，但这一步要慎之又慎，最好向有关人士仔细咨询后再做，以避免不必要的损失。

步骤8：也是最后一步，就是付款、验货、发货、收货，这个步骤完成后，这个交易也就完成了。

以上就是通过网上进行一笔生意的流程，看起来可能比较复杂，但实际上，只要多用、多练，很快就能上手并成为专家的。

下面我们将以北京市大兴区庞各庄镇人民政府主办的中国西瓜网，中华人民共和国农业部主办的中国农业信息网，国内最大的B2B电子商务网站阿里巴巴，北京市农村工作委员会、北京市农业局、北京市林业局、北京市水务局、北京市商务局、北京市农林科学院、北京市农研中心、北京市乡镇企业局等单位联合主办的北京现代农业信息网，北京市农村工作委员会、北京市农村经济研究中心主办、北京观光休闲农业行业协会承办的北京乡村旅游网，以及国内知名的旅游网站携程旅行网等网站作为案例，向您分类介绍。

6.1 宣传产品

6.1.1 利用商务网站宣传产品

“中国西瓜网”是一个综合型的西瓜行业信息门户网站，是国内最早建立的西瓜信息服务网络，会员遍及全国，并且会员数以每日平均120人的速度增长。打开“西瓜网”，您可以看到网站主要分为“西瓜产品介绍、西瓜网上销售、西瓜产品供求信息、西瓜历史文化以及西瓜种植技术”等五大基础版块。主要就是服务于各种农业合作组织与农民。

要想在中国西瓜网上发布供求信息非常容易，具体步骤为：

步骤1：输入 http：//www. nccn. cn 的网址，打开中国西瓜网主页面。您只需在图 6-2 所示的中国西瓜网主页面中点击“供求信息”，即可打开供求信息浏览及发布页面。

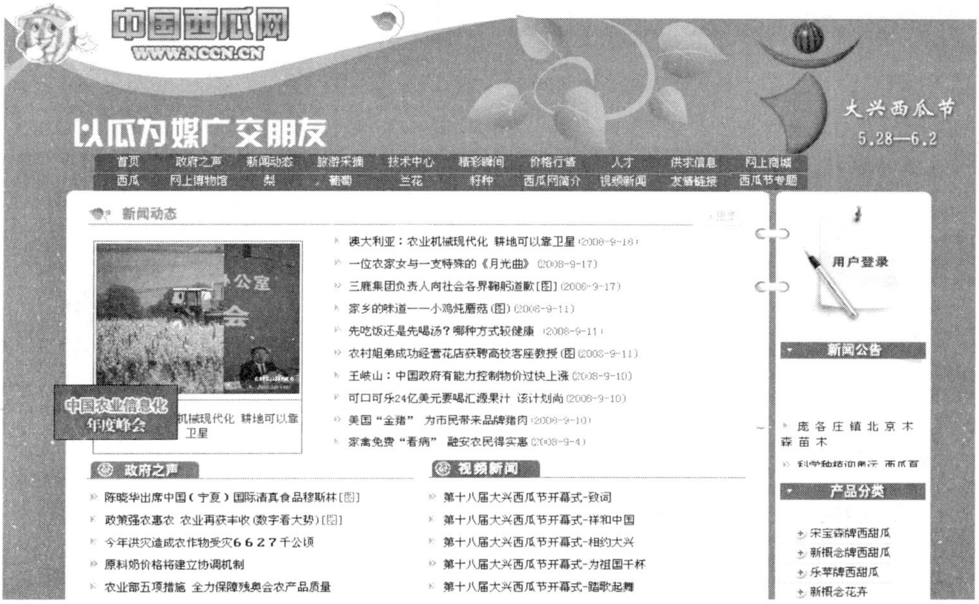

图 6-2 中国西瓜网主页

步骤2：点击后出现如图 6-3 所示页面。在页面左侧您可以看到添加信息部分，如果您是想发布信息，可以用鼠标点击图 6-3 所示区域的按钮，出现下拉列表，选择“供应信息”后，点击添加添加按钮，即可打开信息发布页面。

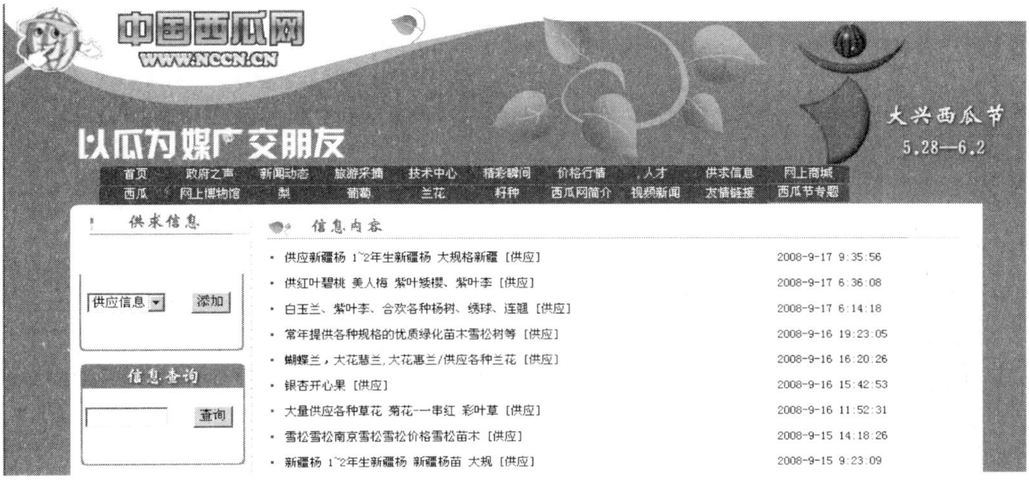

图 6-3 中国西瓜网供求信息浏览及发布页面

步骤3：进入信息发布页面后，在相应的栏目中填入相关信息，点击“马上发布”按钮就可以将信息发布到互联网上了。如图6－4所示的页面。

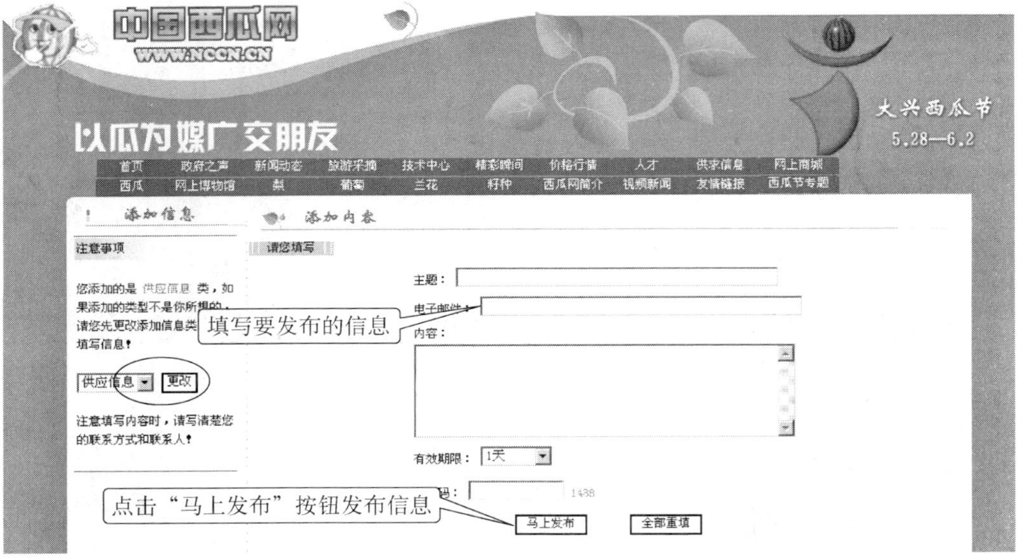

图6－4　中国西瓜网供求信息发布页面

6.1.2 利用公益性网站宣传产品

现在，一些知名度较高的网站也提供了网上产品展示的功能，这些网站由于访问人数较多，影响较大，因此产品信息就有可能被更多的人看到。

下面以北京现代农业网站为例，介绍如何在公益性网站上发布产品展示信息。

步骤1：在浏览器的地址栏中输入 http：//www.221.gov.cn 并回车，就可以进入北京现代农业网站的首页面。如图6－5所示。在页面上可以看到标记出的“网上展厅链接”，点击它，进入网上展厅（网上展厅是配合农业部农博会开办的，可以直接链接到农业部的网上展厅）。

步骤2：如果您还不是网上展厅的注册用户，您是不能发布信息的，因此，需要注册一个用户。注册完成或已经注册的用户可以直接在会员登录区域或在网站首页的会员登录区域输入用户名和密码登录并进入网上展厅，就可以发布信息了。

6.1.3 建设自己的宣传网站

除了上面讲的发布产品信息到网站上，您还可以建立自己的网站进行产品展示和宣传。这里所说的“自建网站”是指建立一个依附于其他网站的自助网页。现在有很多知名度很高的网站提供这个功能，并且是免费的，只要注册一个用户，就可以建立自己的站点。通过自助建站建立的网站更容易被别人查到。

北京现代农业网就提供了自助建站功能，您只需注册为它的会员就可以使用自助建站功能了。

图6–5 北京现代农业网站首页

步骤1：打开北京现代农业网主页，用刚刚注册的用户登录网站后，点击“自助建站”，进入自助建站网页，就看到了如图6–6所示的页面。

图6–6 北京现代农业网自助建站首页

步骤 2：点击图 6－6 所示的“开始”按钮，会显示一份自助建站协议，如图 6－7 所示，协议明确介绍了自助建站用户的权利和义务，可以仔细阅读一下，可以接受协议的话，点击“同意”进入下一步。

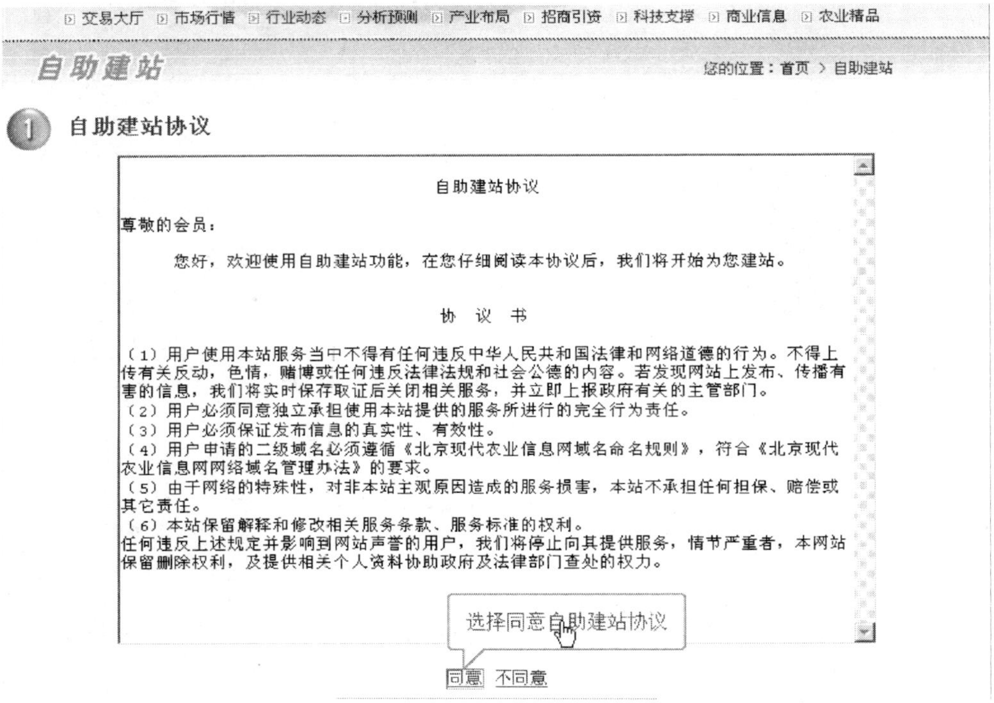

图 6－7 自助建站协议

步骤 3：在如图 6－8 所示的页面中，需要您选择所建网站的域名，域名就好像网络上的地址门牌号，别人可以在浏览器中输入您的网站的域名来访问您的网站。您可以随便给自己的网站起个域名，如“nongchanpinxiaoshou”，输入完可以检查一下输入的域名是否已被别人使用，只需点击下面的“检查是否已经存在”链接，如果您的域名已经被别人使用的话，系统会提示您域名已被别人占用，让您输入另一个不同的域名。建好的域名看起来都是形如 www. 221. gov. cn 的格式。完成后可以点击下一步。

步骤 4：从现在开始您就可以定制您的网站了。首先要选择您的网站都包含哪些频道，如图 6－9 所示，即您的网站所包含的栏目，根据需要进行选择，选择完成后点击“下一步”继续。

步骤 5：接下来，您要选择网站模板，如图 6－10 所示，即您的网站的外观看起来是什么样子的，可以看到页面中提供了很多模板供用户选择，并且可以点击模板旁边的放大镜预览模板的显示效果，选一个满意的模板，点击“下一步”继续。

步骤 6：最后，您还需要输入一些站点的设置信息，如图 6－11 所示，如站点的名称、描述、关键词等。这里输入的信息将来会显示在网站比较显眼的地方。

经过这些步骤，网站基本上就建好了，图 6－12 所示是一个已经建好的站点的例子。当然，这时建好的网站是一个空白网站，需要用户自己添加网站及栏目的信息，北京现代农业网的自助建站信息添加是一种所见即所得的方式，非常简单易用，而且可以很容易地发布图片信息，可以将产品拍照发布到网站上。所有信息添加完成后，一个真正的网站就建好了。现在可以把网站的域名印在自己的名片上或告诉别人，让别人来访问这个网站了。

图6-8 输入域名

图6-9 定制网站频道与栏目

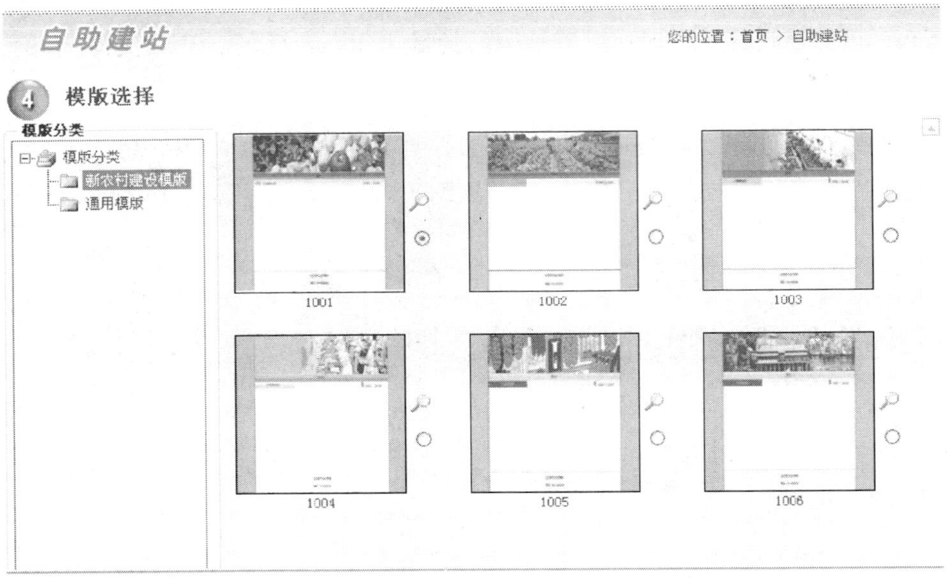

图 6-10　选择网站模板

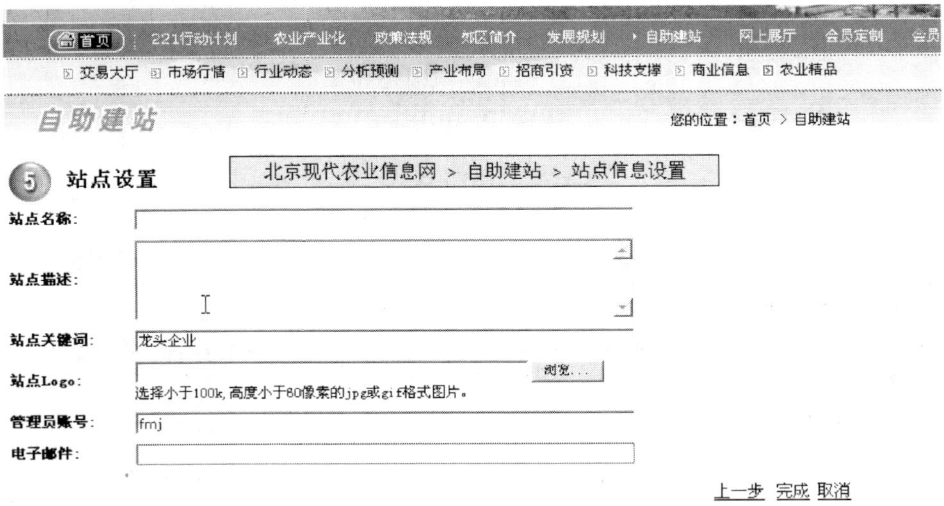

图 6-11　网站设置信息录入

6.2　查询市场信息

农民作为从事农业生产的个体经营者，对市场信息的要求是极其迫切的。例如，自己的产品在市场上卖多少钱？自己想买的生产工具价格是多少？哪里能买到自己需要的种子？明年农产品的市场行情会发生什么变化？会不会有太多的人种植自己打算种植的农产品？自己种植的农产品能够卖到哪些地方？等等。

以前要获得这些信息是非常困难的，但互联网的出现极大地提高了信息获取的方

图 6-12　怀柔区农副产品产销协会页面

便程度。下面介绍一些获取这些信息的方法。

6.2.1　了解市场价格行情

即时市场信息的获取对农民朋友来说是非常重要的，它有利于农民朋友随时掌握市场行情，把自己的产品卖出一个好价钱，还可以通过网络查找自己想要买的农资生产产品的信息，并进行比较，买到物美价廉的产品。

目前国内知名度最高、访问量最大的即时市场行情网站是中国农业信息网的市场行情栏目。中国农业信息网是中华人民共和国农业部建立的，服务于农业行业的综合性大型农业网站，它的市场行情由专人负责采集，每天更新，信息的准确性和可信度都非常高。

步骤1：在浏览器地址栏中输入 http：//www. agri. gov. cn，就可以打开中国农业信息网的主页面了，点击主页链接中的“价格行情”，即可转到价格行情页面，如图 6－13。

步骤2：在价格行情页面，可以看到下面列出了许多价格行情动态。如图 6－14 所示。如果在页面中没有找到自己需要的价格行情，可以通过页面右边的查询区域进行查询。

步骤3：在价格查询页面，可以按照市场和品种进行查询。先选择要查询的品种，然后选择时间段，再选择所要查询的市场，选择市场时您可能想要看多个市场的行情，您可以按住键盘上的“CTRL”键后点击多个市场名称，从而选择多个节场，完成后点击“查询”，就可以看到查询的结果了。如图 6－15 所示。

图 6－13 中国农业信息网

图 6－14 中国农业信息网价格行情页面

步骤 4：图 6－16 所示是在价格查询页面选择了品种为“土豆”，日期为 2007 年 12 月 2 日，市场为北京城北回龙观大钟寺商品交易市场和北京华垦岳各庄批发市场后得到的查询结果，从结果中可以看到 2007 年 12 月 2 日这两个市场土豆价格的最高价、最低价、大宗交易价格、当天的市场交易量以及产地等信息。

通过互联网即时市场行情查询，可以不出门便知道所有市场的产品价格。另外还有其他网站也提供类似的功能，各地区也都有类似的市场行情网站，可以到百度或谷歌上搜索“农产品市场行情”，找到这些网站，用上面介绍的方法查询农产品的价格。

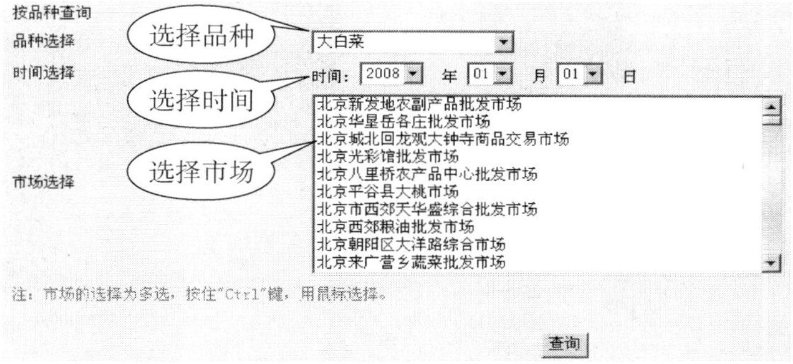

图 6－15　中国农业信息网价格行情查询页面

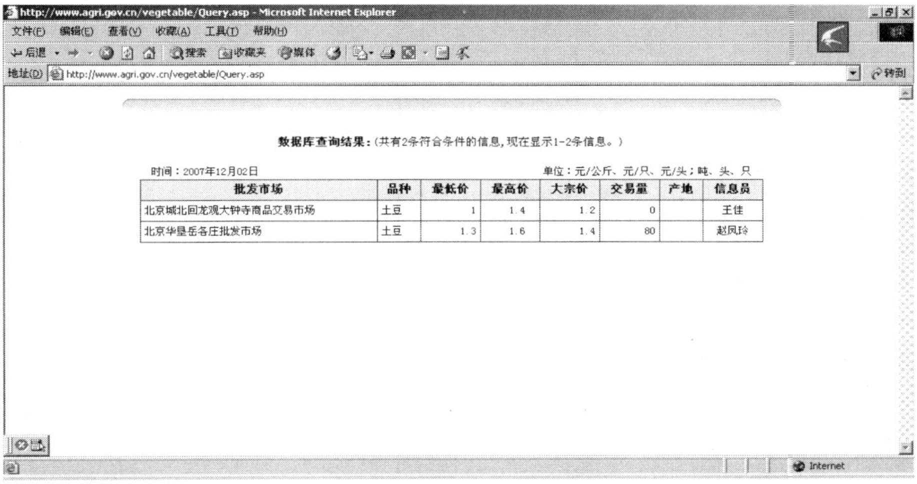

图 6－16　市场行情查询结果

6.2.2　获取市场预测信息

以前，您可能常常因为得不到有关市场预测方面的信息，在进行生产决策时没有根据，往往忙了一年，种出来的产品却卖不出好价钱，一年来的人力物力投入没有获得满意的回报。针对这一现状，国家农业部门组织人力、财力进行专业的市场分析和预测，力争让农民朋友的生产决策有章可循，从而规避风险，获得较好的收益。

中国农业信息网就提供了市场预测信息的发布功能。

步骤 1：打开中国农业信息网主页，点击主页中的“分析预测”链接，如图 6－17。

步骤 2：转到分析预测页面，在这里可以看到里面有很多的分析报告，您可以根据自己的需要点击相应的报告名称查看其详细的报告内容。如果找不到所需的报告，可以点击页面下方的“更多……”链接查看其他的报告列表。在预测报告列表上面，还有一个分析预测产品的分类导航条，您可以将自己想要查的内容先通过分类导航条中的相应栏目划分分一下类，查找起来会快得多。如图 6－18。

图 6－19 是打开的一篇具体的分析报告《2007 年 11 月第四周玉米市场分析报告》。

图 6-17　中国农业信息网主页分析预测链接

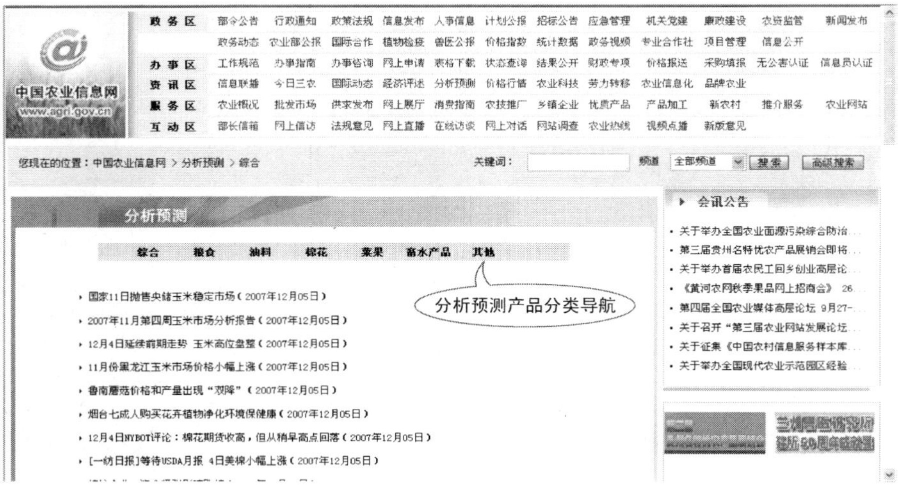

图 6-18　中国农业信息网分析预测页面

6.3　发布市场信息

为了将自己的产品卖出去，也许您需要利用一些宣传手段来传播自己的产品信息，让更多的人了解产品的优势，以顺利地将产品卖出去。

除了之前提到的利用网站展示自己的产品外，您还可以利用网站发布供需信息，和生产方、销售方、需求方建立广泛的联系。

6.3.1　利用公益性网站发布信息

下面以北京农业信息网为例来说明如何在公益网站上发布信息。

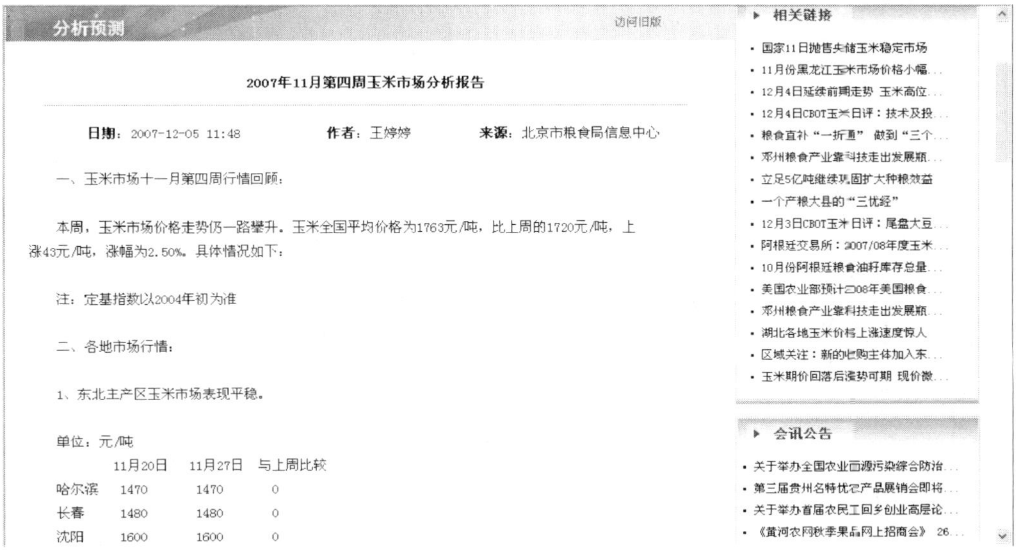

图 6-19 中国农业信息网分析预测报告

步骤 1：打开北京农业信息网的主页面，在页面上方有一个“供求天地”链接，如图 6-20 所示，可以进入供求信息的查看和发布栏目。

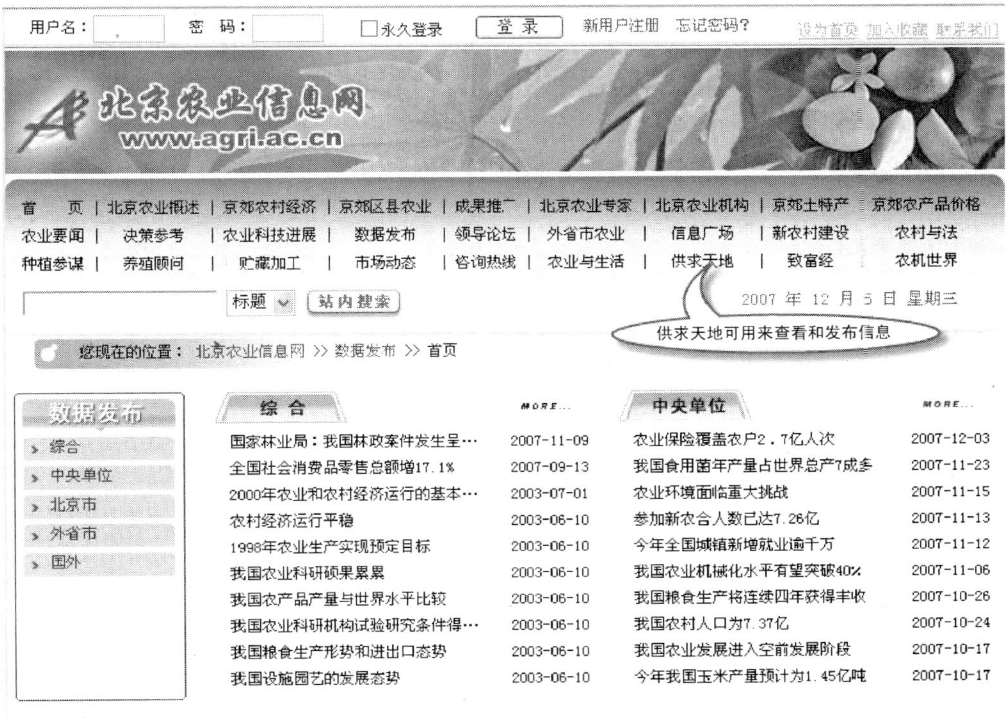

图 6-20 北京农业信息网

步骤 2：在北京农业信息网的供求天地页面上有一个“发布供求信息”的链接，可以转到信息发布页面，如图 6-21 所示。

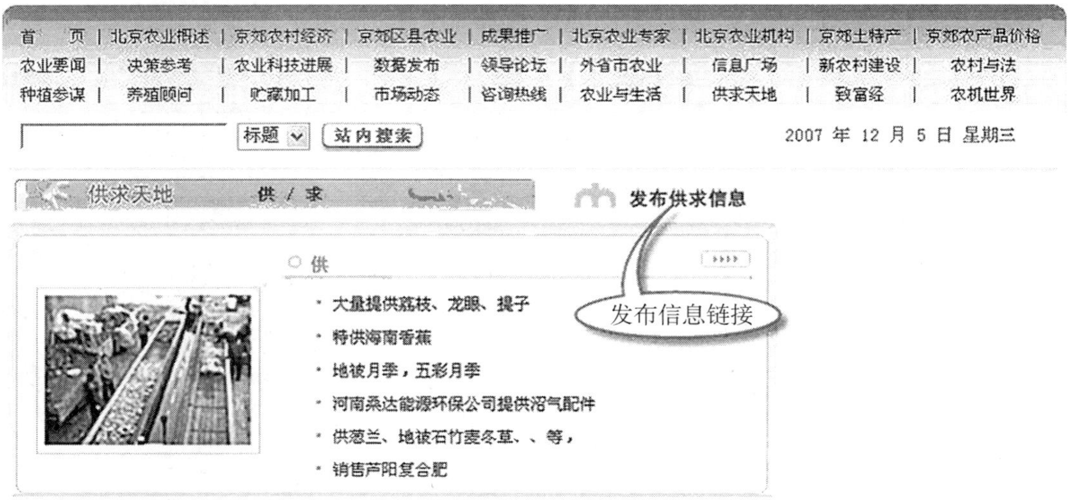

图 6-21 北京农业信息网供求天地

步骤3：按照要求，一一填写信息，并点击“添加”按钮提交信息，信息经过审核以后，就可以正式对外发布了。如图 6-22 所示。

图 6-22 北京农业信息网供求天地信息发布

通过公益网站发布信息是一种将自己的信息“广而告之”的有效手段，在实际应用时，您可以多找几个有影响的公益性网站，在每个网站上都发布信息，这样，可以扩大信息的接受群体，让更多人知道它。

6.3.2 利用商业网站发布信息

这里以阿里巴巴为例，讲解如何通过商务网站发布市场信息。

步骤1：在阿里巴巴的首页上，可以看到发布信息的链接，如图6-23所示，下面有发布产品、承接加工、代理加盟和提供服务四个链接，分别对应不同的四种信息类型，根据自己的需要选择相应的链接。

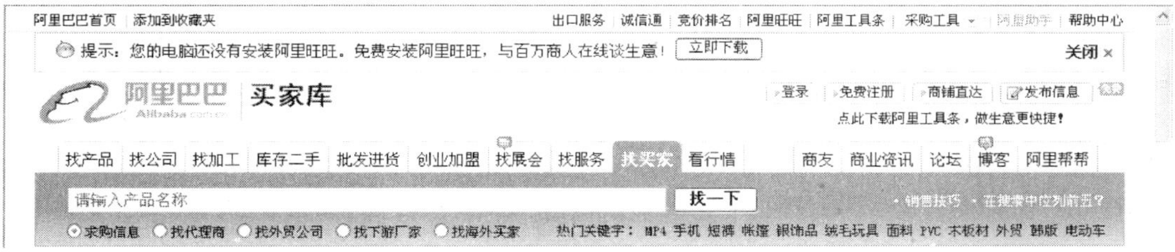

图6-23 阿里巴巴首页的信息发布链接

步骤2：点击“发布信息”进入图6-24所示的信息发布主页面。如果还没有登录阿里巴巴，可以在右侧登录，不登录阿里巴巴是不能发布信息的。

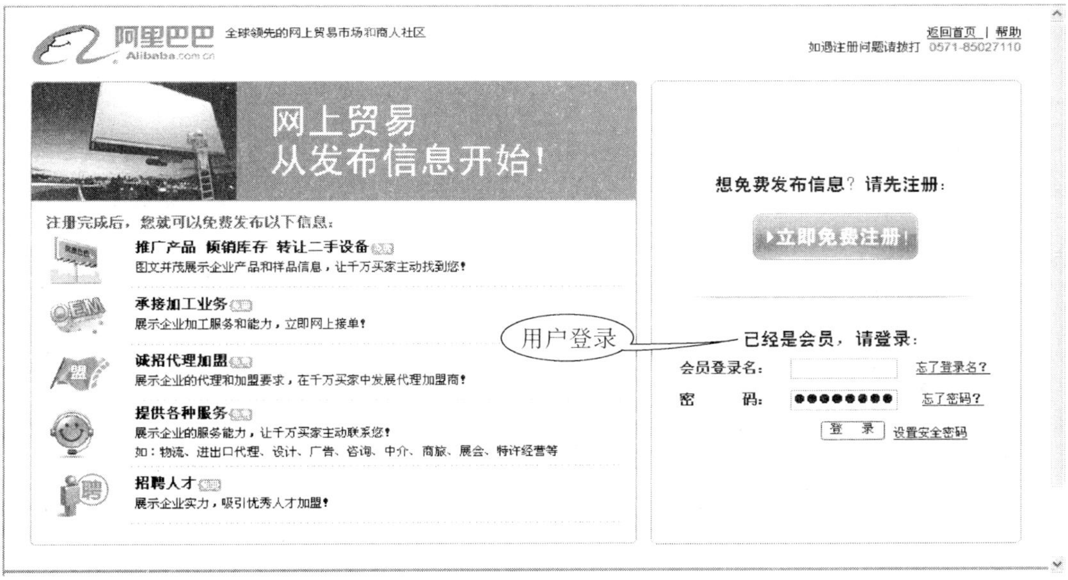

图6-24 发布信息首页面

步骤3：登录后就来到了发布供求信息页面，如图6-25所示，阿里巴巴的信息发布页面是以向导的形式指导用户发布信息的。

步骤4：根据页面的指示填入相关的信息，全部填完后在页面最下方点击“同意服务条款，我要发布”按钮，如图6-26所示，就可以发布信息了。

步骤5：如果填写的信息都符合要求的话，会转到图6-27所示的信息发布成功页面，并告诉用户信息发布成功，发布的信息会在2小时内由管理员进行审核，审核成功，信息就正式对外发布。否则会提示用户修改发布的信息，然后重新提交信息。

图 6-25　发布供求信息页面

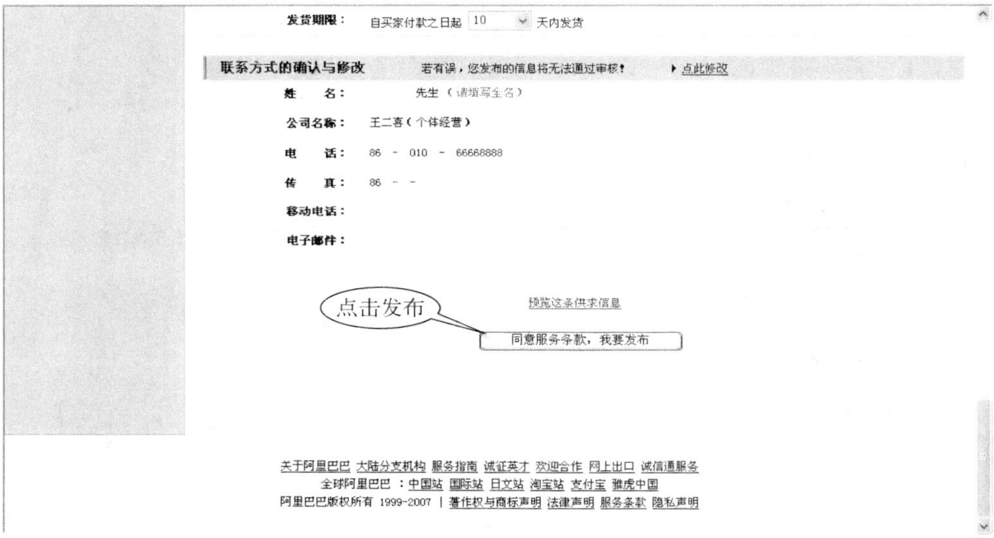

图 6-26　阿里巴巴的信息发布向导

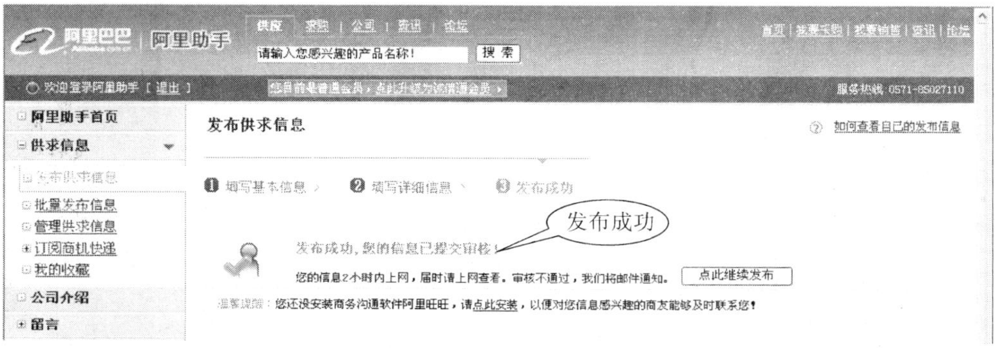

图 6-27　信息发布成功

6.4 供求洽谈

网上的供求洽谈是买卖双方在网上查询产品供（或求）信息，并进行匹配，最后通过在线或离线的方式进行贸易洽谈，并最终达成交易意向，进行交易的过程。图6-28所示是北京现代农业网发布的网上供求洽谈的业务流程。从中您可以更直观地了解供求洽谈的过程。

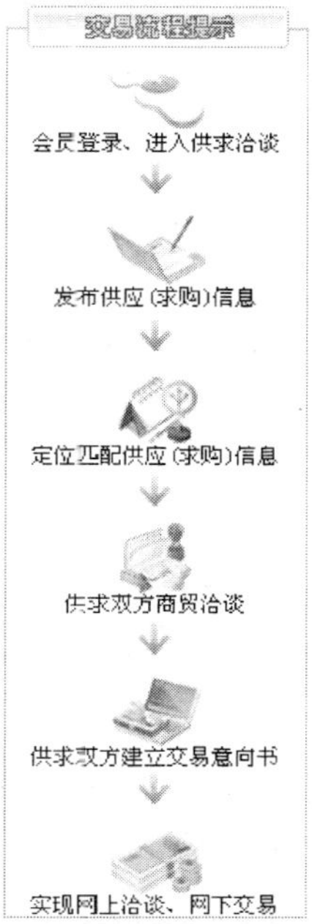

图6-28 北京现代农业网的网上供求洽谈流程

6.4.1 在公益性网站上进行洽谈

现在，很多公益性网站也支持网上供求洽谈。下面以北京现代农业网为例来说明如何利用网站进行供求洽谈。

步骤1：进入北京现代农业网并登录。点击主页上的“供求洽谈”链接转到供求洽谈页面。

步骤2：您可以在供求洽谈页面检索已经发布的供求信息，看有没有符合自己要求的产品。图6-29是在供求洽谈主页面检索葡萄所得到的结果。可以找一下有没有自己满意的信息。检索供求信息时可以使用多种条件组合检索，如指定有效时间、分类、所属区县等。

图6-29 供求洽谈中检索葡萄得到的结果

步骤3：如果找到了满意的信息，可以点击信息的标题，打开它的详细信息查看页面，可以看到发布信息用户的企业名称、通信地址、联系人、电话、邮件地址等信息。如图6－30所示。

图6－30　供求信息的详细信息页面

步骤4：现在您就可以通过网上提供的联系方式直接与信息发布人联系并进行贸易洽谈了，如果洽谈成功，可以签订交易意向书，并进一步洽谈，签订购销合同，完成交易。如果洽谈不成功，可以返回查找更多的信息并进行洽谈。

网上贸易洽谈行为是一种介于实际交易和完全的电子商务之间的业务模式，它解决了供求信息难以获取的问题，又解决了电子商务最关键的信用问题，因此，现阶段这种营销方式具有很大的适应性。建议您不妨尝试一下。

6.4.2　在商业网站上进行洽谈

国内的商务网站大都提供了供求洽谈的功能。有的网站还提供了专业的工具来实现在线的供求洽谈，如阿里巴巴的贸易通就是这样一个工具。

步骤1：打开阿里巴巴主页，点击“阿里软件”→“在线谈生意”按钮，如图6－31所示。

步骤2：进入阿里旺旺贸易通的主页面，点击图6－32中标出的“立即免费下载（贸易通版）”链接就可以下载贸易通了。软件的下载在第一篇中已经有过详细的讲述，这里就不再多说了，需要提醒的是您一定要记住保存的具体位置，图6－33所示是下载后的贸易通安装文件。

步骤3：双击刚刚下载的贸易通安装程序文件，启动贸易通安装程序，如图6－34所示。

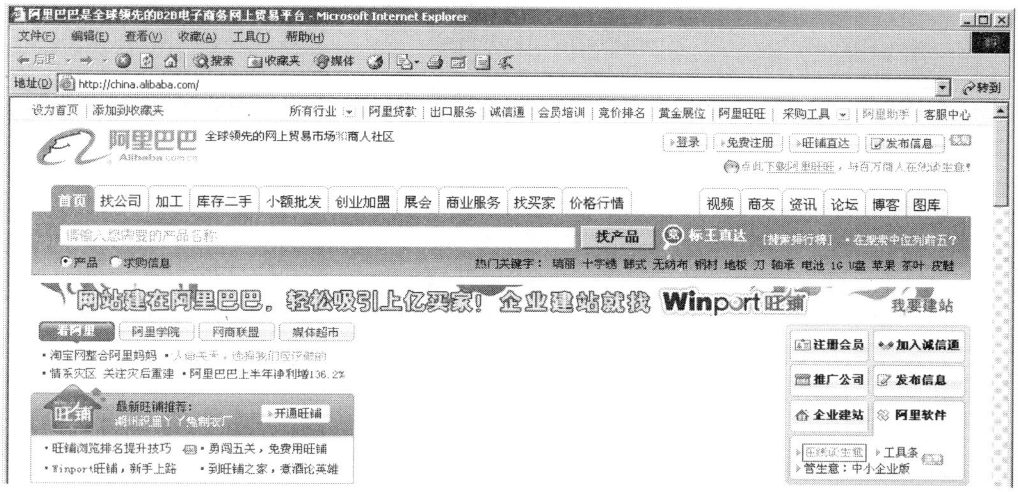

图 6－31　阿里巴巴主页的阿里旺旺的链接

图 6－32　阿里旺旺主页面

步骤 4：安装程序启动后，可以根据安装向导的指示进行安装，通常在安装过程中选择“我同意”、“下一步”、“完成”等按钮即可完成安装。图 6－35 是安装过程中选择安装文件夹的画面，大多数情况下，无需更改，直接点击“下一步”即可。一切选择就绪后，您会看到如图 6－36 所示的安装进度画面，这是程序正在将阿里旺旺安装到电脑。

步骤 5：安装完成，会看到图 6－37 的安装完成画面，点击“完成”，结束安装。至此，贸易通就已经安装到您的电脑上了。

步骤 6：贸易通安装好后，您会发现在桌面上多了一个贸易通启动按钮，双击启动按钮后，打开贸易通，会出现贸易通的登录界面，如图 6－38 所示。如果已经有贸易通用户名和密码，可以在这里登录使用贸易通。如果还没有注册，可以点登录界面下面的免费注册阿里巴巴新会员链接。注册会员的方法与前面讲过的注册会员类似，在此不再赘述。

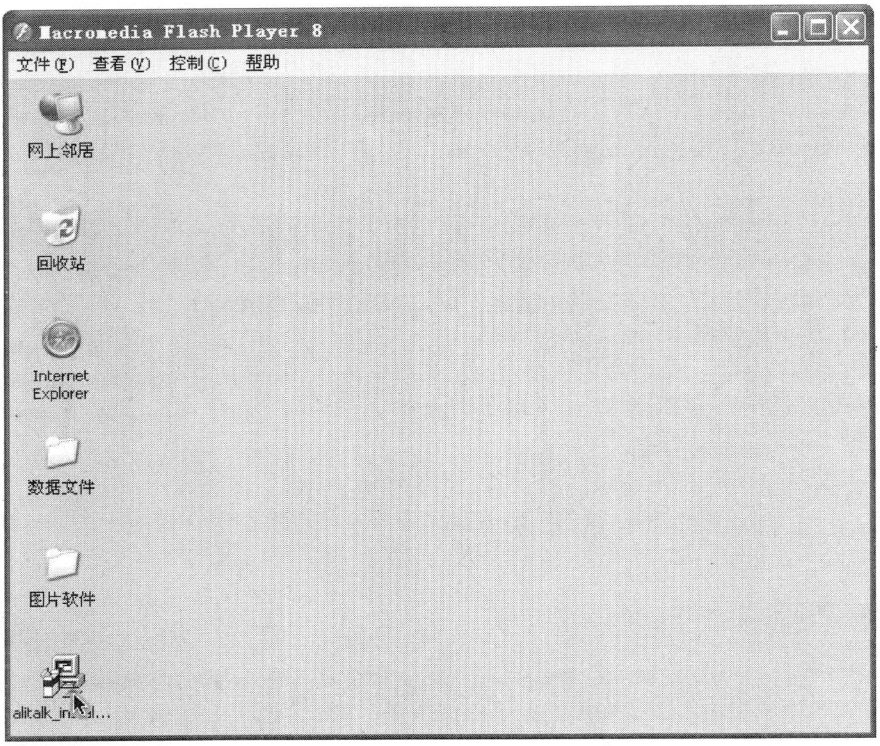
Macromedia Flash Player 8
文件(F) 查看(V) 控制(C) 帮助
网上邻居
回收站
Internet Explorer
数据文件
图片软件
alitalk_in...l...

图 6–33　下载的贸易通安装文件

Macromedia Flash Player 8
文件(F) 查看(V) 控制(C) 帮助
网上邻居
回收站
Internet Explorer
数据文件
图片软件
alitalk_instal...
打开文件 - 安全警告
无法验证发行者。您确实要运行此软件吗?
名称: alitalk_install.exe
发行者: 未知发行者
类型: 应用程序
发送者: C:\Documents and Settings\xiaohua.chen\桌面
运行(R)
取消
打开此文件前总是询问(W)
此文件没有包含有效的数字签名以验证其发行者。您应该只运行来自您信任的发行者的软件。如何决定要运行的软件?

图 6–34　启动贸易通安装程序

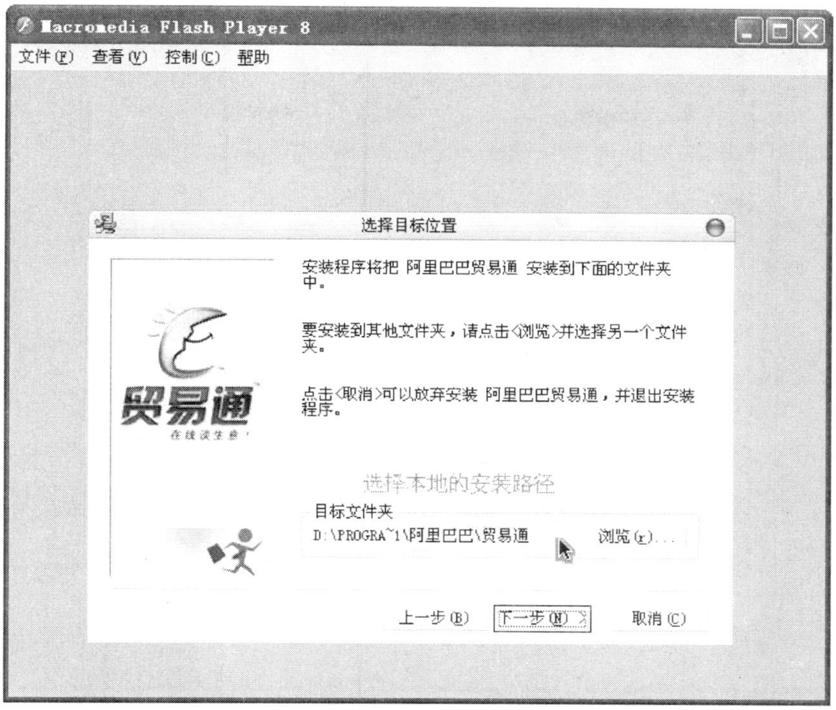
Macromedia Flash Player 8
文件(F) 查看(V) 控制(C) 帮助
选择目标位置
安装程序将把 阿里巴巴贸易通 安装到下面的文件夹中。
要安装到其他文件夹，请点击<浏览>并选择另一个文件夹。
点击<取消>可以放弃安装 阿里巴巴贸易通，并退出安装程序。
贸易通
选择本地的安装路径
目标文件夹
D:\PROGRA~1\阿里巴巴\贸易通
浏览(r)...
上一步(B)
下一步(N) >
取消(C)

图6-35　选择安装文件夹

Macromedia Flash Player 8
文件(F) 查看(V) 控制(C) 帮助
安装中...
贸易通
当前文件
复制中...文件:
D:\...\阿里巴巴\贸易通\skins\default\tab_button_mail.gif
所有文件
剩余时间 0分 18秒
取消(C)

图6-36　安装进度

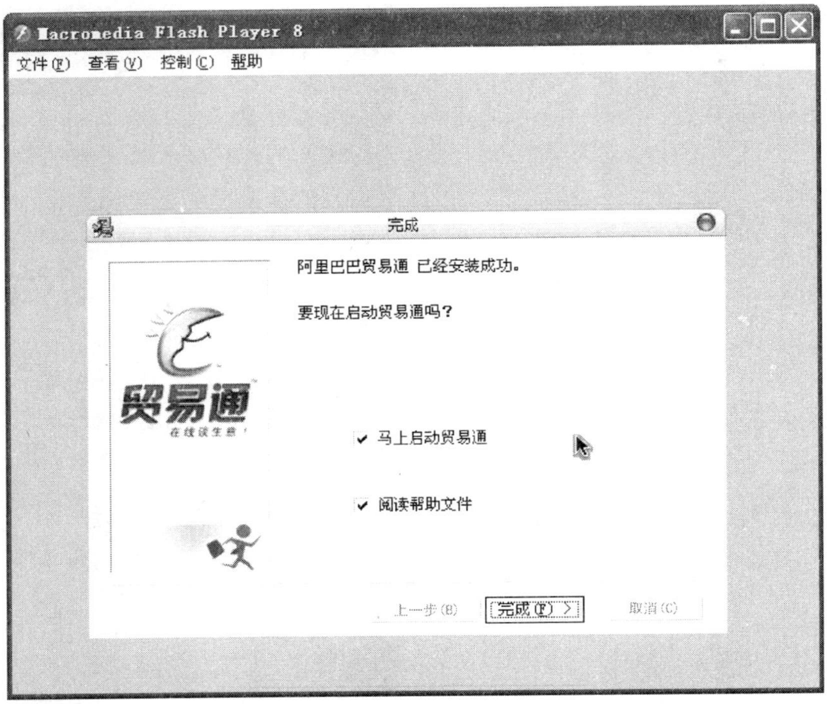
Macromedia Flash Player 8
文件(F) 查看(V) 控制(C) 帮助
完成
阿里巴巴贸易通 已经安装成功。
要现在启动贸易通吗？
贸易通
马上启动贸易通
阅读帮助文件
上一步(B)
完成(F) >
取消(C)

图 6-37　安装完成

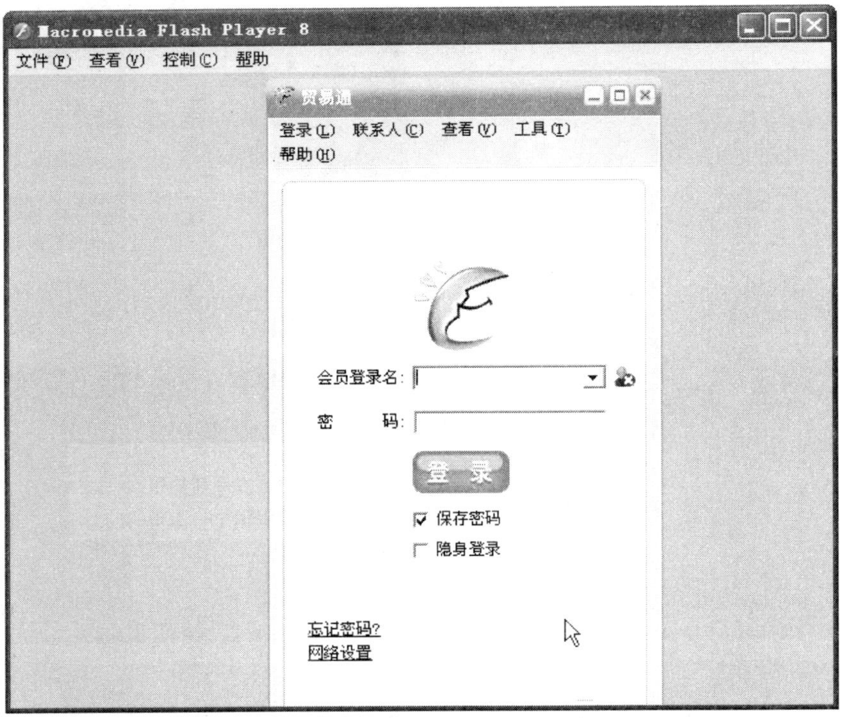
Macromedia Flash Player 8
文件(F) 查看(V) 控制(C) 帮助
贸易通
登录(L) 联系人(C) 查看(V) 工具(T)
帮助(H)
会员登录名:
密　　码:
登　录
保存密码
隐身登录
忘记密码?
网络设置

图 6-38　启动贸易通并登录

步骤 7：登录后的页面如图 6-39 所示，至此您可以使用贸易通的所有功能了。

贸易通有很多功能，可以检索产品信息、发布产品信息、管理自己的业务信息；可以通过即时通讯功能与贸易伙伴在线洽谈业务、可以管理自己的贸易伙伴列表、可以在线传输文件、记录通话内容、设置用户群等。具体功能介绍需要篇幅较大，在这里就不做介绍了，感兴趣的读者可以到 http://club.china.alibaba.com/forum/thread/view/155_21646533_.html 阅读阿里旺旺（贸易通版）全新使用教程，里面详细介绍了贸易通的功能及使用方法。

图 6-39　阿里巴巴贸易通界面

6.5　发展乡村旅游

随着农村基础设施建设的不断加快和城镇居民对于生活休闲要求的日益提高，乡村旅游逐渐成为城市居民丰富业余生活、放松身心的重要选择。近年来，乡村旅游业得到了较大的发展。因为乡村旅游的投入小，收益大，大量各种规模的度假村、生态园、采摘园、观光园、风情园、养殖场等民俗旅游园区涌现出来。而如何通过最经济的方式宣传这些园区、让更多的人了解园区以吸引更多的游客，是乡村旅游经营者考虑的重要问题之一。

为了发展、推广乡村旅游，政府和社会提出了数字乡村旅游的概念，即通过现代化的信息技术，整合乡村旅游资源，推广乡村旅游项目，推动乡村旅游的发展。

6.5.1　利用“北京乡村旅游网”扩大宣传

目前有很多网站包含乡村旅游栏目，还有一些网站是专门针对乡村旅游的。利用这些网站，乡村旅游的经营者可以宣传自己的园区，起到“广而告之”的效果。

例如，由北京市农村工作委员会、北京市农村经济研究中心主办、北京观光休闲农业行业协会承办的“北京乡村旅游网”就是这样一个网站。它提供了一系列的功能用来推广北京市的乡村旅游产业，帮助乡村旅游经营者更好地经营、宣传好自己的园区，帮助广大旅游者便捷地查找适合自己需求的旅游景点和项目。

首先，您需要在地址栏输入 http://ly.bjnw.gov.cn/，进入北京乡村旅游网主页面，如图 6-40 所示。

图 6-40 北京乡村旅游网

北京乡村旅游网分为政务版和商务版两大板块，商务版是面向乡村旅游经营者的，您如果想让自己的民俗园、民俗接待户走向全国乃至世界，您可以缴纳一定的费用注册为商务版的用户，如图 6-41 所示。注册后您可以使用一系列会员功能，如发布信息、自助建站等，推广自己的旅游产品。

图 6-41 北京乡村旅游网商务版用户注册界面

政务版主要面向旅游者的，用来发布一些公益性的信息，如用地图的形式显示北京市乡村旅游园区的分布如图 6-42 所示，供网民查询。

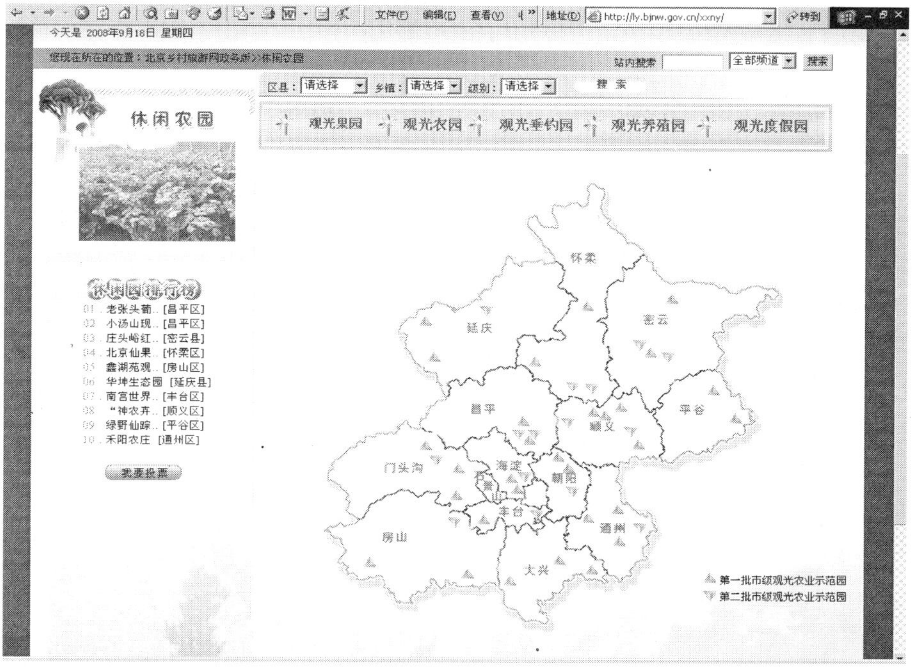

图6-42 北京乡村旅游网利用地图的形式显示北京市乡村旅游观光景点的分布情况

6.5.2 利用“携程网”发布信息

目前国内有许多著名的旅游网站，这些网站聚集了大量人气，可以通过这些网站宣传乡村旅游，能够起到较好的效果。

目前国内最著名的旅游网站是“携程旅行网”，下面就以它为例来介绍如何通过国内知名的旅游网站宣传乡村旅游的信息。

步骤1：在浏览器的地址栏中输入 http：//www. ctrip. com，打开携程旅行网的首页面，如图6-43所示。如果想要发布自己的信息，必须先注册成为该网站的用户，携程网的主页中有一个免费注册用户的链接。点击它，进入免费注册用户页面。

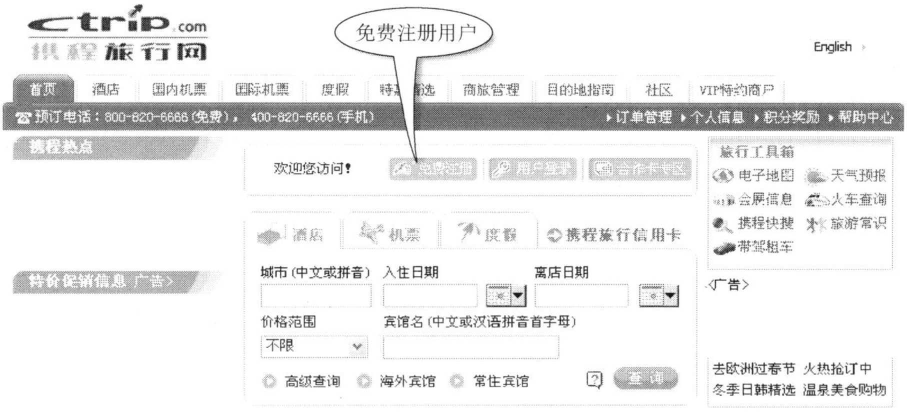

图6-43 携程旅行网

步骤2：在注册页面根据要求一一填写信息并提交，就可以注册一个携程旅行网的用户名。如图6－44所示。

图6－44 携程旅行网用户注册页面

步骤3：用户注册完毕，可以点击主页中的“用户登录”按钮，以刚才注册的用户登录网站。成功登录后，可以看到如图6－45所示的页面。

图6－45 携程旅行网用户登录页面

步骤4：点击页面左边导航栏中“我的社区信息”，在出现的网页中页面上端的导航条中点击“推荐”，可以看到其他用户发布的推荐信息，如图6－46所示。页面上方可以找到一行文字“如果您有好的推荐想发布，请按这里”，点击文字中的“这里”，可以转到推荐信息发布页面。

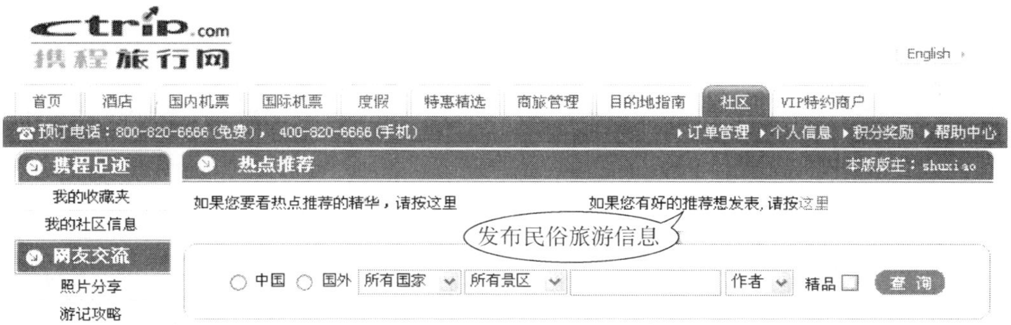

图6－46　携程网社区信息中的推荐信息

步骤5：在信息发布页面，您可以填写想要发布的乡村旅游的具体信息，填写完成后点击“发表”按钮，就可以完成推荐信息的发布了。别人在检索乡村旅游信息时，就可以看到您发布的乡村旅游推荐信息了。如图6－47所示。

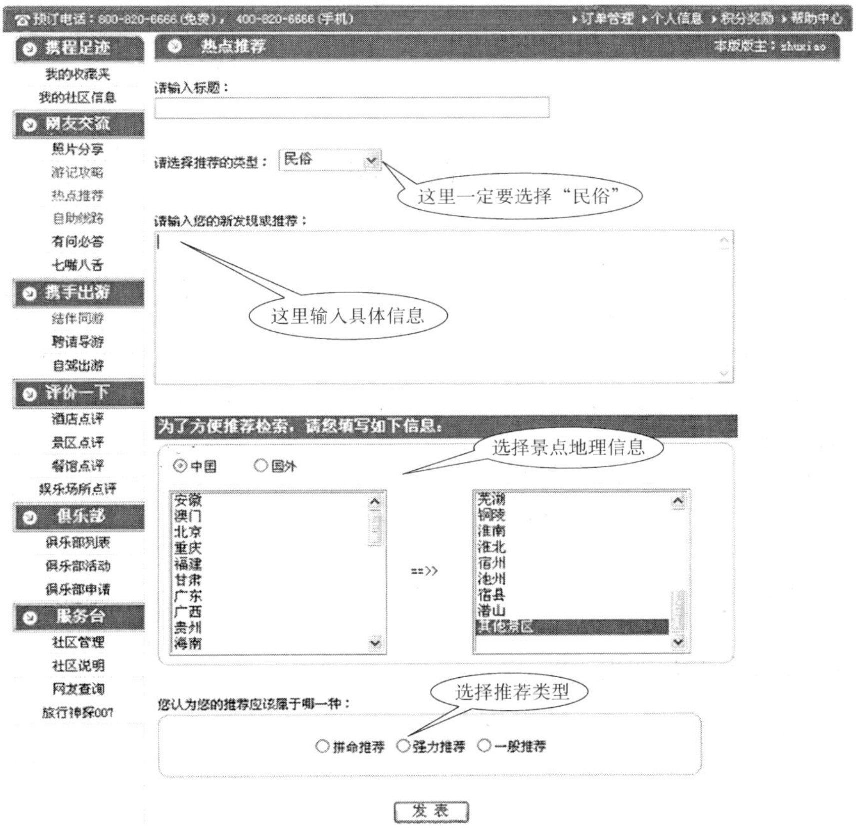

图6－47　携程旅行网的推荐信息发布页面

第七章 网上便民服务

网络不仅能让您学到更多的农业生产技术，让您生产的农产品卖到更广大的地区，还能给您的生活带来方方面面的便捷，比如帮您查找交通出行的最佳路线、查阅电子地图，让您足不出村就能用网上银行交纳水费、电费，买到您所需要的各种生活用品，在您生病时及时地为您通过网络预约挂号，等等。当您认真地学习本章内容后，您会发觉，从申请办理宅基地的相关手续，到进城换乘公交车，再到就医问诊、法律咨询，网络让一切都变得这么简单，原来的麻烦现在可以“迎网而解”了。现在我们就一起享受一下网上便民服务吧，真是“不看不知道，一看全知道”啊！

7.1 政府办事服务

目前国内的大多数省市的政府机构都开通了网上电子政务系统，开办了许多便民服务项目，让您不用出门就能办事。这其中具有代表性的要数由北京市人民政府主办、北京市信息化工作办公室承办的“首都之窗”，它的服务内容广泛、办事流程清晰，让您在生产、生活中遇到的各种需要通过政府解决的问题、办理的各种手续，都能在这里被及时地受理、顺利地解决。“首都之窗”专门针对农民需求开辟了“办事绿色通道”，您可通过绿色通道快速的查询到与动、植物保护管理、水产业、农业机械、税务、土地等相关的政策信息，并办理登记、申请等手续，同时您也可以通过该网站查询与户籍、婚育、驾驶等相关的公共信息。下面我们将以“房屋所有权变更”、“农村村民住宅用地批准”、“结婚登记预约”为例，向您介绍网上办事的一般流程。

7.1.1 房屋所有权变更

假设您要在网上填报并提交一份房屋所有权变更登记申请书，具体操作步骤如下：

步骤1：打开首都之窗首页（http：//www. beijing. gov. cn/）。单击主页面中的“办事服务”。如图 7－1 所示。

步骤2：进入办事服务网页后，找到“企业办事”，单击“企业办事”。如图 7－2 所示。

首都之窗-北京市政务门户网站 - Microsoft Internet Explorer
文件(F) 编辑(E) 查看(V) 收藏(A) 工具(T) 帮助(H)
http://www.beijing.gov.cn/
首都之窗
www.beijing.gov.cn
市委 市人大 市政府 市政协
首页 政务信息 社情民意 办事服务 人文北京 政府网站导航
市长信箱 政府公报 法律援助 草案意见征集 区县热点 缴费直通车 食品安全 投资北京 公务员
实时路况 图说北京 网上调查 政风行风热线 视频北京 公积金查询 常用电话 数字地图 新农村
中共十七届三中全会在京举行
拥有同组和相同限制尾号的机动车可变更车辆号牌
持有自动挡驾驶证左下肢残疾驾驶人可申领专用通行证
10月11日至10月17日出行提示
限行措施实施期间 公交运力提高10%保持“奥运水平”
“水立方”开放 票价30元
市交管部门推出十项限行配套措施
11月1日起本市核发的92式试验车号牌停止使用
便民服务
今日北京
政府办事服务
个人办事 企业办事
生育收养 户籍身份 婚姻家庭 教育培训 文化娱乐
医疗卫生 租房住房 劳动就业 社会保障 纳税服务
兵役服务 消费维权 职业资格 证件办理 交通旅游
出境入境 司法公证 产权专利 民族宗教 邮政通讯
公用事业 离休退休 殡葬服务 其他
中央政府门户网站内容推荐
政府信息公开
Internet

图 7-1 首都之窗网站“办事服务”

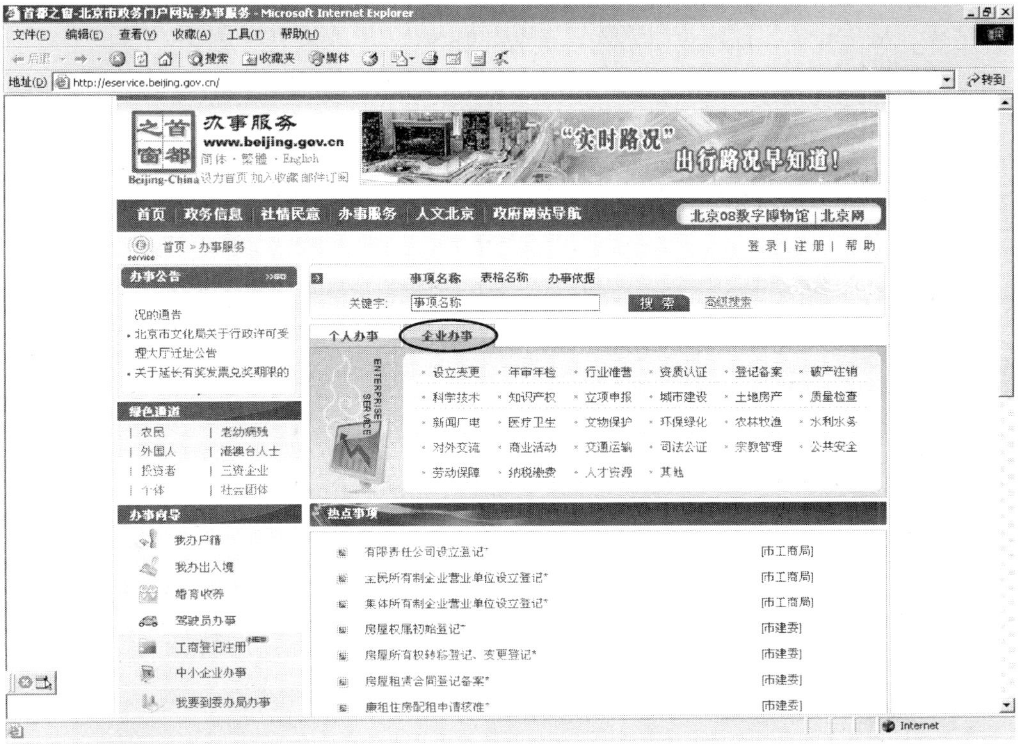
首都之窗-北京市政务门户网站-办事服务 - Microsoft Internet Explorer
http://eservice.beijing.gov.cn/
办事服务
www.beijing.gov.cn
“实时路况” 出行路况早知道!
首页 政务信息 社情民意 办事服务 人文北京 政府网站导航
北京08数字博物馆 北京网
首页 » 办事服务
登录 注册 帮助
办事公告
事项名称 表格名称 办事依据
关键字: 事项名称 搜索 高级搜索
个人办事 企业办事
设立变更 年审年检 行业准营 资质认证 登记备案 破产注销
科学技术 知识产权 立项申报 城市建设 土地房产 质量检查
新闻广电 医疗卫生 文物保护 环保绿化 农林牧渔 水利水务
对外交流 商业活动 交通运输 司法公证 宗教管理 公共安全
劳动保障 纳税缴费 人才资源 其他
绿色通道
农民 老幼病残
外国人 港澳台人士
投资者 三资企业
个体 社会团体
办事向导
我办户籍
我办出入境
生育收养
驾驶员办事
工商登记注册
中小企业办事
我要到委办局办事
热点事项
有限责任公司设立登记 [市工商局]
全民所有制企业营业单位设立登记 [市工商局]
集体所有制企业营业单位设立登记 [市工商局]
房屋权属初始登记 [市建委]
房屋所有权转移登记、变更登记 [市建委]
房屋租赁合同登记备案 [市建委]
廉租住房配租申请核准 [市建委]
Internet

图 7-2 选择“企业办事”

步骤3：单击“企业办事”中“土地房产”，进入“土地房产事项”页面，选择需要浏览的“房屋所有权转移登记、变更登记”，单击进入。如图7－3所示。

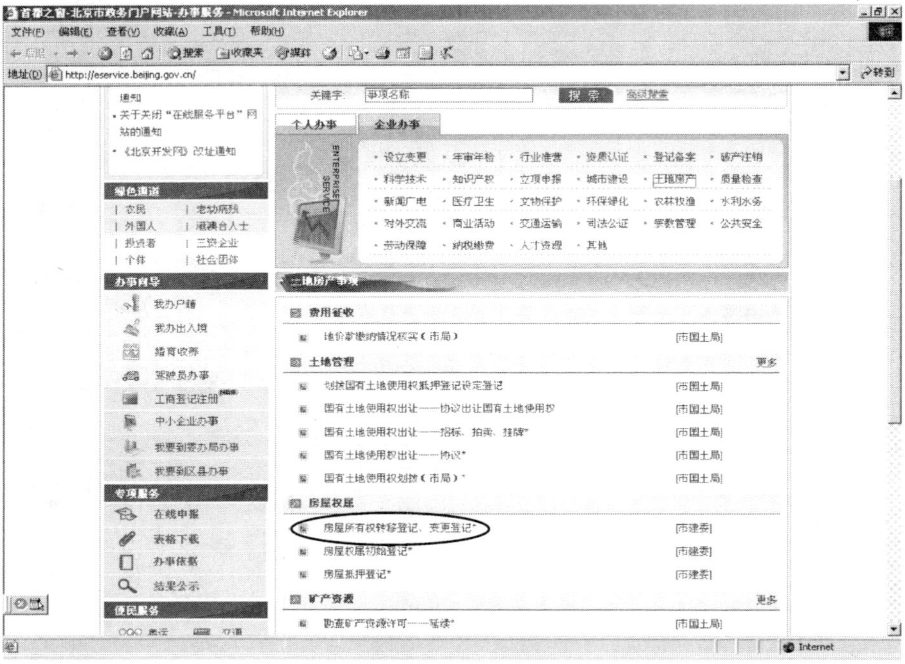

图7－3　选择房屋所有权转移登记

步骤4：在打开的页面中选择需要浏览的“办事事项”，如“办事指南”或“办事依据”等。单击其中一项即可浏览相应内容。如图7－4至图7－7所示。

图7－4　选择办事项目

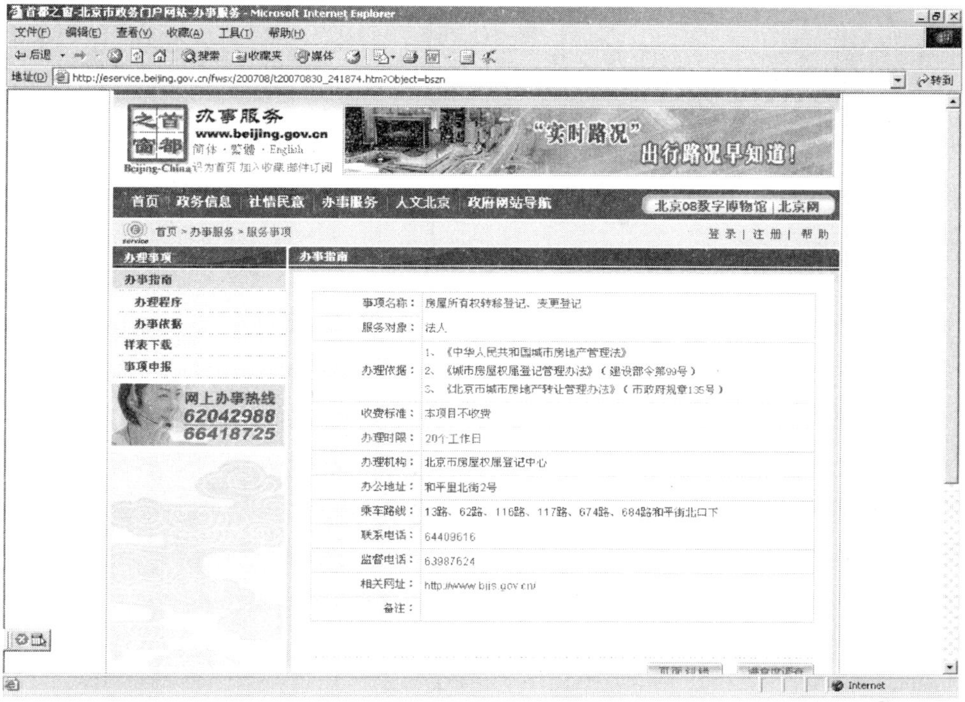
首都之窗-北京市政务门户网站-办事服务 - Microsoft Internet Explorer
http://eservice.beijing.gov.cn/fwsx/200708/t20070830_241874.htm?Object=bszn
办事服务
www.beijing.gov.cn
"实时路况"
出行路况早知道!
首页 政务信息 社情民意 办事服务 人文北京 政府网站导航
北京08数字博物馆 | 北京网
首页 > 办事服务 > 服务事项
登 录 | 注 册 | 帮 助
办理事项
办事指南
办事指南
办理程序
办事依据
样表下载
事项申报
网上办事热线
62042988
66418725
事项名称：房屋所有权转移登记、变更登记
服务对象：法人
办理依据：1、《中华人民共和国城市房地产管理法》
2、《城市房屋权属登记管理办法》（建设部令第99号）
3、《北京市城市房地产转让管理办法》（市政府规章135号）
收费标准：本项目不收费
办理时限：20个工作日
办理机构：北京市房屋权属登记中心
办公地址：和平里北街2号
乘车路线：13路、62路、116路、117路、674路、684路和平街北口下
联系电话：64409616
监督电话：63987624
相关网址：http://www.bjjs.gov.cn
备注：
Internet

图7–5 办事指南页面

首都之窗-北京市政务门户网站-办事服务 - Microsoft Internet Explorer
http://eservice.beijing.gov.cn/fwsx/200708/t20070830_241874.htm?Object=blcx
办事服务
www.beijing.gov.cn
"实时路况"
出行路况早知道!
首页 政务信息 社情民意 办事服务 人文北京 政府网站导航
北京08数字博物馆 | 北京网
首页 > 办事服务 > 服务事项
登 录 | 注 册 | 帮 助
办理事项
办理程序
办事指南
办理程序
办事依据
样表下载
事项申报
网上办事热线
62042988
66418725
房屋所有权转移登记、变更登记
一、申请前的准备工作及办理条件
（一）房屋所有权转移登记
1、新建商品房买卖（首次）
开发项目取得房屋所有权证、国有土地使用证（有偿用地）
2、新建经济适用住房买卖
开发项目取得房屋所有权证、国有土地使用证（划拨用地）
3、房屋继承、遗赠
申请人为外省市居民的，不提交暂住证或居住证。
（二）房屋所有权变更登记
1、夫妻名称变更（登记在夫妻一方名下的夫妻共有房屋，夫妻要求将一方名称变更为另一方或双方）
夫妻双方应亲自申请
2、权利人名称、房屋坐落名称发生变更；翻建、扩建房屋的面积变更
3、申请人为外省市居民的，不提交暂住证或居住证。
二、申请
（一）提交材料：
1、房屋所有权转移登记提交：
（1）申请书；
（2）房屋所有权证、国有土地使用证明文件；
Internet

图7–6 办理程序页面

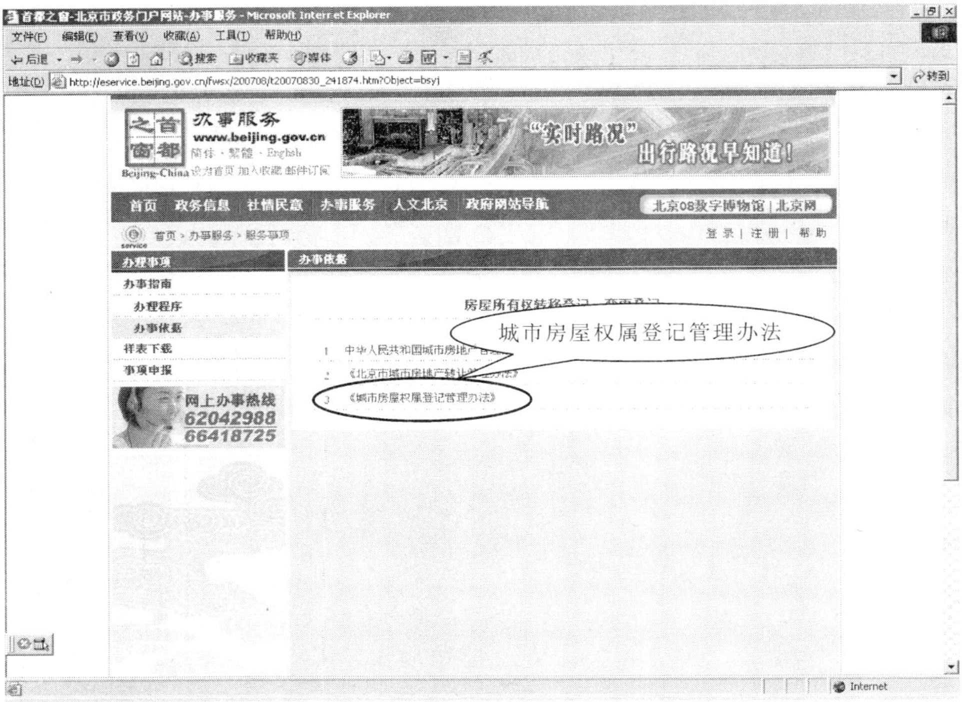

图 7-7 办事依据页面

选择需要浏览的“办事依据”——“城市房屋权属登记管理办法”，单击即可浏览。如图 7-8 所示。

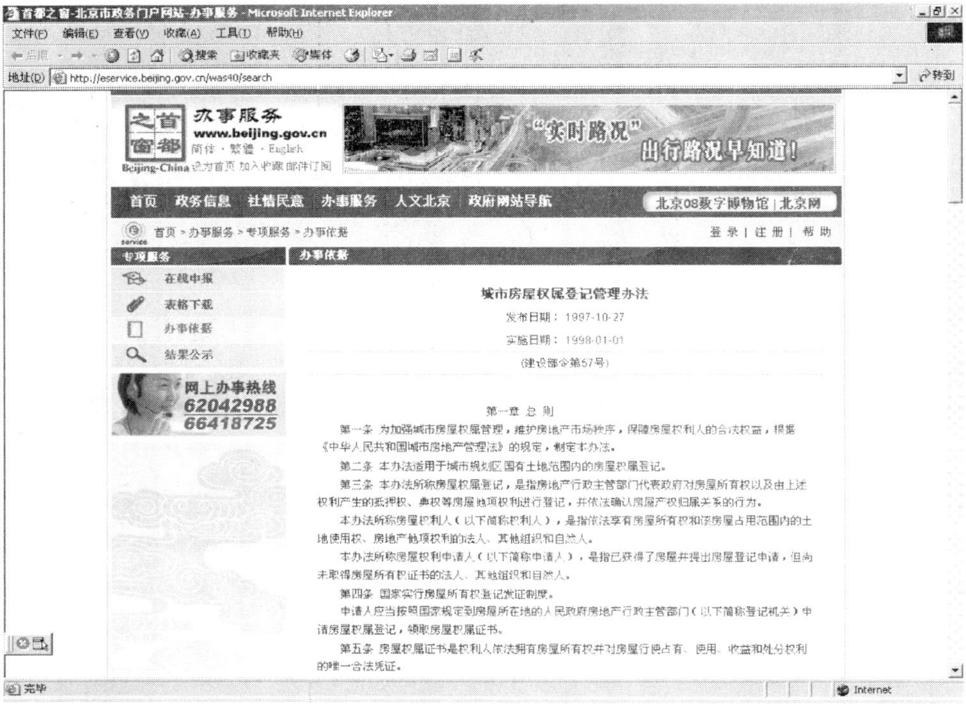

图 7-8 城市房屋权属登记管理办法页面

步骤 5：如果您确认要进行房屋所有权的转移登记，点击“样表下载”。如图 7－9 所示。

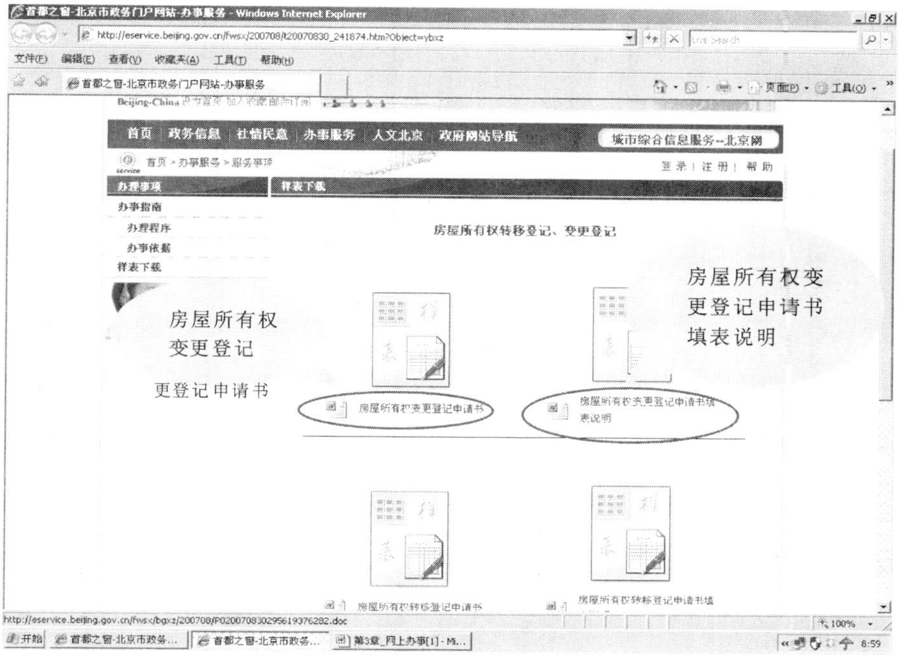

图 7－9 样表下载页面

点击“房屋所有权变更登记申请书”即可打开申请书查看，如图7－10和图7－11所示。

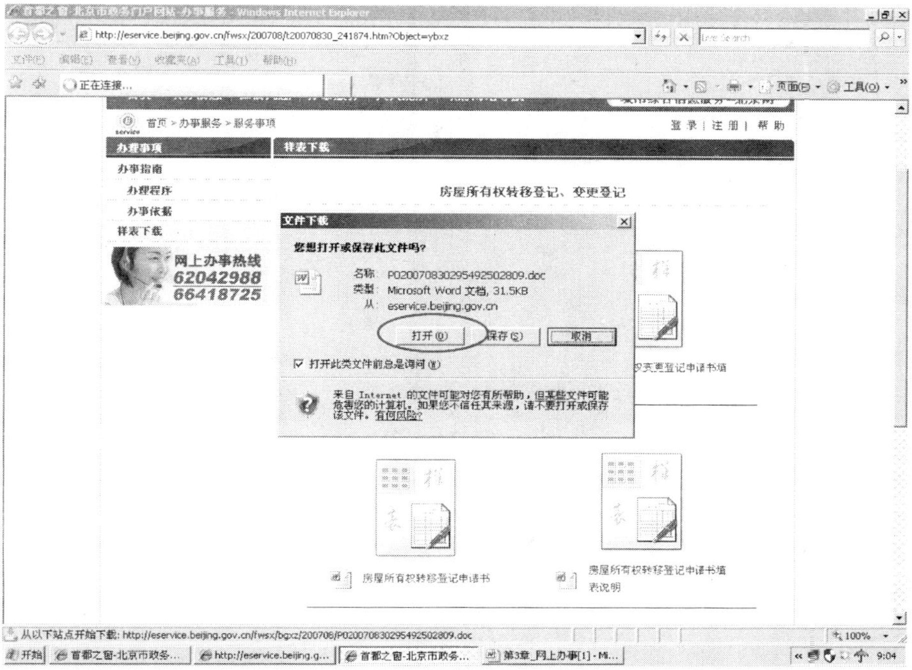

图 7－10 打开房屋所有权变更登记申请书页面

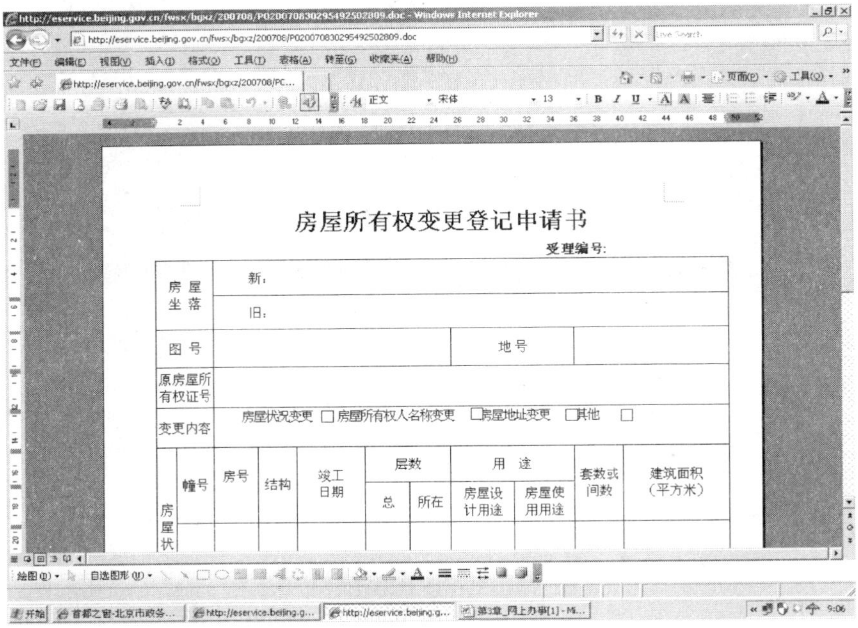

图 7-11　打开的房屋所有权变更登记申请书

如果您需要保存申请书，请按照本书第一部分第四章介绍的方法对申请书进行保存。

7.1.2　农村村民住宅用地申请

假设您要申请农村村民住宅用地，利用“首都之窗”的具体操作步骤如下：

步骤 1：打开首都之窗首页（http：//www. beijing. gov. cn/）。将光标定位于办事绿色通道下的“农民”栏，在下拉菜单中选择“土地”。如图 7-12 所示。

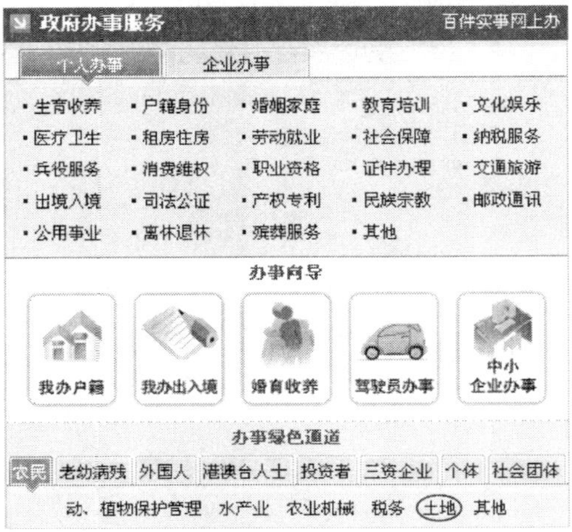

图 7-12　在办事绿色通道下的“农民”栏中选择“土地”

步骤 2：进入“土地”页面后，找到“农村村民住宅用地批准”，单击下拉菜单的“办事指南”。如图 7-13 所示。

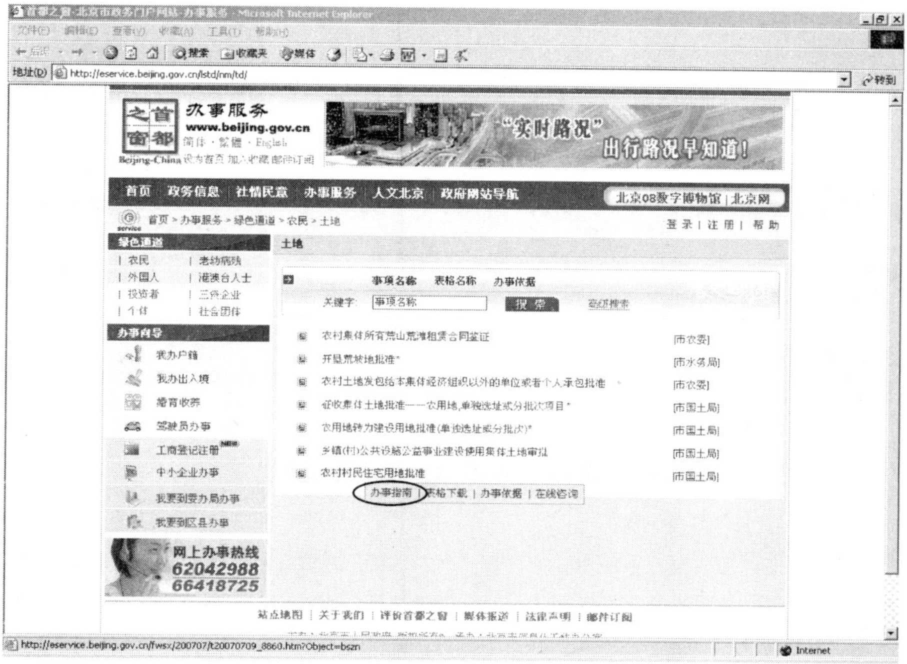

图 7-13　在“农村村民住宅用地批准”下选择“办事指南”

步骤 3：在阅读“办事指南”的相关信息后，点击“办事程序”，了解申请农村村民住宅用地的步骤和要求。如图 7-14 所示。

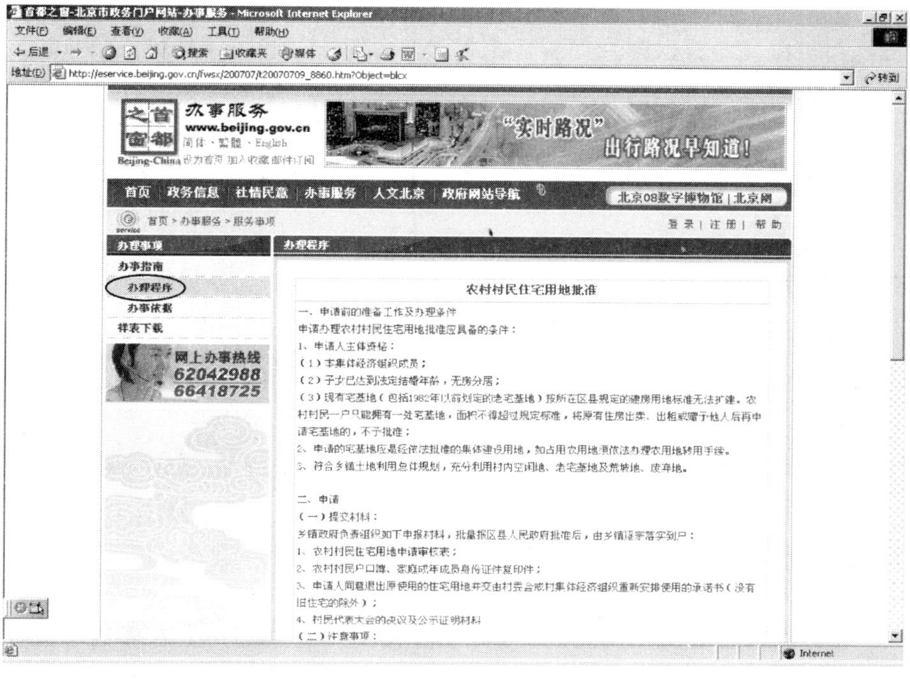

图 7-14　农村村民住宅用地批准办事流程

步骤 4：点击“办事依据”了解相关的政策法规，在此基础上如果您确认要申报农村村民住宅用地，请点击“样表下载”。选择“农村村民宅基地申请审核表”，如图7-15所示。

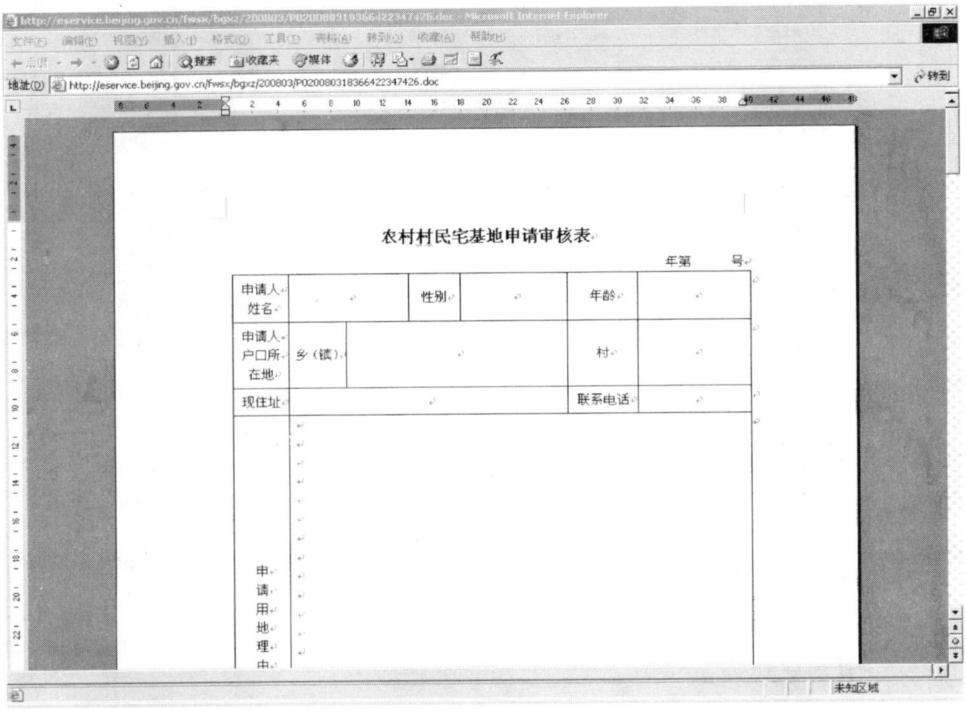

图7-15　农村村民宅基地申请审核表

这样您就可以浏览或保存农村村民宅基地申请审核表了，在填写之后可以上交给相关部门正式办理。

其他方面的政府办事网上服务都与以上两个案例相似，您在通过“首都之窗”了解办事指南、办事依据和办事流程之后，都可以在网上直接下载相关表格，填写后到相应部门办理。

7.1.3　网上结婚登记预约

也许您从未想过结婚登记也可以在网上预约吧？但“首都之窗”确实给我们提供了这样的服务，按照以下步骤您就能在户口所在地区县的民政局进行预约，使您如愿以偿在自己选定的好日子里完成终身大事。

步骤1：打开“首都之窗”网站，在首页上选择“办事服务”，点击进入。如图7-16所示。

步骤2：在“办事服务”页面点击“婚育收养”栏目，如图7-17所示。

步骤3：进入“婚育收养”栏目首页，点击“婚姻”，如图7-18所示。

步骤4：进入结婚栏目后，选择“我要办结婚”，如您和您的爱人都是北京居民，则在下面两栏中都选择“北京居民”，确定后，点击进入“北京居民结婚登记”，如图7-19所示。

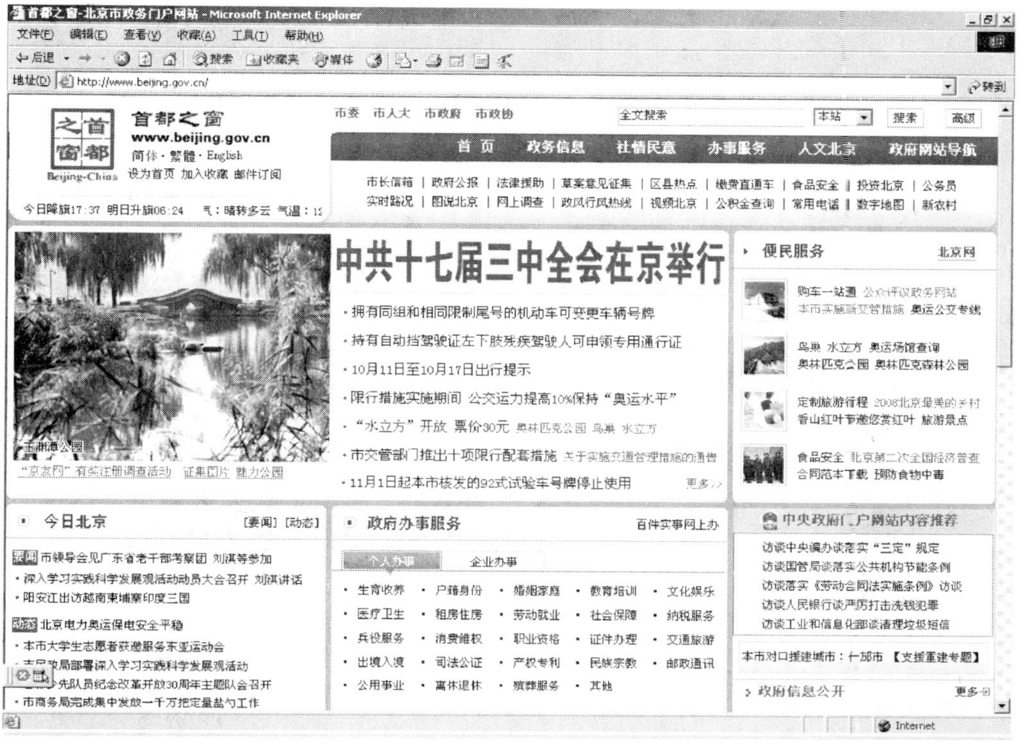

图 7-16 点击“办事服务”

图 7-17 点击“婚育收养”栏目

婚育收养 - Microsoft Internet Explorer
地址(D) http://eservice.beijing.gov.cn:8080/hysy/
婚育收养
BEIJING · CHINA
首都之窗
Beijing-China
婚姻
收养
生育

图 7-18 “婚育收养”栏目首页

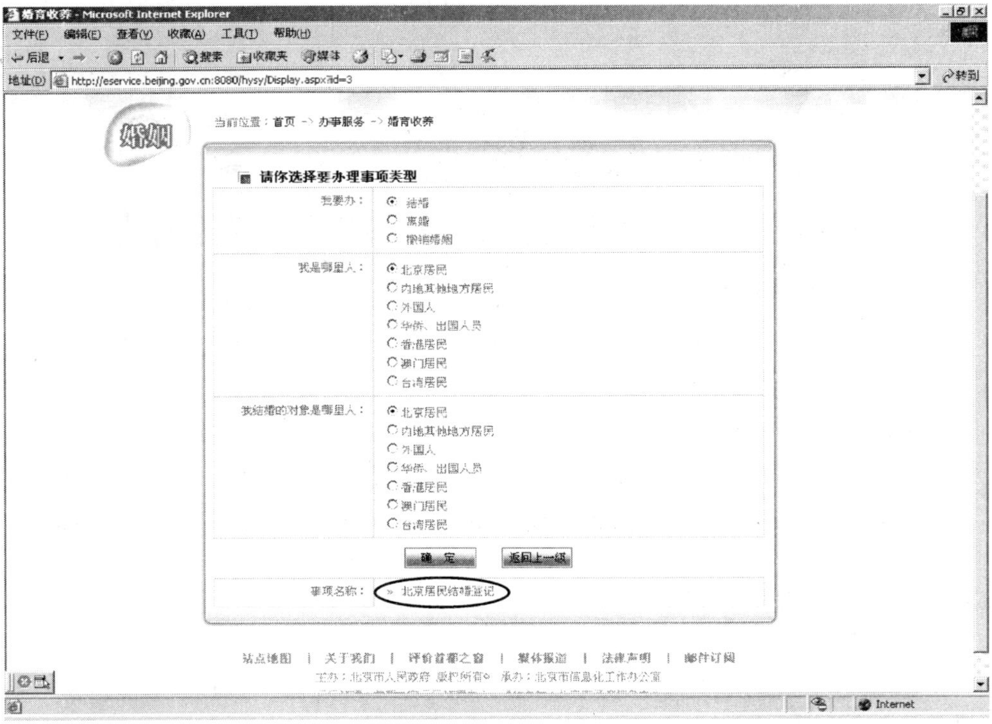
婚育收养 - Microsoft Internet Explorer
文件(F) 编辑(E) 查看(V) 收藏(A) 工具(T) 帮助(H)
地址(D) http://eservice.beijing.gov.cn:8080/hysy/Display.aspx?id=3
婚姻
当前位置：首页 -> 办事服务 -> 婚育收养
请你选择要办理事项类型
我要办：
结婚
离婚
撤销婚姻
我是哪里人：
北京居民
内地其他地方居民
外国人
华侨、出国人员
香港居民
澳门居民
台湾居民
我结婚的对象是哪里人：
北京居民
内地其他地方居民
外国人
华侨、出国人员
香港居民
澳门居民
台湾居民
确 定
返回上一级
事项名称：
北京居民结婚登记
站点地图 | 关于我们 | 评价首都之窗 | 媒体报道 | 法律声明 | 邮件订阅

图 7-19 进入“北京居民结婚登记”

步骤5：在“北京居民结婚登记”栏目您可以看到与结婚登记相关的各项办事信息，了解了这些要求后，您就可以点击“网上申报”或“网上预约”，在线进行登记预约申请，在您选定的好日子里完成终身大事。如图 7-20 所示。

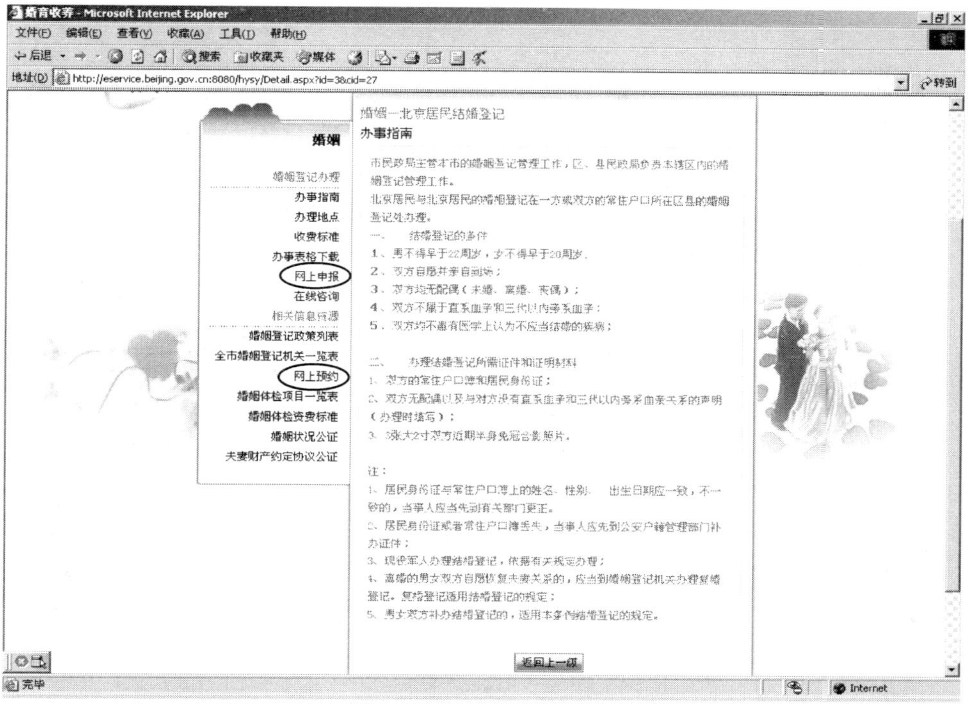

图 7-20　“北京居民结婚登记”页面

7.2　生活出行指南

对于京郊农民来说，路途远、不熟悉北京市内的道路交通状况往往是限制京郊农民出行办事的重要因素，互联网打破了时间、空间的阻隔，给我们日常生活的衣、食、住、行带来多方面的便捷，下面我们将从出行、就医、缴费等三个方面，向您介绍如何利用互联网使我们日常生活中的麻烦事轻松解决。

7.2.1　出行指南

交通和天气是我们出行要考虑的首要问题，我们就给大家讲一讲如何利用网络查地图、找公交车、过立交桥和查天气预报。

7.2.1.1　查地图

以往我们看的地图都是挂在墙上的，如今用电脑也能看全国甚至是世界地图了。而且当您在纸质地图上要找一个地方的时候，往往费了很大劲才找到，而数字地图就能帮您快速找到。本书将以首都之窗为例向您介绍如何在数字地图上查找到自己需要的目的地。

步骤1：我们首先打开首都之窗网站 http：//www. beijing. gov. cn/，然后选择数字地图。如图 7－21 所示。

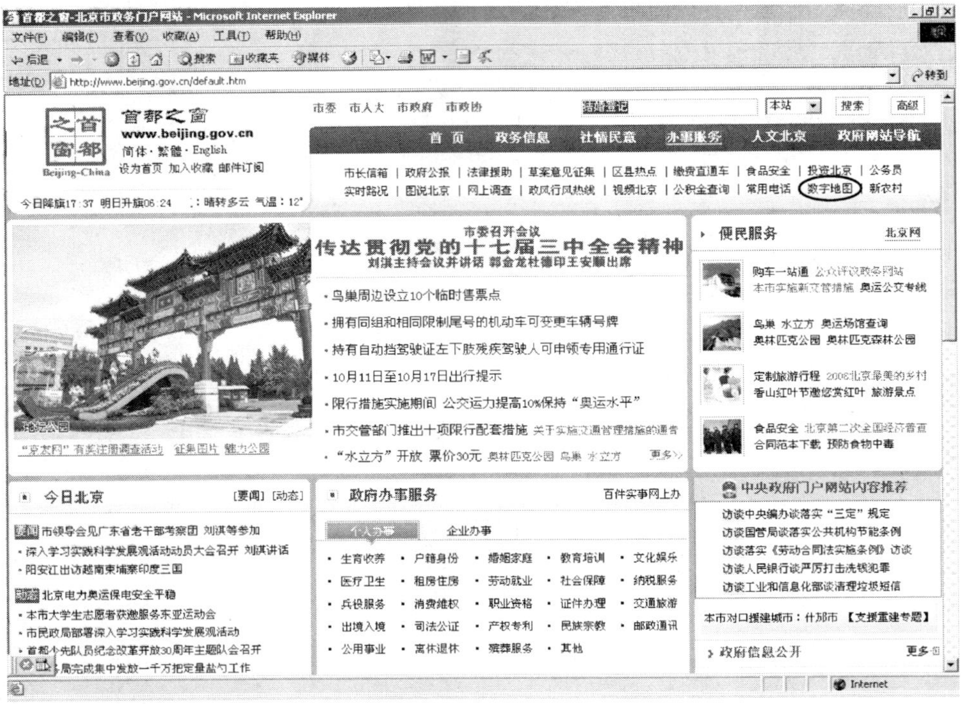

图 7－21　首都之窗网站上的“数字地图”

步骤2：进入数字地图后，我们就可以根据地名查找我们想去的目的地的具体位置。以查找北京市农林科学院为例，我们只要在关键词处输入“北京市农林科学院”，然后点击“查询”，就能获得想知道的信息。如图 7－22 所示。

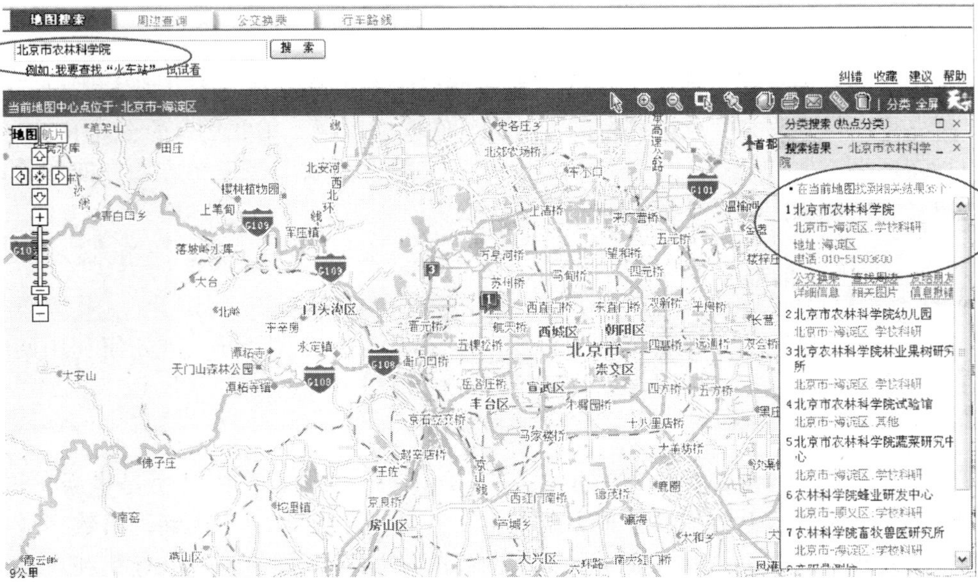

图 7－22　数字地图显示的北京市农林科学院地址

7.2.1.2 交通路线查询

北京是一个国际化的都市，其庞大的城市土地上纵横交错着很多纷繁复杂的交通道路，因此北京的所有交通路线并不容易认。因此当您要到某地出行，但却因找不到路线而发愁时，您就需要网络交通出行信息的帮助了。

假设您准备乘坐公交车去位于北京市通州区的双桥农场，但是您并不清楚去这里的路线，那该怎么办呢。放心，把这个问题交给网络来替您解决吧。

步骤1：输入网址 http：//www. beijing. cn，进入北京网。在首页上找到“交通出行”栏目，点击进入。如图7-23所示。

图7-23 北京网首页

步骤2：在交通出行栏目里选择“公共交通”，如图7-24所示。

步骤3：在公交换乘栏目下输入起点和终点地名，你可输入起点“正福寺”、终点“双桥农场”，点击查询。如图7-25所示。

步骤4：网站将会显示与您输入的起点、终点地名相关的站点和其他单位信息，选择你要查询的具体地点或单位，点击“查看方案”。如图7-26所示。

步骤5：在显示的公交换乘方案中，您可以选择“较快捷”、“较经济”、“少换乘”、“少步行”等换乘策略，按照您认为最合适的方式出行，如图7-27和图7-28所示。

此外，如果您想查询北京某一地区的公交车站分布情况，可在当前页面上方选择“公交车站”，输入您要查询的地名，再点击“搜索”，您就能看到有哪些公交经过您要查询的地区，如图7-29所示。

交通出行-北京网-北京公交换乘、立交桥、火车、自驾出行、交通信息 - Microsoft Internet Explorer
http://jtcx.beijing.cn/
北京
BEIJING.CN
首页 奥运服务 交通出行 旅游住宿 餐饮消费 医疗健康 文体娱乐 公共安全 社会保障 劳动就业 教育培训 社区家庭 电子地图
交通出行
交通信息
公共交通
自驾出行
非机动车
长途客运
交通安全
2008年10月
北京市道路交通管理日历
北京地铁新开线路
交通要闻
尾号"1""6"车辆10月13日限行
残疾人可申领专用通行证
地铁8号线10月9日开始恢复对外运营
奥运公交专线（保留线路）
首都机场
北京西客站
北京南站
北京快速公交线路
北京机场快线
北京地铁新开线路
奥林匹克中心区交通
北京公交观光专线
公交换乘
自驾线路
驾驶员积分查询
车辆违法查询
起点
终点
查询
换乘策略：
较快捷
较经济
少换乘
少步行
策略说明：尽可能乘坐地铁或城铁等轨道交通
立交桥走法
加油站查询
停车场查询
打车助手
Internet

图 7-24　点击公共交通

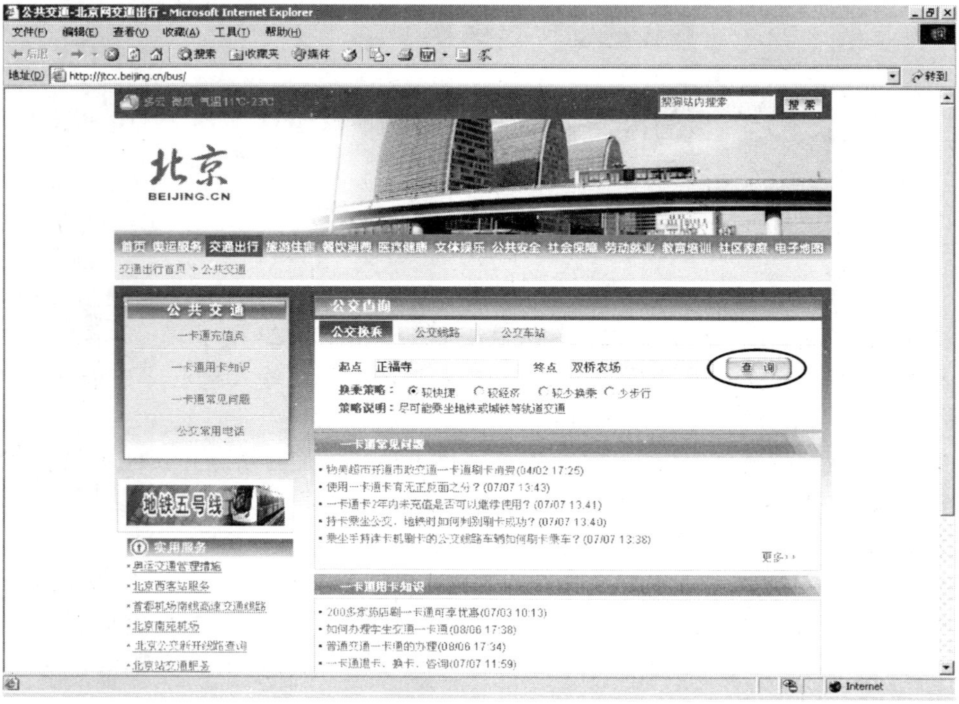
公共交通-北京网交通出行 - Microsoft Internet Explorer
http://jtcx.beijing.cn/bus/
北京
BEIJING.CN
首页 奥运服务 交通出行 旅游住宿 餐饮消费 医疗健康 文体娱乐 公共安全 社会保障 劳动就业 教育培训 社区家庭 电子地图
交通出行首页 > 公共交通
公共交通
一卡通充值点
一卡通用卡知识
一卡通常见问题
公交常用电话
地铁五号线
实用服务
奥运交通管理措施
北京西客站服务
首都机场高速交通线路
北京南苑机场
北京公交新开线路查询
公交查询
公交换乘
公交线路
公交车站
起点 正福寺
终点 双桥农场
查询
换乘策略：
较快捷
较经济
较少换乘
少步行
策略说明：尽可能乘坐地铁或城铁等轨道交通
一卡通常见问题
一卡通用卡知识
Internet

图 7-25　输入起点、终点

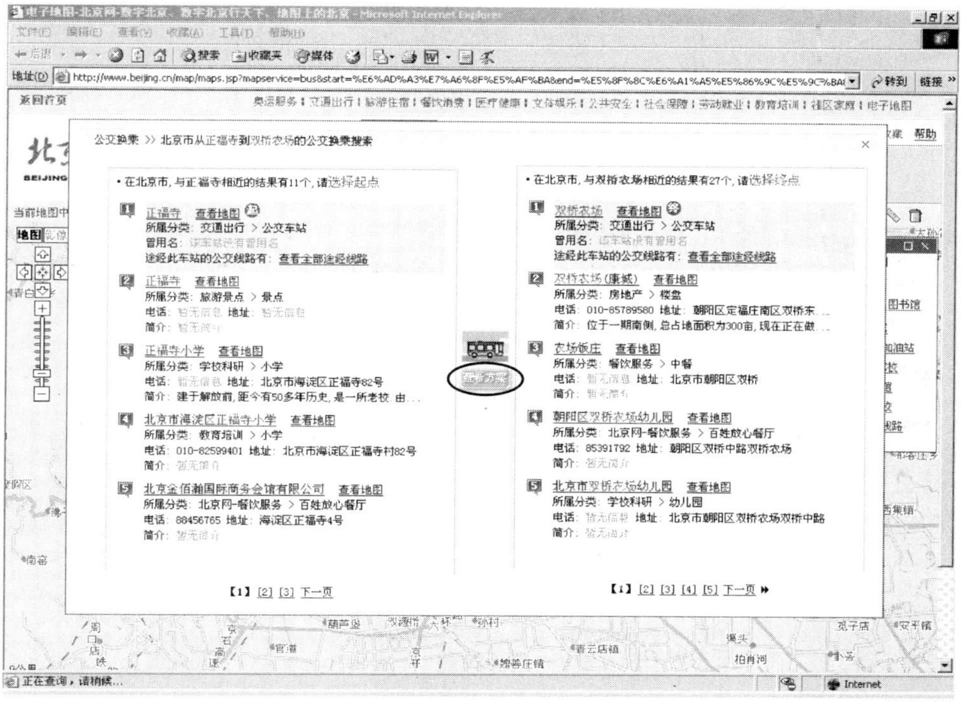
公交换乘 >> 北京市从正福寺到双桥农场的公交换乘搜索
• 在北京市，与正福寺相近的结果有11个，请选择起点
正福寺 查看地图
所属分类：交通出行 > 公交车站
途经此车站的公交线路有：查看全部途经线路
正福寺 查看地图
所属分类：旅游景点 > 景点
正福寺小学 查看地图
所属分类：学校科研 > 小学
北京市海淀区正福寺小学 查看地图
所属分类：教育培训 > 小学
电话：010-82599401 地址：北京市海淀区正福寺村82号
北京金佰瀚国际商务会馆有限公司 查看地图
所属分类：北京网-餐饮服务 > 百姓放心餐厅
电话：88456765 地址：海淀区正福寺4号
• 在北京市，与双桥农场相近的结果有27个，请选择终点
双桥农场 查看地图
所属分类：交通出行 > 公交车站
途经此车站的公交线路有：查看全部途经线路
双桥农场（康城） 查看地图
所属分类：房地产 > 楼盘
电话：010-85789580 地址：朝阳区定福庄南区双桥东...
农场饭庄 查看地图
所属分类：餐饮服务 > 中餐
地址：北京市朝阳区双桥
朝阳区双桥农场幼儿园 查看地图
所属分类：北京网-餐饮服务 > 百姓放心餐厅
电话：85391792 地址：朝阳区双桥中路双桥农场
北京市双桥农场幼儿园 查看地图
所属分类：学校科研 > 幼儿园
地址：北京市朝阳区双桥农场双桥中路
【1】 [2] [3] 下一页
【1】 [2] [3] [4] [5] 下一页

图 7-26　选择具体的起点和终点

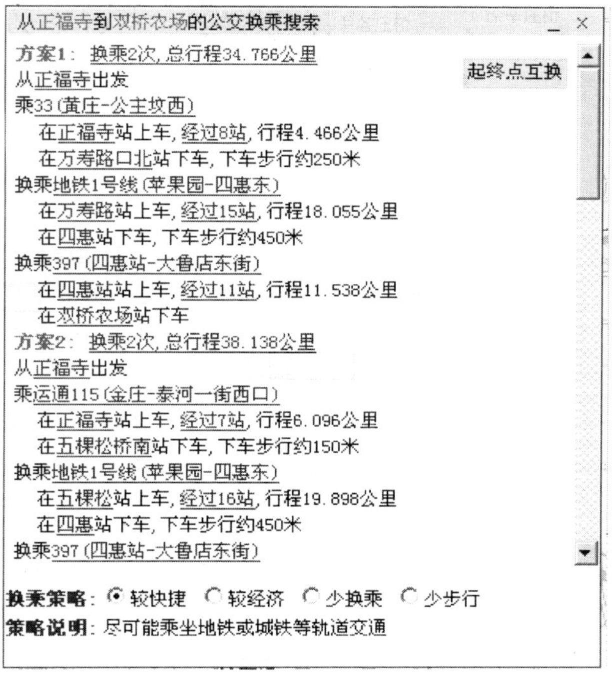
从正福寺到双桥农场的公交换乘搜索
起终点互换
方案1：换乘2次，总行程34.766公里
从正福寺出发
乘33（黄庄-公主坟西）
在正福寺站上车，经过8站，行程4.466公里
在万寿路口北站下车，下车步行约250米
换乘地铁1号线（苹果园-四惠东）
在万寿路站上车，经过15站，行程18.055公里
在四惠站下车，下车步行约450米
换乘397（四惠站-大鲁店东街）
在四惠站站上车，经过11站，行程11.538公里
在双桥农场站下车
方案2：换乘2次，总行程38.138公里
从正福寺出发
乘运通115（金庄-泰河一街西口）
在正福寺站上车，经过7站，行程6.096公里
在五棵松桥南站下车，下车步行约150米
换乘地铁1号线（苹果园-四惠东）
在五棵松站上车，经过16站，行程19.898公里
在四惠站下车，下车步行约450米
换乘397（四惠站-大鲁店东街）
换乘策略：较快捷 较经济 少换乘 少步行
策略说明：尽可能乘坐地铁或城铁等轨道交通

图 7-27　选择“较快捷”策略的出行方案

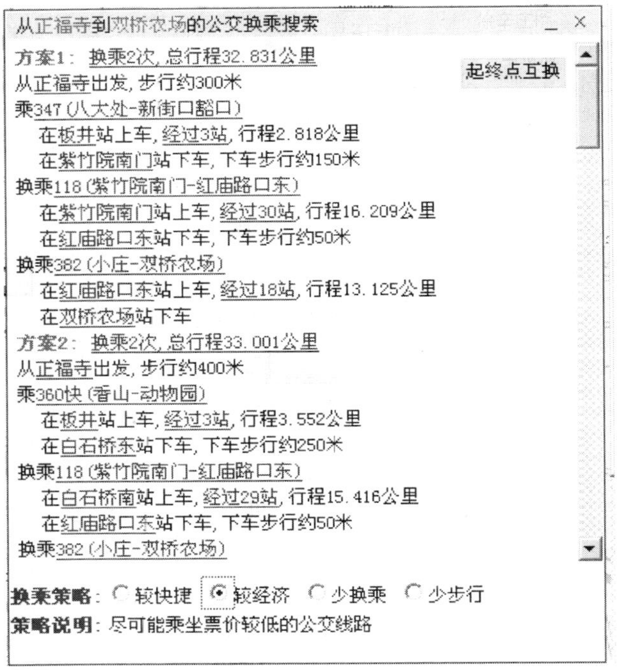
从正福寺到双桥农场的公交换乘搜索
方案1： 换乘2次，总行程32.831公里
起终点互换
从正福寺出发，步行约300米
乘347（八大处-新街口豁口）
在板井站上车，经过3站，行程2.818公里
在紫竹院南门站下车，下车步行约150米
换乘118（紫竹院南门-红庙路口东）
在紫竹院南门站上车，经过30站，行程16.209公里
在红庙路口东站下车，下车步行约50米
换乘382（小庄-双桥农场）
在红庙路口东站上车，经过18站，行程13.125公里
在双桥农场站下车
方案2： 换乘2次，总行程33.001公里
从正福寺出发，步行约400米
乘360快（香山-动物园）
在板井站上车，经过3站，行程3.552公里
在白石桥东站下车，下车步行约250米
换乘118（紫竹院南门-红庙路口东）
在白石桥南站上车，经过29站，行程15.416公里
在红庙路口东站下车，下车步行约50米
换乘382（小庄-双桥农场）
换乘策略： 较快捷 较经济 少换乘 少步行
策略说明：尽可能乘坐票价较低的公交线路

图 7-28 选择“较经济”策略的出行方案

电子地图-北京网-数字北京、数字北京行天下、地图上的北京 - Microsoft Internet Explorer
文件(F) 编辑(E) 查看(V) 收藏(A) 工具(T) 帮助(H)
地址(D) http://www.beijing.cn/map/maps.jsp?mapservice=busstop&what=%E6%AD%A3%E7%A6%8F%E5%AF%BA
返回首页
北京
BEIJING.CN
地图搜索 周边查询 分类查询 行车路线 公交换乘 公交线路 公交车站 打车助手
正福寺
搜 索
例如：查询西单附近的公交车站？试试看
公交换乘 公交线路 公交车站
当前地图中心点位于：北京市-西城区
与 正福寺相近的公交车站如下
正福寺
点击在地图上查看站位
正福寺 33（公主坟西-黄庄）
正福寺 33（黄庄-公主坟西）
正福寺 469（彰化村路东口-颐和园西门）
正福寺 632（清河小营桥西-五路）
正福寺 运通104（广顺南大街北口-金庄）
正福寺 运通104（金庄-广顺南大街北口）
正福寺 运通115（金庄-泰河一街西口）
正福寺 运通115（泰河一街西口-金庄）
首都国际机场
北京
完毕
Internet

图 7-29 查询“正福寺”周边公交车站点结果

如果您自驾车出行，那您一定会为如何顺利穿行北京的立交桥而头疼，北京的立交桥多得数不胜数，而每座立交桥都有它独特的特点。现在有了网络这个工具，您就可以轻松地查找立交桥的行走方法了，现在就让我来告诉大家网络是如何教您过桥的。

步骤1：输入 http：//www. beijing. cn，打开北京网，进入“交通出行”页面，然后点击“立交桥走法”，如图 7－30 所示。

图 7－30 点击“立交桥走法”

步骤2：进入立交桥介绍页面，网页默认的是二环路上安定门桥的走法，您可以在这里看到从各个方向穿越安定门桥的方法。例如选择方向“由北向东”，则您可以看到如图 7－31 所示的穿行路线。

如果您要查询其他桥的走法，您可以先在上面的下拉菜单中选择桥所在的环路，再在后面的下拉菜单中选择桥的名称，网页即会显示立交桥的地图和行走方法，如您要查询四惠桥的走法，只要在两个下拉菜单中选择“四环”和“四惠桥”即可。

除了以上服务，“北京网”想您之所想，还提供了加油站查询、停车场查询以及打车费用估算等服务，在这里就不一一介绍了，您不妨自己操作试试。图 7－32、图 7－33、图 7－34 分别显示了加油站查询、停车场查询和打车费用估算的页面。

怎么样，有了这些是不是为您的出行减轻了很多负担，您在出行之前只要在网上简单的看一看，就能做到心中有数、目标明确了。

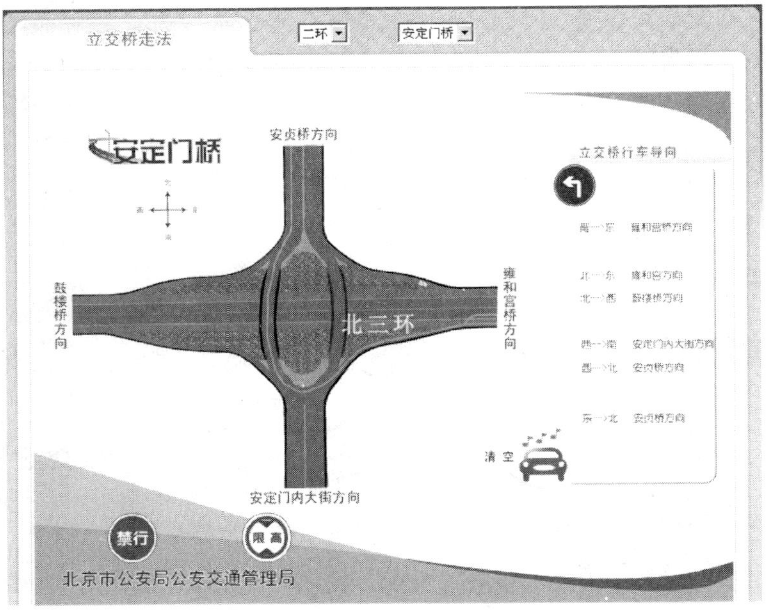
立交桥走法
二环
安定门桥
安定门桥
安贞桥方向
立交桥行车导向
鼓楼桥方向
雍和宫桥方向
北三环
清空
安定门内大街方向
禁行
限高
北京市公安局公安交通管理局

图 7-31　立交桥走法查询结果

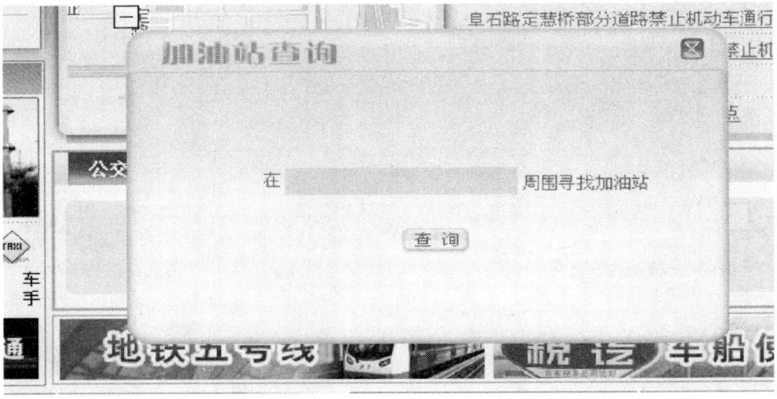
阜石路定慧桥部分道路禁止机动车通行
加油站查询
在
周围寻找加油站
查 询
地铁五号线

图 7-32　加油站查询页面

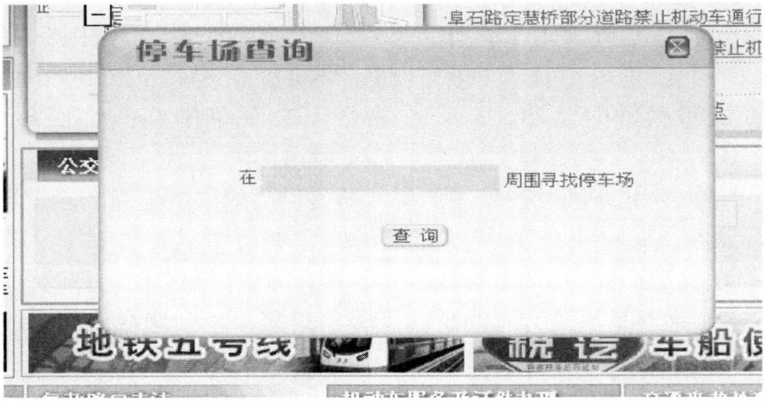
阜石路定慧桥部分道路禁止机动车通行
停车场查询
在
周围寻找停车场
查 询
地铁五号线

图 7-33　停车场查询页面

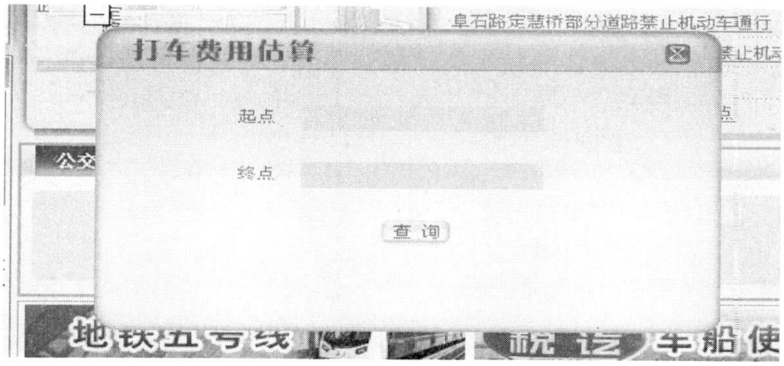

图 7-34　出租车查询页面

7.2.1.3　天气预报查询

气象预报系统目前已被网站广泛应用，现在我们就来看一下这些网站到底有哪些气象服务。

打开首都之窗，就可在页面上端看到当天天气的简单介绍。如图 7-35 所示。

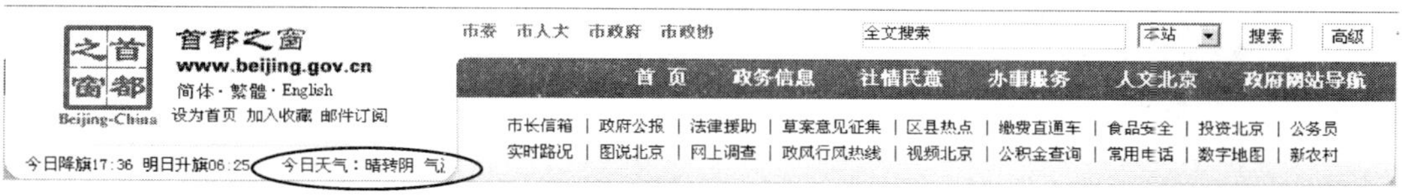

图 7-35　“首都之窗上的当日天气预报”

如果您想了解近期的天气详情，点击移动的“今日天气”文字就可进入首都之窗的“气象服务”页面，如图 7-36 所示。

图 7-36　首都之窗气象服务页面

在这里您同样可以看到北京各市区的气象情况。当您把鼠标移到图 7－37 所标示的郊区县时，您可以看到更为详细的气象预报，如当您把鼠标指向延庆县时，就可以看到延庆县近期的天气情况。

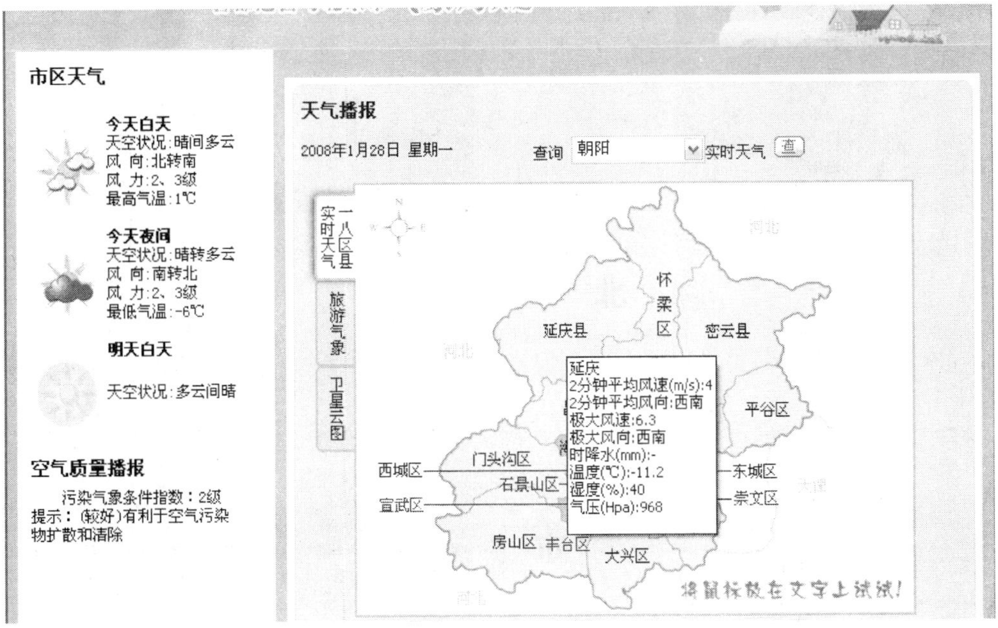

图 7－37　延庆县气象新闻页面

7.2.2　医疗卫生服务

首都之窗不但提供了大量的交通便民信息，也为您获得医药信息、方便您的就医问诊提供了多方面的服务。

7.2.2.1　药品价格查询

如果您因为缺少对药品价格的了解，而害怕被药店坑骗时，您可以到首都之窗上查一查，这里有国家规定的各类药品最高零售价，让您在买药前心中有底。

步骤 1：打开 http：//www.beijing.gov.cn/首都之窗，点击主页面的"医疗健康"。如图 7－38 所示。

图 7－38　点击"医疗健康"

步骤 2：进入“医疗健康”页面，点击药品价格查询栏目，如图 7－39 所示。

图 7－39 “医疗健康”页面

步骤 3：在药品名称中分中西药输入您要查询的药品名，如在西药最高零售价格查询下输入药品名称“阿莫西林”，点击查询。如图 7－40 所示。

图 7－40 输入药品名点击查询

在链接到的北京发展和改革委员会的网页上，您可以看到北京发改委发布的各种剂型阿莫西林的最高零售价信息。如图 7-41 所示。

管理权限	目录序号	药品名称	剂型	规格	最高零售	文件号	执行日期	备注
国家发改委公布	9	阿莫西林（羟氨苄青霉素）	干混悬剂	125mg*10袋	9.20元/盒	京发改[2004]944号	2004-06-07	[illegible]
国家发改委公布	9	阿莫西林（羟氨苄青霉素）	干混悬剂	2500mg	16.80元/瓶	京发改[2004]944号	2004-06-07	[illegible]
国家发改委公布	9	阿莫西林（羟氨苄青霉素）	片剂	100mg*12片	2.20元/盒(瓶)	京发改[2004]944号	2004-06-07	
国家发改委公布	9	阿莫西林（羟氨苄青霉素）	片剂	100mg*24片	4.30元/盒(瓶)	京发改[2004]944号	2004-06-07	
国家发改委公布	9	阿莫西林（羟氨苄青霉素）	片剂	125mg*10片	2.20元/盒(瓶)	京发改[2004]944号	2004-06-07	
国家发改委公布	9	阿莫西林（羟氨苄青霉素）	片剂	125mg*12片	2.60元/盒(瓶)	京发改[2004]944号	2004-06-07	
国家发改委公布	9	阿莫西林（羟氨苄青霉素）	片剂	125mg*12片	5.40元/盒	京发改[2004]944号	2004-06-07	[illegible]
国家发改委公布	9	阿莫西林（羟氨苄青霉素）	片剂	125mg*20片	4.30元/盒(瓶)	京发改[2004]944号	2004-06-07	
国家发改委公布	9	阿莫西林（羟氨苄青霉素）	片剂	125mg*24片	5.10元/盒(瓶)	京发改[2004]944号	2004-06-07	
国家发改委公布	9	阿莫西林（羟氨苄青霉素）	片剂	125mg*24片	10.60元/盒	京发改[2004]944号	2004-06-07	[illegible]
国家发改委公布	9	阿莫西林（羟氨苄	片剂	125mg*6片	1.30元/盒(瓶)	京发改[2004]944号	2004-06-07	

图 7-41　阿莫西林价格

7.2.2.2　网上挂号服务

当您需要去医院看病时，有没有因为医院繁琐的挂号手续和挂号室前的排队“长龙”而感到头疼过呢？有时候起个大早，但还是挂不上号。这个时候，网络可以为您提供更为方便和便捷的网上挂号服务。下面就以北京市卫生局主办的“北京卫生信息网”为例来看一下，怎样使用网络进行挂号。

步骤 1：首先在地址栏中输入 http：//ykt. ikang. com，进入北京卫生信息网首页，如图 7-42 所示。

步骤 2：找到“健康服务”栏目，点击进入，如图 7-43 所示。

步骤 3：网上挂号页面介绍了可以预约的医院名称及各医院专家出诊时间，如果有您需要的医院或专家，您就可以点击“我要挂号”，进入挂号页面。如图 7-44 所示。

步骤 4：进入挂号系统后，首先看到如图 7-45 所示的预约登陆页面。如果您是第一次使用网上预约登记，您还需要先进行注册。点击“注册”。

步骤 5：进入注册新会员页面，您将在网站上根据提示一步步地进行新用户申请了，首先在用户名中填入自己喜爱的名字，如“abcdef1234”，再依次输入电子邮箱、密码等项，确认无误后，即可点击“注册”。如图 7-46 所示。

步骤 6：点击“注册”按钮后，注册并没有完成，系统还会让我们继续注册实名。我们可以按顺序将表格中文字填好，点击“提交”，进入服务区。如图 7-47 所示。

北京卫生信息网
北京市卫生局主办 中文简体 · English
健康 服务
HEALTH SERVICE
首页 | 卫生新闻 | 政务公开 | 许可大厅 | 综合服务 | 政策法规 | 健康服务
2008年3月7日 星期五
卫生防病会商公报 更多...
春季来临，警惕水痘爆发...
卫生安全提示 更多...
每周急救话题--高热寒...
奥运专栏
文明服务 迎奥运
行政许可公示 更多...
卫生新闻
同仁医院启动第一届世界青光眼日 2008-03-07
年过不惑请您定期眼检 2008-03-07
北京积水潭医院3·5志... 2008-03-07
同仁医院白城送光明 2008-03-06
“肝癌妈妈”张旭兰今天清醒了 2008-03-06
更多...
搜索查询 本站 关键词： 确认 重置
公告栏 更多...
航天中心医院乳腺疾病健康讲座 2008-03-07
北京积水潭医院健康教育讲座 2008-03-06
北京市卫生局关于印发《北京市医疗机... 2008-03-06
安定医院健康教育讲座 2008-03-04
关于开展2008度医疗卫生信息技术... 2008-03-04
健康服务 更多...
卫生状况查询
餐馆、宾馆、娱乐场所、供水单位等卫生状况查询
公共卫生
医疗卫生
医疗机构卫生状况查询
综合服务 更多...
下载中心

图7-42　北京卫生信息网首页

北京卫生信息网
北京市卫生局主办 中文简体 · English
您想获得预防保健知识吗？
您想了解最新的预防医学信息吗？
欢迎您 订阅邮件
首页 | 卫生新闻 | 政务公开 | 许可大厅 | 综合服务 | 政策法规 | 健康服务
卫生安全提示
每周急救话题... 2008-03-06
上周“120... 2008-03-06
疫情周报(2... 2008-03-06
给千万家庭带... 2008-03-06
每周急救话题... 2008-02-28
上周120急... 2008-02-28
订阅邮件
您想获得预防保健知识吗
专题栏目 更多...
行政复议
食品卫生百家企业展示
健康服务
保健常识 网上挂号 自助化验单
非处方药 艾滋病防控专题 传染病常识
慢性病常识 心理园地
搜索查询 本站 关键词： 确认 重置
保健常识
宫颈癌的高危因素
春季养肝用药粥
宫颈癌现状
如何及早发现乳腺癌
孩子为什么会斜视
常见的骨盆狭窄有哪些
什么是高血脂？
为什么服中药不宜加糖？
专家提醒：坚决不吃过期药
胰腺癌偏爱三类人群
输血会不会得性病？
“上火”有多种 “灭火”要对证

图7-43　健康服务栏目

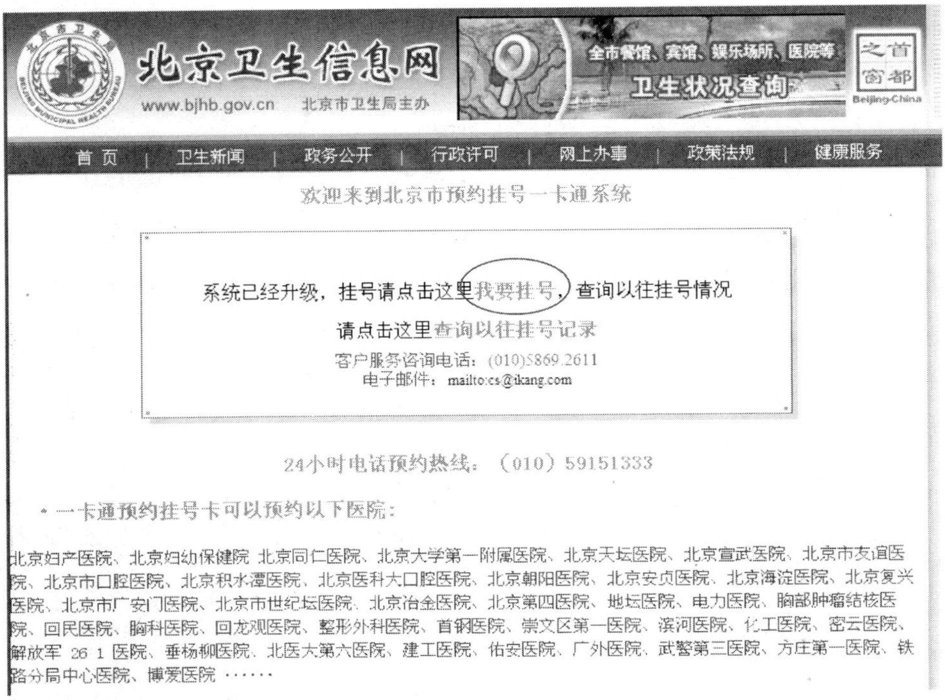

北京卫生信息网
www.bjhb.gov.cn 北京市卫生局主办
全市餐馆、宾馆、娱乐场所、医院等
卫生状况查询
首都之窗
Beijing-China
首 页 | 卫生新闻 | 政务公开 | 行政许可 | 网上办事 | 政策法规 | 健康服务
欢迎来到北京市预约挂号一卡通系统
系统已经升级，挂号请点击这里我要挂号，查询以往挂号情况
请点击这里查询以往挂号记录
客户服务咨询电话：(010)5869.2611
电子邮件：mailto:cs@ikang.com
24小时电话预约热线：（010）59151333
一卡通预约挂号卡可以预约以下医院：
北京妇产医院、北京妇幼保健院 北京同仁医院、北京大学第一附属医院、北京天坛医院、北京宣武医院、北京市友谊医院、北京市口腔医院、北京积水潭医院、北京医科大口腔医院、北京朝阳医院、北京安贞医院、北京海淀医院、北京复兴医院、北京市广安门医院、北京市世纪坛医院、北京治金医院、北京第四医院、地坛医院、电力医院、胸部肿瘤结核医院、回民医院、胸科医院、回龙观医院、整形外科医院、首钢医院、崇文区第一医院、滨河医院、化工医院、密云医院、解放军 26 1 医院、垂杨柳医院、北医大第六医院、建工医院、佑安医院、广外医院、武警第三医院、方庄第一医院、铁路分局中心医院、博爱医院 ……

图 7-44 北京预约挂号一卡通系统

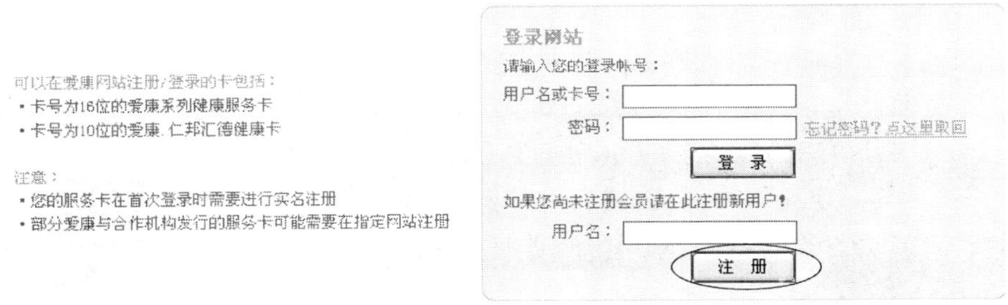

可以在爱康网站注册/登录的卡包括：
• 卡号为16位的爱康系列健康服务卡
• 卡号为10位的爱康.仁邦汇德健康卡
注意：
• 您的服务卡在首次登录时需要进行实名注册
• 部分爱康与合作机构发行的服务卡可能需要在指定网站注册
登录网站
请输入您的登录帐号：
用户名或卡号：
密码：
忘记密码？点这里取回
登 录
如果您尚未注册会员请在此注册新用户！
用户名：
注 册

图 7-45 挂号登录页面

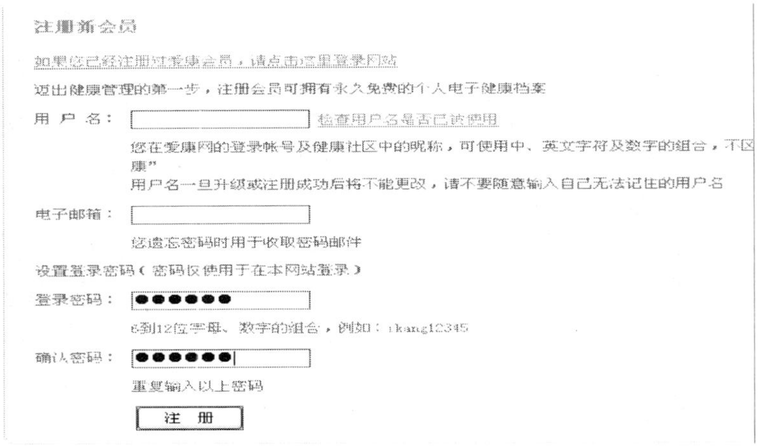

注册新会员
如果您已经注册过爱康会员，请点击这里登录网站
迈出健康管理的第一步，注册会员可拥有永久免费的个人电子健康档案
用 户 名：
检查用户名是否已被使用
您在爱康网的登录帐号及健康社区中的昵称，可使用中、英文字符及数字的组合，不区
用户名一旦升级或注册成功后将不能更改，请不要随意输入自己无法记住的用户名
电子邮箱：
您遗忘密码时用于收取密码邮件
设置登录密码（密码仅使用于在本网站登录）
登录密码：
6到12位字母、数字的组合，例如：ikang12345
确认密码：
重复输入以上密码
注 册

图 7-46 注册页面

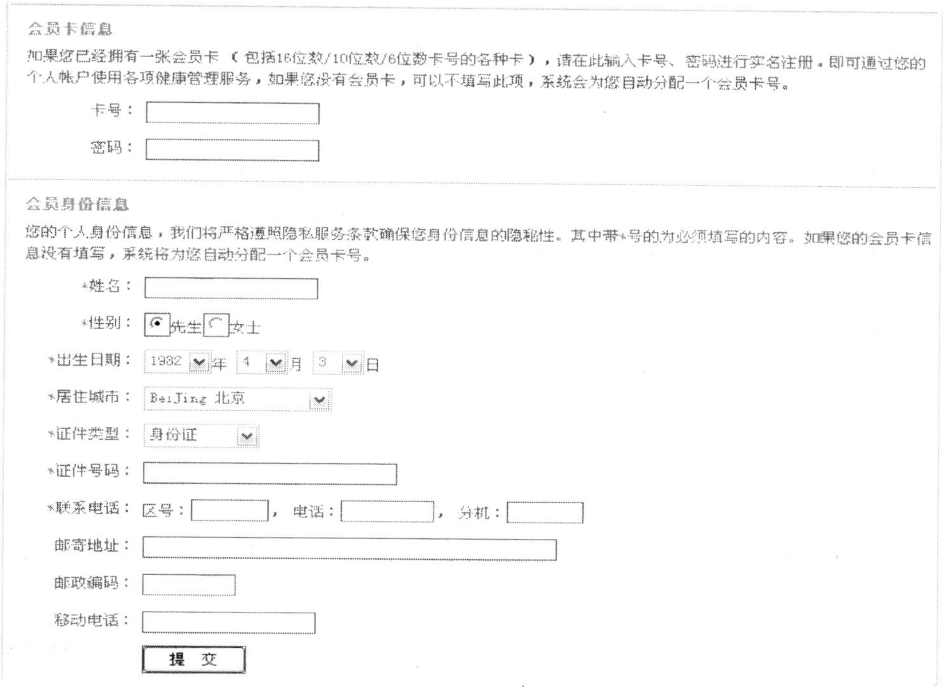

图 7-47　注册实名

步骤 7：注册完成后进入服务区，您就可以根据提示进行下一步预约挂号了。首先点击“预约就医服务”，如图 7-48 所示。然后进入“就医通道”页面，选择您要就诊的医院，如选择北京大学人民医院，直接点击进入，如图 7-49 所示。

图 7-48　注册登录后的页面

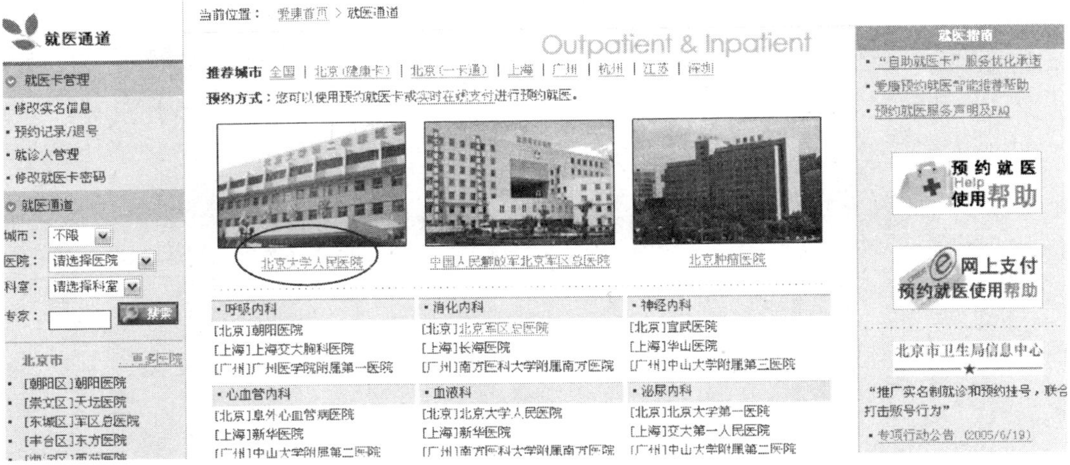

图 7-49 就医通道页面

步骤 8：随即进入“北京大学人民医院”介绍页面，如图 7 - 50 所示。选择您要就诊的科室，点击进入。

图 7-50 北京大学人民医院预约页面

步骤 9：如您选择“儿科”，点击进入，您就可以看到能够挂号的预约时间了，点击不同医生对应的出诊时间，如图 7 - 51 所示，就可见到医生的介绍及收费标准了。

步骤 10：点击进入后的页面如图 7 - 52 所示，这里有收费标准及医生介绍，最主要的还是付款方式的选择，如果您已经购买了会员卡，那您就可以通过会员卡直接支付；如果没有会员卡，那您就需要使用支付宝来进行充值。

步骤 11：选择好付款方式后，点击“确认无误，付款”，界面就会自动转到付款页面的，当您充完值以后，系统会自动从您指定的银行卡中扣除预约费用，并自动完成预约步骤。如图 7 - 53 所示。

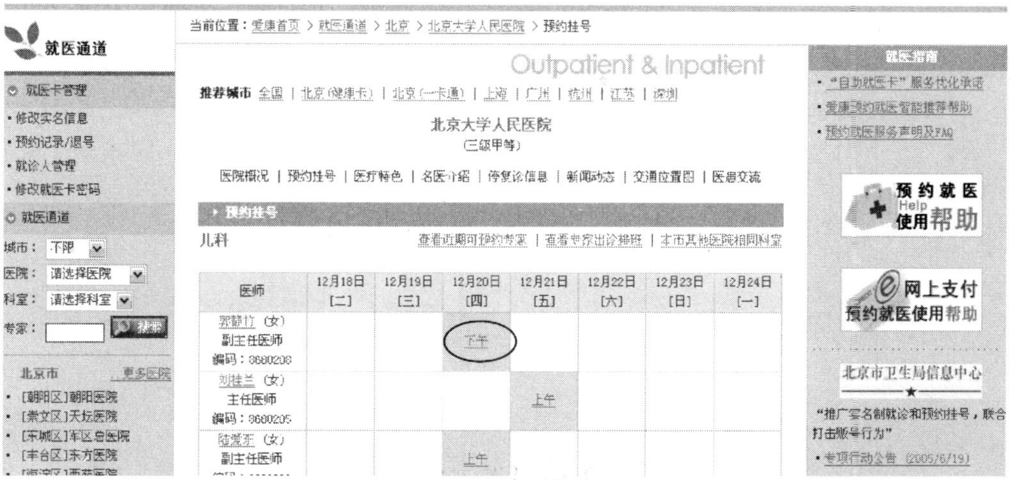
当前位置：爱康首页 > 就医通道 > 北京 > 北京大学人民医院 > 预约挂号
就医通道
就医卡管理
·修改实名信息
·预约记录/退号
·就诊人管理
·修改就医卡密码
就医通道
城市：不限
医院：请选择医院
科室：请选择科室
专家：
搜索
北京市 更多医院
[朝阳区]朝阳医院
[崇文区]天坛医院
[东城区]军区总医院
[丰台区]东方医院
Outpatient & Inpatient
推荐城市 全国 | 北京(健康卡) | 北京(一卡通) | 上海 | 广州 | 杭州 | 江苏 | 深圳
北京大学人民医院
(三级甲等)
医院概况 | 预约挂号 | 医疗特色 | 名医介绍 | 停复诊信息 | 新闻动态 | 交通位置图 | 医患交流
预约挂号
儿科
查看近期可预约专家 | 查看专家出诊排班 | 本市其他医院相同科室
医师
12月18日 [二]
12月19日 [三]
12月20日 [四]
12月21日 [五]
12月22日 [六]
12月23日 [日]
12月24日 [一]
郭静竹 (女) 副主任医师 编码：3680208
下午
刘桂兰 (女) 主任医师 编码：3680205
上午
陆崇东 (女) 副主任医师
上午
就医指南
·"自助就医卡"服务优化承诺
·爱康预约就医智能推荐帮助
·预约就医服务声明及FAQ
预约就医 Help 使用帮助
网上支付 预约就医使用帮助
北京市卫生局信息中心
"推广实名制就诊和预约挂号，联合打击贩号行为"
·专项行动公告 (2005/6/19)

图 7-51 儿科预约页面

儿科
查看近期可预约专家 | 查看专家出诊排班 | 本市其他医院相同科室
暂无此专家照片
医师：某某某（女）
职称：副主任医师
专长：新生儿疾病，普通儿科
时间：2007年12月20日 下午
诊费：3元（就诊时在医院缴纳）
请选择您的支付方式
选择 支付方式
会员卡（爱康卡、健康卡、一卡通、虚拟卡及相关联名卡）
支付宝支付，15元/次
请选择就诊人
卡号：7000238300062221
剩余次数：0
[在线购买]
[就诊人管理]
姓名 性别 证件号码 联系电话 手机号码 病历号码
男
请选择病历号
000000
就诊人出生日期：1900 年 01 月 01 日
请输入验证码
请在文本框内输入右侧图片显示的文字，若无法看清，请点击图片换一张看看。
* 请输入验证码
fwed
（输入不区分大小写）
提交

图 7-52 付款方式选择页面

图 7－53　用支付宝付款页面

7.2.3、网上缴费

如果您为每月往返于各个收费点交纳电话费、有线电视费、电费而烦恼，为不能及时给手机充值而心急，你可以试一试“数字北京缴费通”，如图 7－54 所示，它可以帮你轻轻松松缴纳以上各种费用是“数字北京缴费通”，它的网址是：http：//www.96199.com.cn。

图 7－54　数字北京缴费通首页

以缴纳固定电话费为例，您只要在首页的北京网通城区电话中输入您要缴费的电话号码和机主姓名，点击查询，就可获得话费的信息，如果您确认缴费，则输入银行卡号或使用网上支付工具就可直接缴纳话费。在通过上网缴费的同时，您还可以根据网站提供的96199服务网点信息到各网点直接缴费。“数字北京缴费通”现已在北京各个区县设立服务站点，可提供如图7-55所示的多种缴费服务。

所有可缴费项目总表		
通讯费	北京移动全球通手机话费	北京联通手机话费
	北京网通城区电话费	北京网通小灵通话费
	北京电信固定电话费	北京铁通固定电话费
	IP话费	北京网通郊区电话费
电费	代收北京市供电局电卡充值	城区网络电表费
宽带费	北京网通宽带费	北京电信宽带费
	北京铁通宽带费	北京方正宽带费
	北京蓝波宽带费	北京歌华宽带费
IP、充值、游戏等卡	代售移动手机充值卡	代售联通手机充值卡
	代售上网卡	代售游戏卡
	代售邮箱卡	代售福彩投注卡、充值卡
	北京网通201卡	代售IP电话卡
票务	代售演出票	代售飞机票
其他	医院挂号	代收物业类费用
	教育报名费	公益捐助
	缴纳车船税	交网上订单费

图7-55 “数字北京缴费通”可缴费用列表

7.3 政策法律咨询

如果您在生活工作中遇到困难或困惑，想向领导反映、向政府咨询，或求助于法律，但苦于没有门路，不知如何与政府各个部门、法院联系，担心跑无数的冤枉路，也不见得能见上领导一面。现在，网络能为你开路，助你一臂之力。如今，大多数的政府网站都设立了政府与群众双向联系的栏目，比如领导信箱、咨询信箱、政策在线解答等，为您提供了与各个部门最直接的网上交流平台，让您不再投诉无门，咨询无处。通过领导信箱，您可以直接给政府领导写信表达心声；通过政策在线解答，您可以以最快的速度得到政府对政策的正确解答。通过法律援助，您可以及时地通过法律找到解决问题的捷径。下面我们以北京市农村工作委员会网站、北京劳动保障网和北京市法律援助网为例，介绍如何通过网络进行政策法律咨询。

7.3.1 领导信箱

步骤1：在地址栏中输入 http：//www. bjnw. gov. cn/，进入北京市农村工作委员会主页面，单击主页面中的“网民互动”频道。如图7-56所示。

图 7-56　北京市农村工作委员会网站

步骤 2：在网民互动频道中包含了多个栏目，如网上调查、领导信箱、咨询信箱等，您可以根据自己的需要进行选择。如图 7-57 所示。

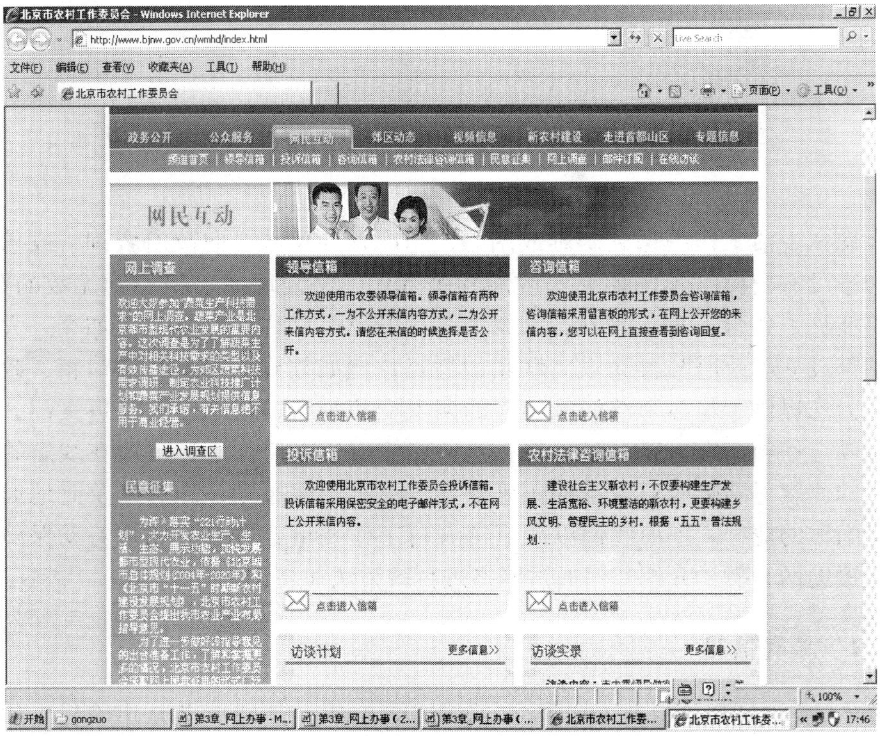

图 7-57　网民互动页面

步骤3：在“网民互动”页面中找到“领导信箱”，单击“点击进入信箱”即可向市农委领导咨询问题。如图7－58所示。

图7－58 领导信箱页面

此外，“网民互动”页面还设有“农村法律咨询信箱”栏目，点击进入，在这里咨询您感兴趣的法律问题。如图7－59所示。

图7－59 农村法律咨询信箱页面

7.3.2 政策在线解答

由北京市劳动和社会保障局主办的“北京劳动保障网”为您提供了有关劳动保障的政策解答服务，如果您对医疗保险、工伤保险的缴费问题存有疑惑，想找人咨询又苦于无人可问，那么网站的政策在线解答正好可以帮助您。下面以此为例介绍一下如何在线进行政策咨询。

步骤 1：在地址栏中输入 http：//www. bjld. gov. cn/，进入北京劳动保障网主页面，在主页面中的右下角找到“政策在线解答”并点击。如图 7－60 所示。

图 7－60 北京劳动保障网主业面

步骤 2：选择需要浏览的“劳动合同政策在线解答”，单击进入。如图 7－61 所示。

步骤 3：在“劳动合同政策在线解答”中找到“医疗和工伤的缴费问题”，单击即可浏览。如图 7－62 及图 7－63 所示。

7.3.3 在线法律援助

生活中经常会遇到一些难以解决的法律官司，求助无门的时候不妨上网寻求法律帮助。下面以北京市法律援助中心主办的“北京市法律援助网”为例介绍一下怎样使用网站来获得法律援助。

步骤 1：在地址栏中输入 http：//www. bjlegalaid. gov. cn/，进入北京市法律援助网首页，单击主页面中的“法律在线”，如图 7－64 所示。

步骤 2：在“法律在线”网页中点击进入“在线法律咨询”。如图 7－65 所示。

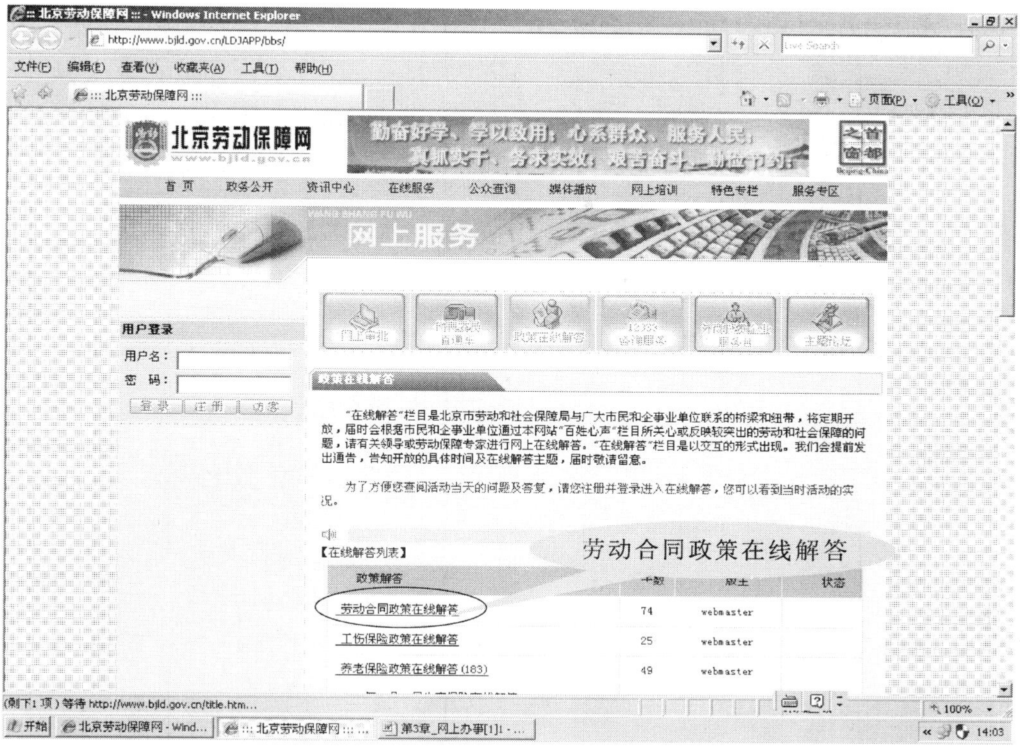

图 7-61 点击劳动合同政策在线解答

图 7-62 医疗和工伤的缴费问题网页

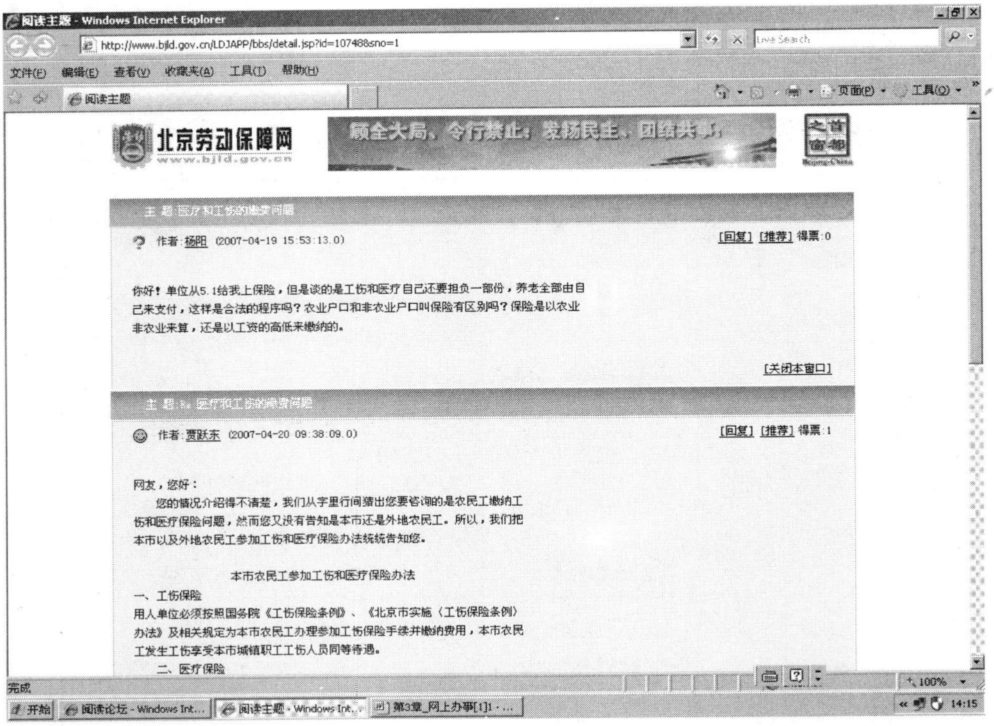
阅读主题 - Windows Internet Explorer
http://www.bjld.gov.cn/LDJAPP/bbs/detail.jsp?id=107488sno=1
北京劳动保障网
www.bjld.gov.cn
顾全大局、令行禁止、发扬民主、团结共事
主 题:医疗和工伤的缴费问题
作者:杨阳 (2007-04-19 15:53:13.0)
[回复] [推荐] 得票:0
你好!单位从5.1给我上保险,但是谈的是工伤和医疗自己还要担负一部份,养老全部由自己来支付,这样是合法的程序吗?农业户口和非农业户口叫保险有区别吗?保险是以农业非农业来算,还是以工资的高低来缴纳的。
[关闭本窗口]
作者:贾跃东 (2007-04-20 09:38:09.0)
[回复] [推荐] 得票:1
网友,您好:
您的情况介绍得不清楚,我们从字里行间猜出您要咨询的是农民工缴纳工伤和医疗保险问题,然而您又没有告知是本市还是外地农民工。所以,我们把本市以及外地农民工参加工伤和医疗保险办法统统告知您。
本市农民工参加工伤和医疗保险办法
一、工伤保险
用人单位必须按照国务院《工伤保险条例》、《北京市实施〈工伤保险条例〉办法》及相关规定为本市农民工办理参加工伤保险手续并缴纳费用,本市农民工发生工伤享受本市城镇职工工伤人员同等待遇。
二、医疗保险

图 7-63　答疑页面

北京市法律援助网 - Windows Internet Explorer
http://www.bjlegalaid.gov.cn/default.htm
北京市法律援助网
www.bjlegalaid.gov.cn
法律在线
首页 公告 组织结构 法律援助政策与规范性文件 法援在线 观点 法律援助基金会
工作动态
公告
办事指南
组织机构
以案说法

图 7-64　北京市法律援助网

图 7–65　法律在线页面

步骤 3：进入在线法律咨询页面后，您可以浏览您感兴趣的其他人的提问解答信息，也可注册后登录，进行法律方面的在线咨询。如图 7–66 所示。

图 7–66　在线法律咨询页面

第八章 在线学习与娱乐

互联网的出现，为学习、娱乐提供了新的场所。互联网上有极其丰富的学习资源和娱乐资源，并且很多资源是免费的，您可以通过互联网学习自己所需的知识、技术，可以在线观看电影、听音乐、看小说、玩游戏。这章我们就来学习有关通过互联网进行学习和娱乐的有关内容。

8.1 在线学习

网上不仅有大量用于学习的书籍、文章，还有专门为农民朋友制作的电子课件，您可以在这里学到各方面的知识。

由北京农村远程信息服务工程中心、北京智农天地网络技术有限公司主办的“北京农村远程教育网”就是一个面向农民、利用多种通讯手段传播农业实用科学技术的综合性远程教育网站。

步骤1：在浏览器的地址栏中输入 http：//www. agricom. com. cn，打开北京农村远程教育网主页面。您可以看到北京农村远程教育网提供了大量多媒体的远程教育资源，如图 8－1 所示。

步骤2：点击页面左侧的“课件中心”，可以观看北京农村远程教育网发布的部分课件，其中部分课件是免费开放的，点击即可观看。如图 8－2 所示。

步骤3：在课件演示区点击“乡村乡村旅游的现状”课件，可以看到专家讲课的视频，页面右侧还配有专家讲课的文字材料。您可以一边看一边听，如果您有没听懂的，还可以反复收看。如图 8－3 所示。

除了可以观看课件以外，北京农村远程教育网还为您提供了其他服务：

①智农直播：北京农村远程教育网的“智农直播”栏目可以让您在线实时观看专家讲课内容。如图 8－4 所示。您在这里还可以看到近期的直播节目预告，好在预定的时间里观看直播培训。

② 网络电视：这里有多个农业实用技术的科教片，使您可以在线观看由北京农村远程教育中心制作的专业农业教学实况录像。如图 8－5 所示。

北京农村远程教育网
www.agricom.com.cn
智农天地
中心概况
产品与方案
合作方式
软件中心
承担项目
12月9日夜晚晴-2℃；
图片新闻
中心公告
北京市农村科技协调员培训行动之一——东邵渠镇养殖类协调员远程培训中专班于11月21日在密云县东邵渠镇大岭村正式启动。大岭村是个生猪养殖专业村，在长期生猪养殖过程中，大岭人积累了丰富的实践经验，但系统性的理论知识相……
“科技扶贫远程课堂”迎来6期硕果
第一期“应急知识进农村”主题培训活动通知
关于“智农远程视频咨询系统管理员培训会”的通知
站点管理
用户名
密 码
登录
网站首页
中心动态
政策法规
课件中心
远程站点
市场信息
在线调查
工作简报
智农直播
网络电视
双向视频
中心动态
东邵渠镇养殖类协调员远程培训中专班启动
培训显成效 农民喜开颜
北京市农村科技协调员培训成功启动
排除瓶颈齐协力 有的放矢促发展
“科技扶贫远程课堂”迎来6期硕果
“应急知识进农村”主题培训成功开办
需求调研及站点管理员技术培训活动拉开帷幕
本周课件预告
杏抗晚霜技术研究进展(12月3日-7日)
棚室蔬菜测土配方施肥技术
水培花卉种植技术
彩色甜椒栽培技术
元首甜瓜冬春茬保护地栽培技术(1)
元首甜瓜冬春茬保护地栽培技术(2)
元首甜瓜冬春茬保护地栽培技术(3)

图8-1 北京农村远程教育网首页

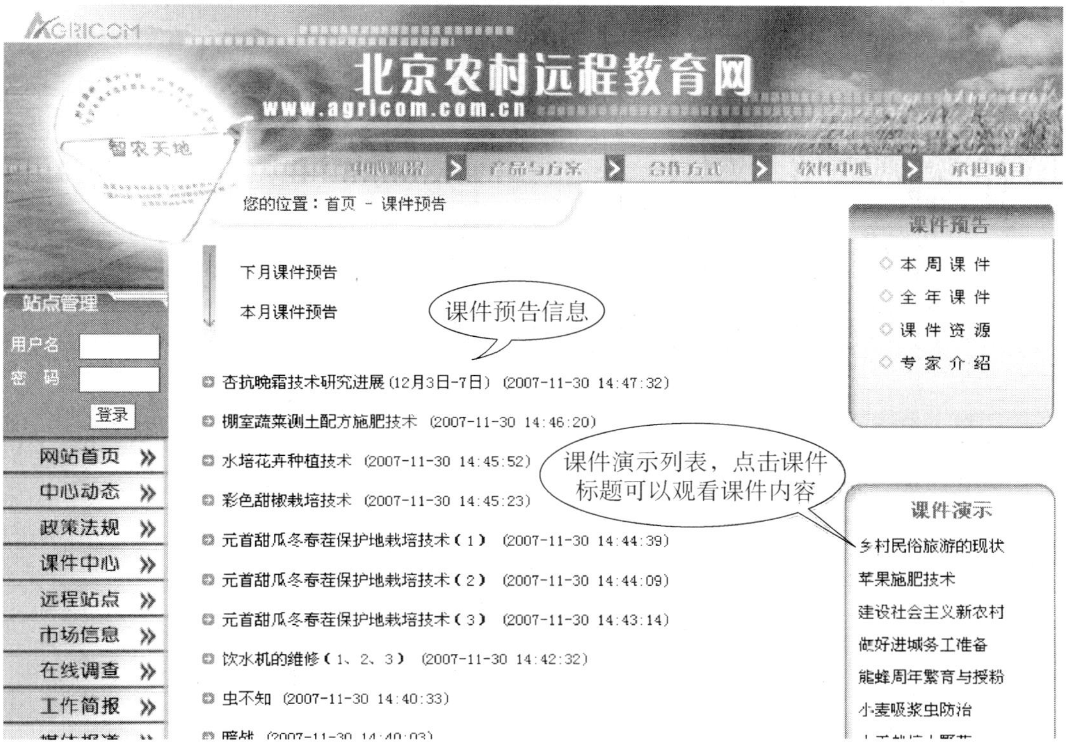
北京农村远程教育网
www.agricom.com.cn
智农天地
中心概况
产品与方案
合作方式
软件中心
承担项目
您的位置：首页 - 课件预告
下月课件预告
本月课件预告
课件预告信息
杏抗晚霜技术研究进展(12月3日-7日) (2007-11-30 14:47:32)
棚室蔬菜测土配方施肥技术 (2007-11-30 14:46:20)
水培花卉种植技术 (2007-11-30 14:45:52)
彩色甜椒栽培技术 (2007-11-30 14:45:23)
元首甜瓜冬春茬保护地栽培技术(1) (2007-11-30 14:44:39)
元首甜瓜冬春茬保护地栽培技术(2) (2007-11-30 14:44:09)
元首甜瓜冬春茬保护地栽培技术(3) (2007-11-30 14:43:14)
饮水机的维修(1、2、3) (2007-11-30 14:42:32)
虫不知 (2007-11-30 14:40:33)
课件演示列表，点击课件标题可以观看课件内容
站点管理
用户名
密 码
登录
网站首页
中心动态
政策法规
课件中心
远程站点
市场信息
在线调查
工作简报
课件预告
本周课件
全年课件
课件资源
专家介绍
课件演示
乡村民俗旅游的现状
苹果施肥技术
建设社会主义新农村
做好进城务工准备
熊蜂周年繁育与授粉
小麦吸浆虫防治

图8-2 北京农村远程教育网课件中心

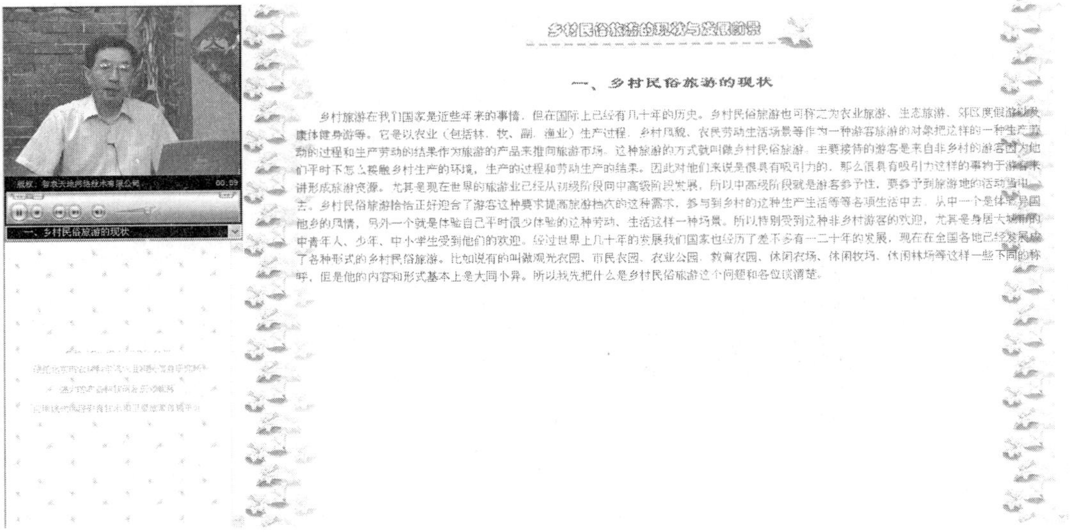

图8-3 观看北京农村远程教育网的课件

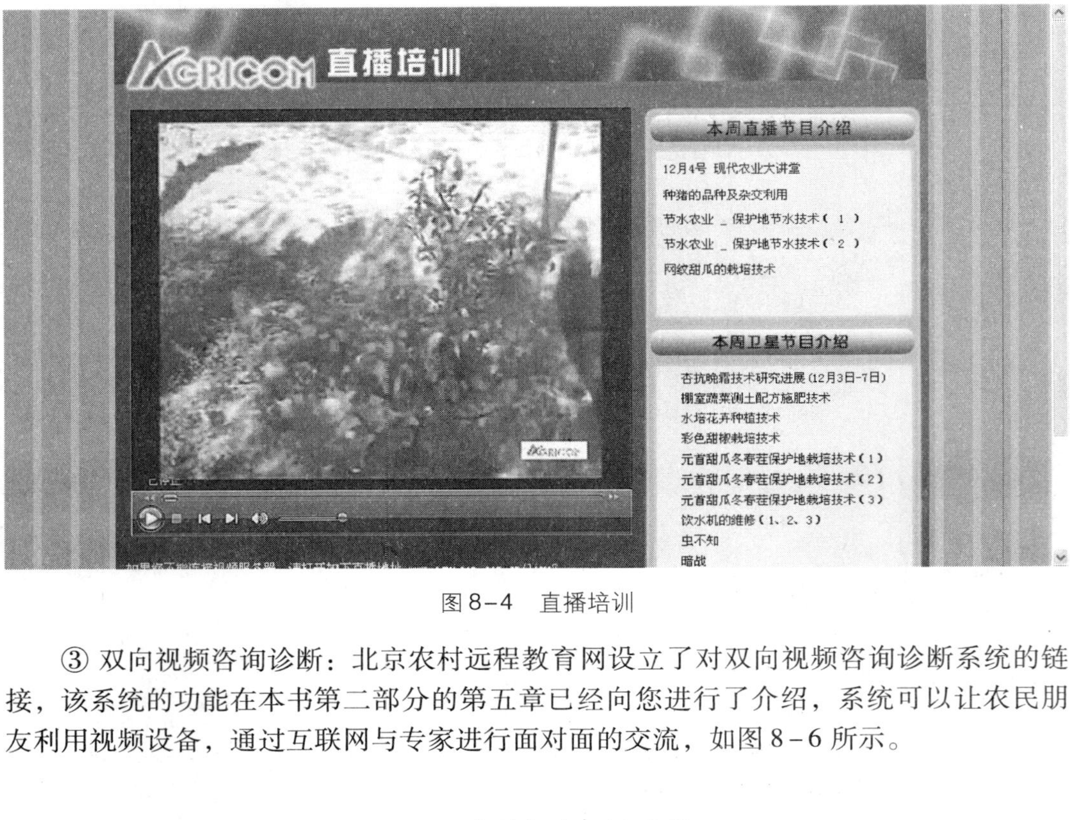

图8-4 直播培训

③ 双向视频咨询诊断：北京农村远程教育网设立了对双向视频咨询诊断系统的链接，该系统的功能在本书第二部分的第五章已经向您进行了介绍，系统可以让农民朋友利用视频设备，通过互联网与专家进行面对面的交流，如图8-6所示。

8.2 阅读电子图书

“北京市农村‘数字家园’信息资源库”是安装在全市农村“数字家园”的单机版农村信息资源系统，内容包括电子图书56 000余册、多媒体课件50套、益智游戏80

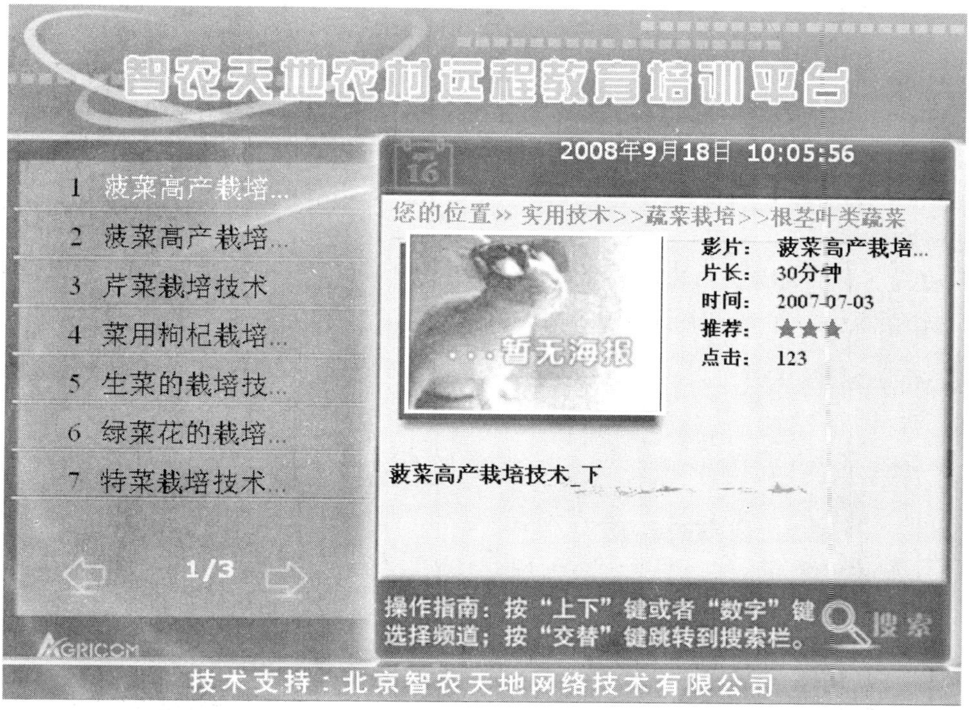

图 8-5 网络电视

指导内容	专家	座席地点	联系方法	咨询时间
蔬菜植保，蔬菜病害及常见害虫的识别与防治	李明远	植保所307室	51503434 办 51505680 ， 13681156761 mingyuanli@sina.com	周一下午 周五下午
观光果园建设，运营指导、观光农业技术咨询、农业规划、农业园区、产业规划、项目建议书农业园区、区域设施栽培技术	王亚芝	综合所办公室312	51503310/13651021068 Yazhiwang1111@126.com	周二上午 周二下午
乡镇改造规划；乡村旅游、农业观光设计、郊区环境设计、大环境绿化设计	李征	作物楼 113	13601192527 51503666	周四下午 周五下午

图 8-6 北京农村远程教育网双向视频咨询诊断主页面

个、数字戏曲节目20个、数字电影30部、数字期刊443种、农业科技电子期刊全文库等，如果您家所在的村已经建设了“数字家园”，那么您就可以到那里查阅、观看到这些数字资源。

下面就简要介绍一下怎样使用“北京市农村‘数字家园’信息资源库”系列光盘来阅读农业电子图书。

步骤1：将光盘放入电脑光驱，点击电脑桌面上的

图标，就可以打开数字家园光盘系统，如图8－7所示。

图8－7　数字家园光盘系统界面

步骤2：点击数字图书图标，进入数字图书子系统，如图8－8所示。

步骤3：点击“网上电子图书”，进入网上电子图书登录页面，如图8－9所示，输入正确的用户名和密码进入之后，就看到了图8－10的欢迎界面。

步骤4：等3秒钟，就会进入网上电子图书库了。

步骤5：如果您想看农业生产技术方面的书籍，可以在电子书库下方的图书分类导航中找到农业科学，如图8－11所示，点击它或者其下面的子链接，就可以打开其包含图书的详细列表，如图8－12所示。

步骤6：点击相应的图书书名就可以阅读图书了，如图8－13所示。您还可以在页面顶部的搜索框中输入想要查找的书名进行搜索，查找自己想要阅读的书籍。

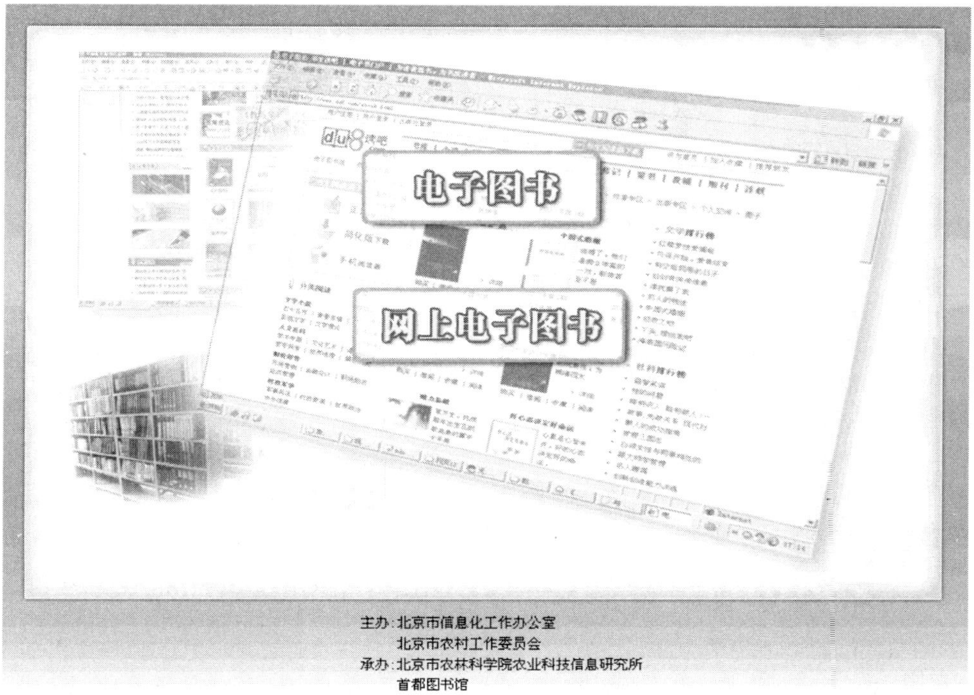
电子图书
网上电子图书
主办：北京市信息化工作办公室
北京市农村工作委员会
承办：北京市农林科学院农业科技信息研究所
首都图书馆

图 8-8　数字家园数字图书子系统界面

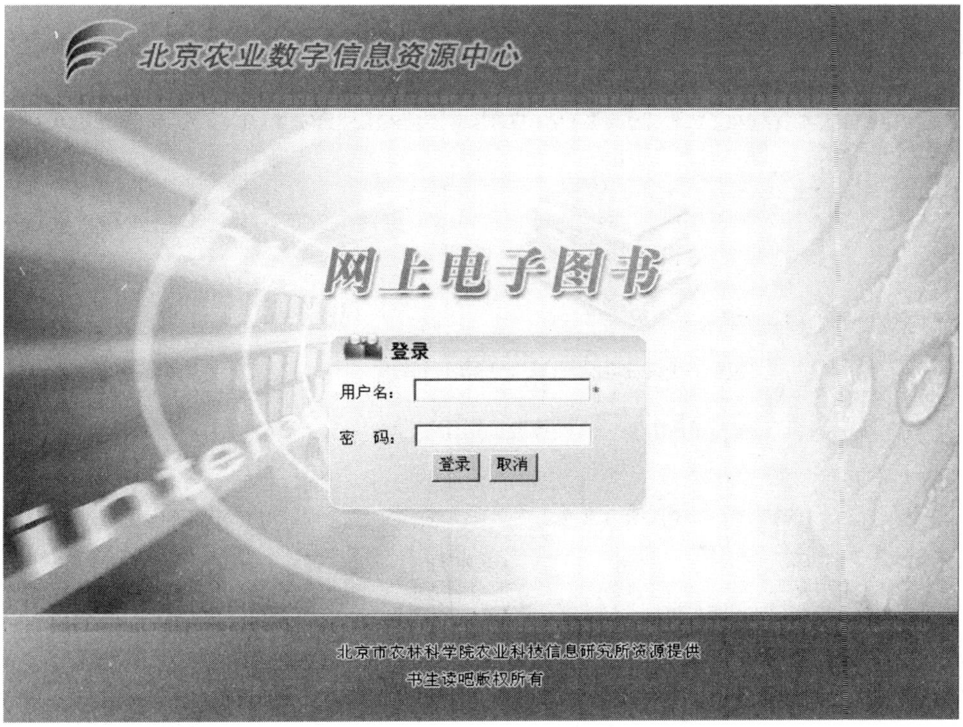
北京农业数字信息资源中心
网上电子图书
登录
用户名：
密　码：
登录
取消
北京市农林科学院农业科技信息研究所资源提供
书生读吧版权所有

图 8-9　网上电子图书登录界面

图 8-10　网上电子图书欢迎界面

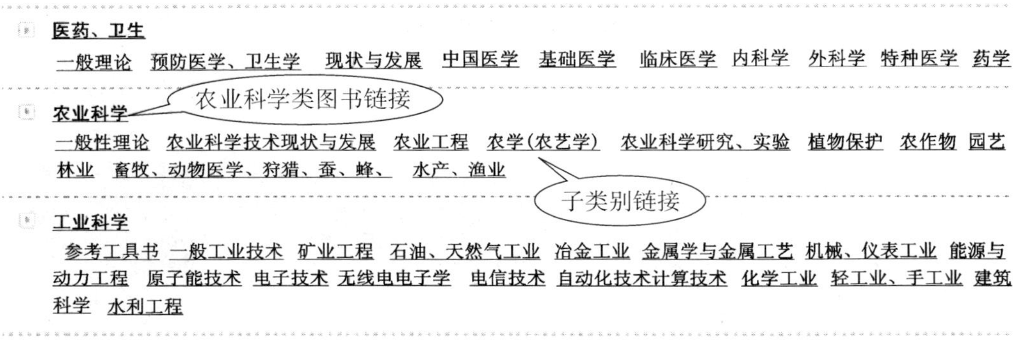

图 8-11　网上电子书库的农业类图书导航链接

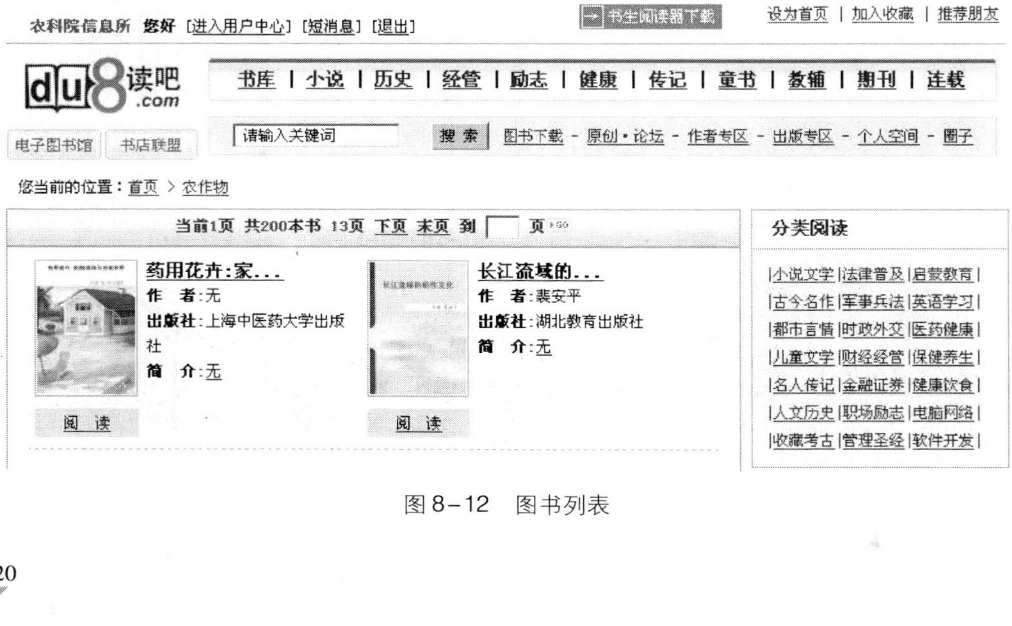

图 8-12　图书列表

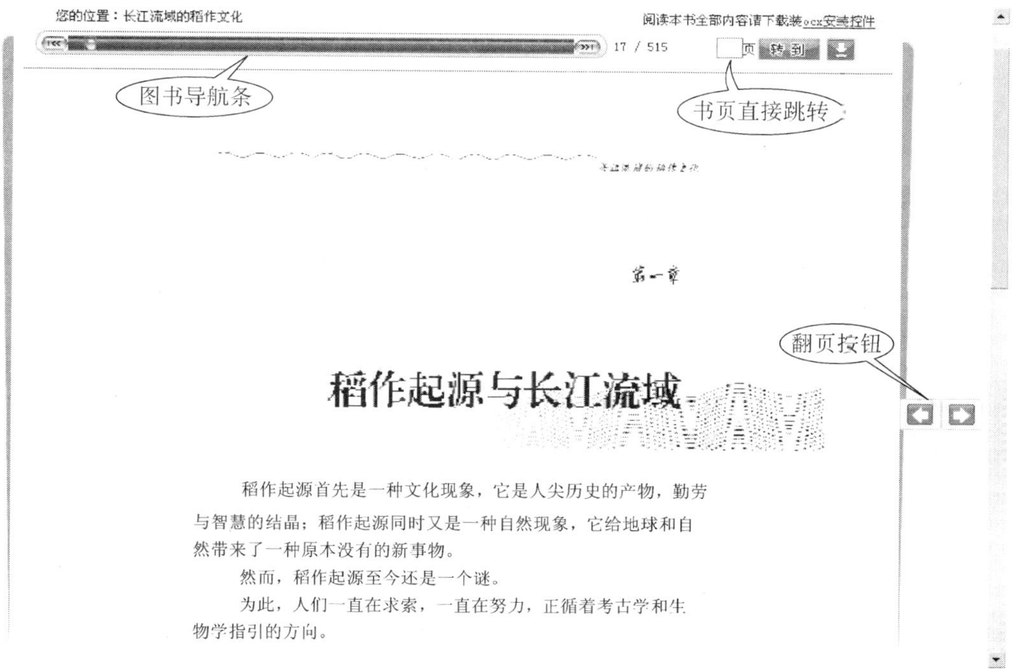

图 8－13　图书阅读页面

8.3　体验科普游戏

寓教于乐、边玩边学是教育领域特别是国外的教育领域所推崇的教学方式。通过游戏学知识，是电子课件发展到一定程度上产生的新的学习方式。

农业领域目前通过游戏来进行科普宣传的还很少，在网上几乎搜索不到有关农业科普游戏的内容。北京市农林科学院农业科技信息研究所根据这一现状，在国内率先开发了多款农业科普游戏，下面就向您介绍由他们研发的农业科普游戏《快乐农夫》，看看能不能帮您在有趣的游戏过程中学习农业知识。

步骤 1：将光盘放入电脑光驱中，出现如图 8－14 所示的页面。

步骤 2：点击“游戏说明”，可以了解游戏内容及玩法。游戏中的农民伯伯必须通过种植蔬菜或养鸡来增加收入，并且在从事农业生产的过程中要综合考虑生产技术的应用。点击“开始新游戏 ”则游戏开始。

步骤 3：开始游戏后首先要输入游戏者的名称，可以使用自己喜欢的名字，如图 8－15所示。

步骤 4：游戏开始，您可以根据自己的思路去安排游戏的过程，如图 8－16、图 8－17和图 8－18 所示。

快乐农夫
快乐农夫
Happy Farmer
游戏说明
开始新游戏
载入保存游戏

图 8–14　农村科普游戏《快乐农夫》

快乐农夫
快乐农夫
Happy Farmer
您好，欢迎来到模拟农场
您有一年的时间来经营您的农场
尽您所能，赚最多的钱
首先，请输入您的名字
王二喜
返回
完成

图 8–15　首先需要输入游戏者的名称

快乐农夫
金钱
400
种子商店
种子
生产工具
欢迎来到我的商店
您需要点什么？

图 8-16　购买生产资料环节

快乐农夫
体力
快乐农夫
Happy Farmer

图 8-17　种植环节

快乐农夫
体力

图 8-18　收获农产品环节

8.4　感受网上多媒体

8.4.1　使用播放器

以前您可能用收音机、录音机、磁带等听过音乐，也可能去电影院或在家中用VCD机看过电影，但您是否想过用电脑来享受音乐和电影呢？其实电脑也可以满足您这方面的需求。电脑可以播放几乎所有的声音文件和视频文件，如mp3、cda等，这是其他播放器不能比拟的。要用电脑播放声音或图像，首先您的电脑要安装播放软件，一般的声音或图像文件，用Windows自带的软件——Windows Media Player就可以播放了，但有些格式的声音或图像文件则要安装一些功能更强大的软件才可以办到，比如超级解霸、暴风影音、Real player等，这些在本书第一部分的第一章为您简单介绍过，下面我们就详细讲一讲如何使用这些软件。

8.4.1.1　用Windows Media Player播放CD

可以按照如下步骤来使用Windows Media Player播放CD上的曲目。

步骤1：打开光驱，并将一张CD盘放入光驱内。

步骤2：打开“开始”→“程序”→“Windows Media Player”，如图8－19。

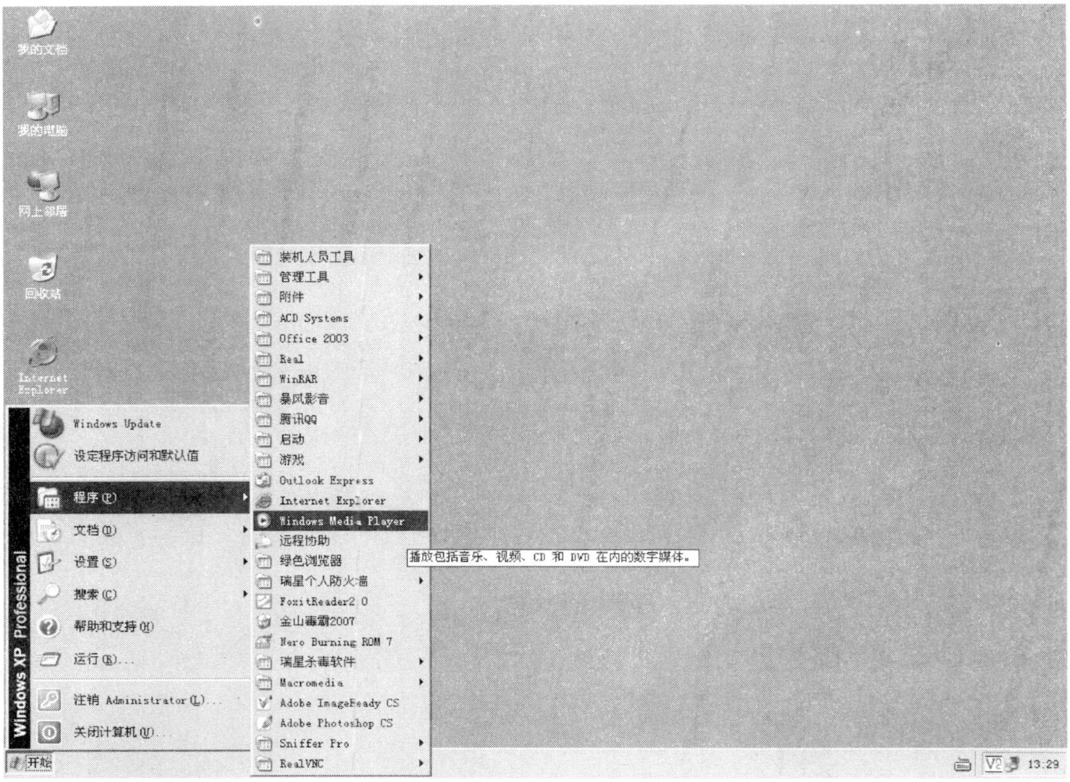

图8－19　打开Windows Media Player

开启 Windows Media Player 播放软件，其界面如图 8－20 所示。

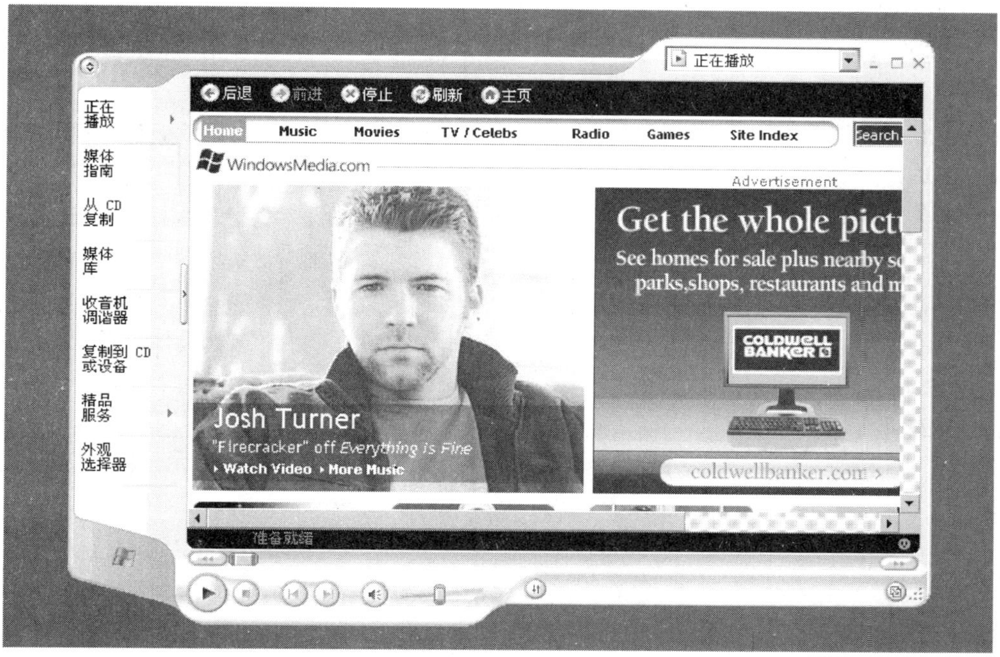

图 8－20　Windows Media Player 播放界面

步骤 3：单击 Windows Media Player 主窗口左侧任务栏中的“从 CD 复制”按钮，这时在 Windows Media Player 主窗口的播放机区域中将显示 CD 曲目列表，如图 8－21 所示。

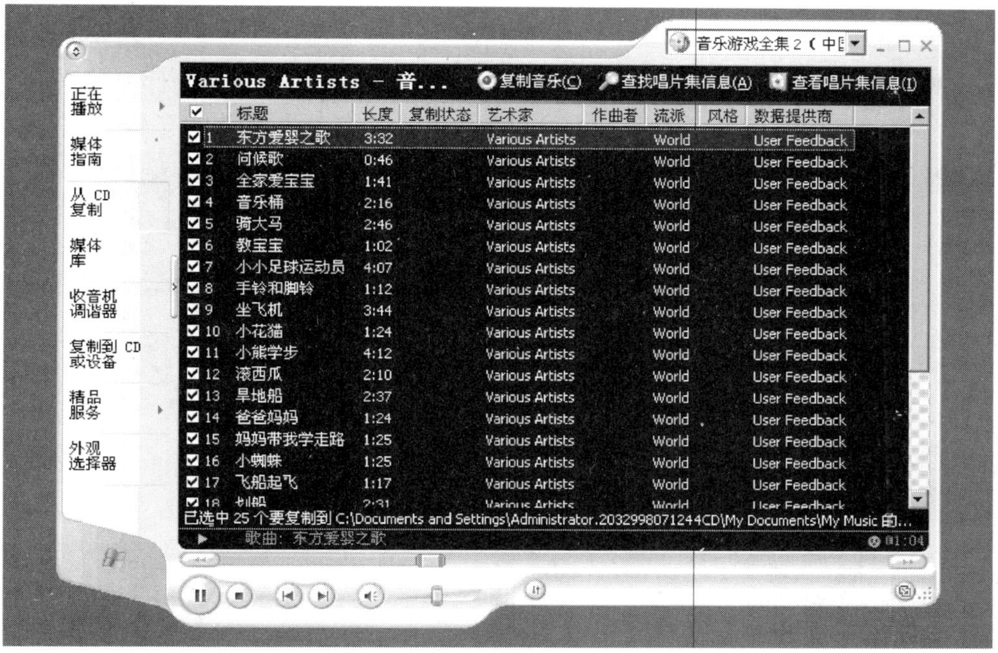

图 8－21　显示 CD 曲目列表

步骤4：选中想要播放的曲目，并在左侧复选框中将这些曲目选中。

步骤5：单击“播放”按钮（或直接双击想要播放的曲目），即可开始播放CD音频。在播放过程中，Windows Media Player窗口下方的进度条将显示当前正在播放曲目的进度。

提示：如果需要将曲目在播放之前先复制到媒体库中，可以单击“复制音乐”按钮，在复制过程完成后，将直接播放该曲目。

8.4.1.2 用Windows Media Player播放视频文件

Windows Media Player也可用来播放MTV、电影等视频文件，其具体操作步骤为：

步骤1：在Windows Media Player主窗口菜单栏中选择“文件”→“打开”命令。如图8-22所示。

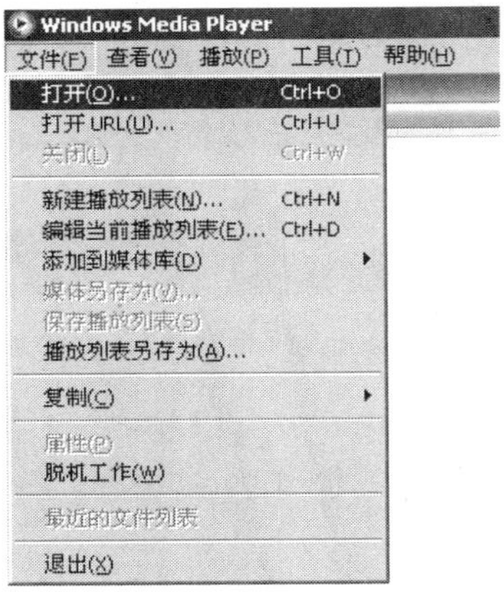

图8-22　打开Windows Media Player

步骤2：在弹出的“打开”对话框中，选择要打开的MTV所在文件夹的路径。在“文件类型”下拉列表框中选择“所有文件”选项，选择所要播放的MTV文件，然后单击“打开”按钮。如图8-23所示。

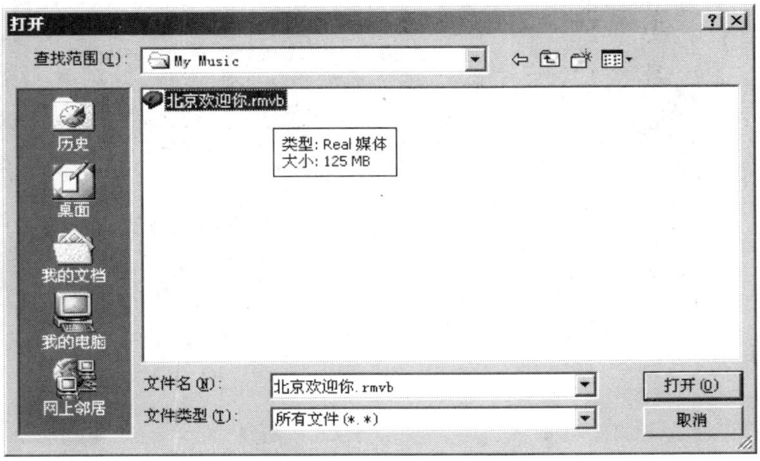

图8-23　打开播放文件

步骤3：系统将开始播放选中的文件，在 Windows Media Player 主窗口播放机区域中将显示打开的 MTV 的内容，右侧将显示 MTV 文件播放列表。

8.4.2 看电影

互联网上有很多可以在线观看电影的网站，这里以酷6网为例，向您介绍如何通过在线电影网站来观看影片。

步骤1：先在地址栏输入 www.ku6.com，进入酷6网，图 8-24 为酷6网首页。

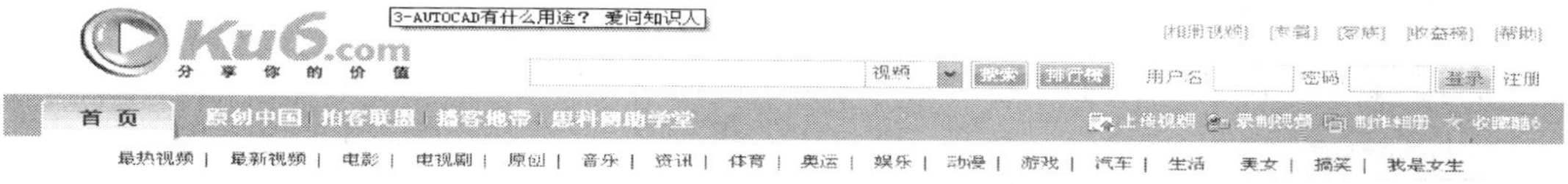

图 8-24 酷6网首页

步骤2：如果您想观看电视剧，则选择电视剧，如图 8-25 所示。

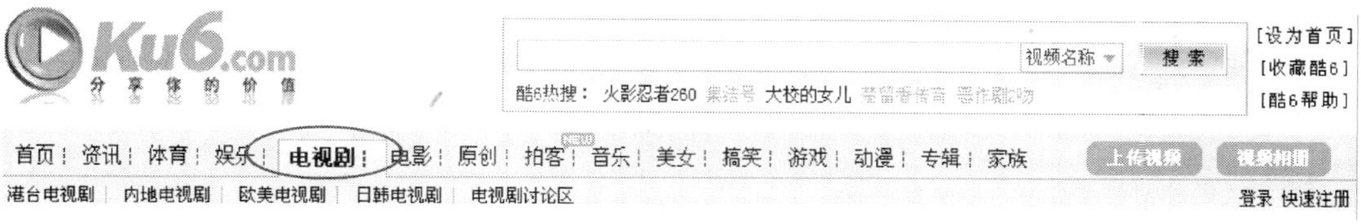

图 8-25 酷6网电视剧页面

步骤3：选择要观看的节目并打开它。

完成上面的操作后，您就可以开始观看影片了。

除了通过网站在线观看，您还可以通过北京市文化局在各乡镇、村建立的数字影院和北京市信息办的农村“数字家园”信息资源库观看您喜欢的影片。下面就向您详细介绍如何利用“北京市农村‘数字家园’信息资源库”系列光盘观看电影。

步骤1：在电脑光驱中放入“北京市农村‘数字家园’信息资源库”系列光盘的数字影剧光盘，进入“北京市农村‘数字家园’信息资源库”系列光盘系统。

步骤2：点击“数字影剧”链接，即可打开“数字影剧”子系统，如图 8-26 所示。

步骤3：点击电影名称即可观看相应的电影，例如您想看“麻雀变公主”，则点击它即可。如图 8-27 所示。

8.4.3 看电视

除了看电影，网络还能让您在线收看电视节目，电脑的功能完全可以替代电视。下面向您介绍用电脑如何看电视。

步骤1：首先您需要安装收看电视节目的软件，例如 Ppmate。将 Ppmate 安装盘放入光驱，即开始运行安装程序，当您点击安装图标后，安装程序会让您来选择安装语言，如图 8-28 所示。

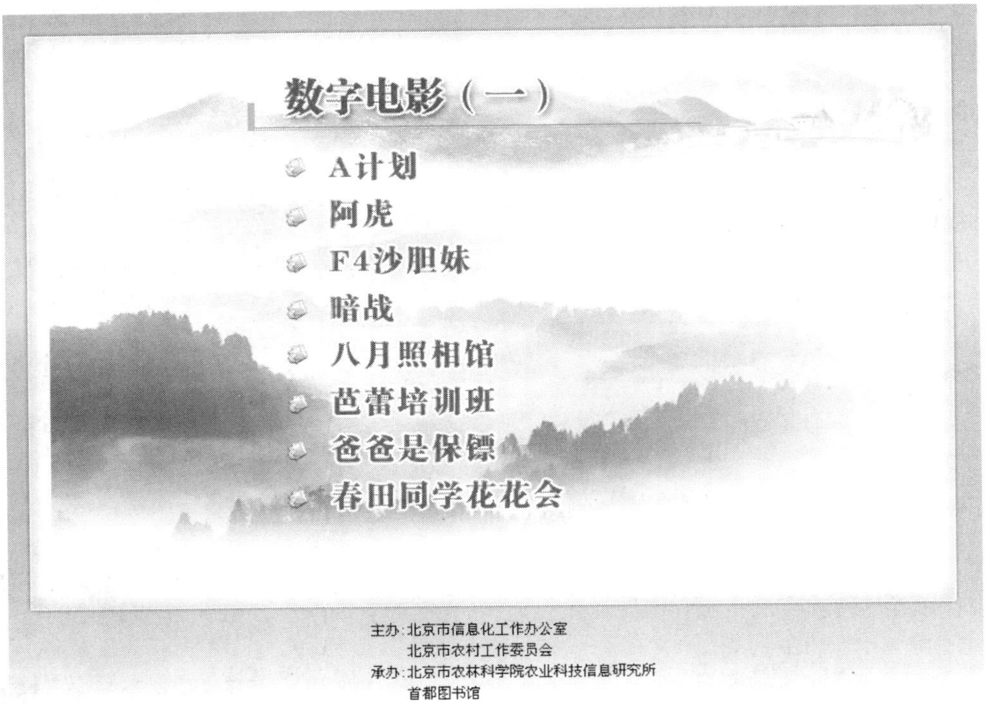

图 8-26 “北京市农村‘数字家园’信息资源库”系列光盘数字电影界面

图 8-27 电影《麻雀变公主》播放界面

图 8-28　安装语言选择界面

选择“Chinese (Simplified)”，然后点击 OK，安装界面就会自动改为中文了，如图 8-29 所示。

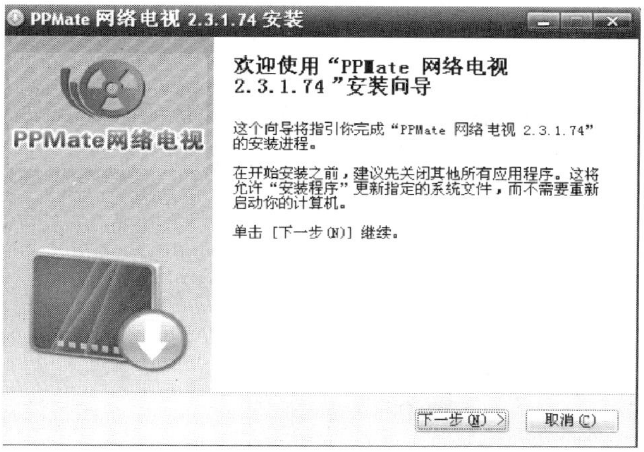

图 8-29　安装过程图

步骤 2：点击下一步，选择安装路径，如图 8-30 所示。

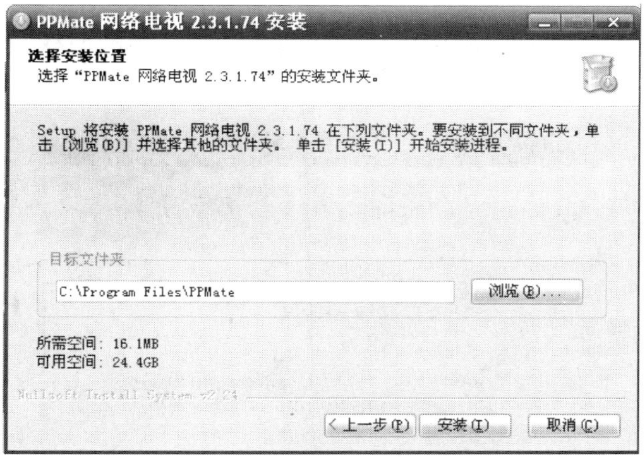

图 8-30　选择安装目录

步骤 3：点击安装，程序自动开始安装，直至完成，如图 8-31 和图 8-32 所示。

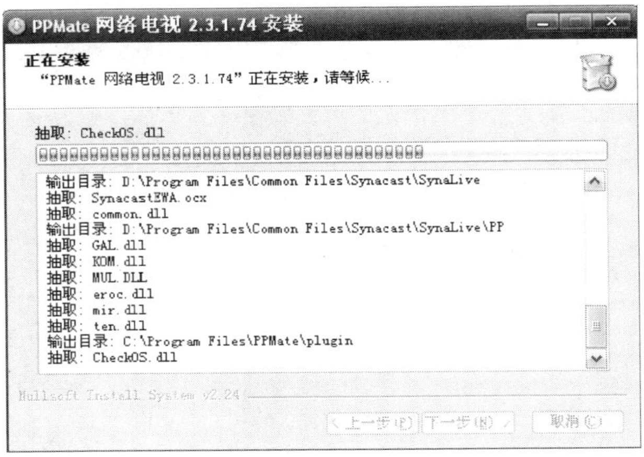

图 8-31　软件安装过程

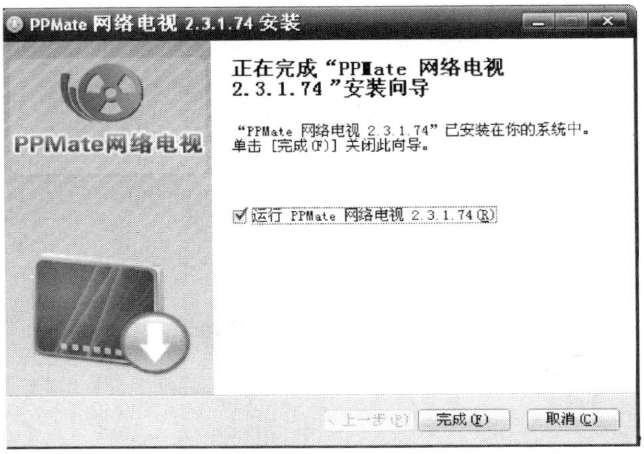

图 8-32　软件安装完成

步骤 4：然后点击"完成"，并开始运行 Ppmate，选择网通线路，点击确定，如图 8-33 所示。

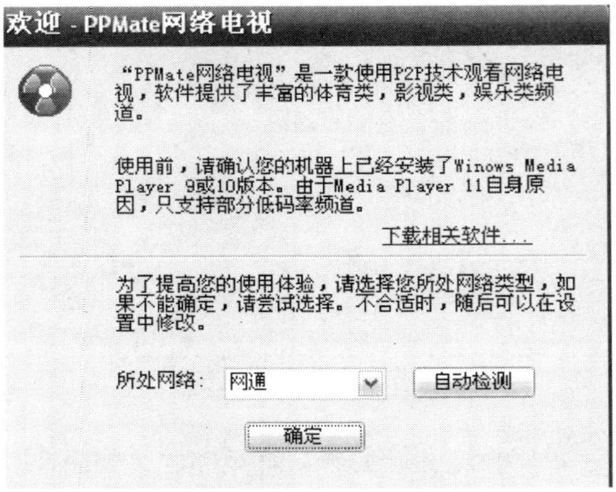

图 8-33　软件网络选择

进入程序主界面，如图 8-34 所示。

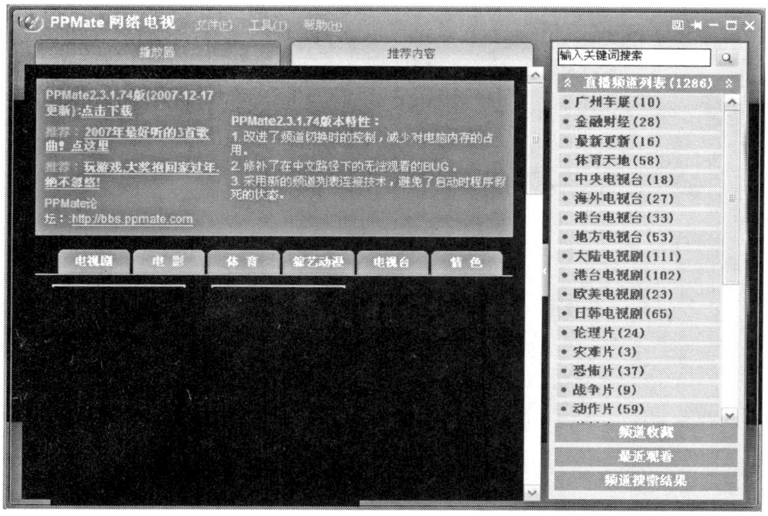

图 8-34 主程序界面

步骤 5：假设您选择了中央电视台，想先看看中央 6 套节目现在正在播放的内容，可以点击“中央六台”，系统开始缓冲，缓冲完毕后，您就可以如图 8-35 所示收看电视节目了。

图 8-35 电视节目播放界面

8.4.4 听音乐

网上有大量的音乐资源，互联网上最著名的音乐搜索引擎当属“百度”的音乐搜索引擎了。打开百度网站（http：//www. baidu. com），点击 MP3 链接，就可以打开百度音乐搜索引擎。在文字框中输入想要查找的乐曲名称或乐队名称、歌手名称，点击

“百度一下”按钮，如图 8-36 所示，就可以搜索出想要找的乐曲。

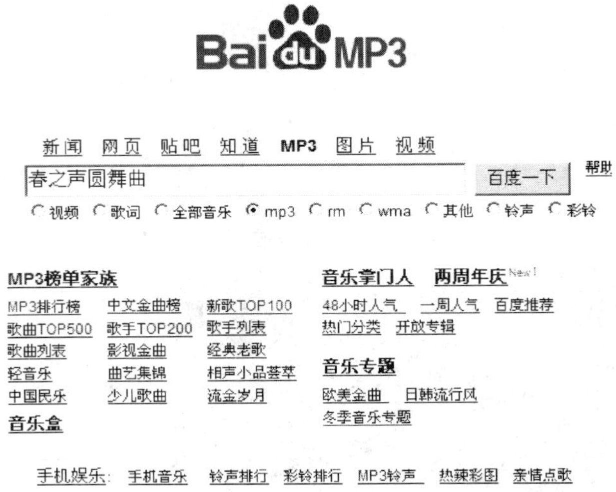

图 8-36　百度音乐搜索引擎

图 8-37 是利用百度音乐搜索引擎搜索“春之声圆舞曲”的结果页面，在这个页面上点击相应的歌曲后面的“试听”链接可以欣赏美妙的音乐了，如图 8-38 所示。当然，也可以将音乐下载到自己的电脑中欣赏。

图 8-37　利用百度搜索引擎搜索“春之声圆舞曲”

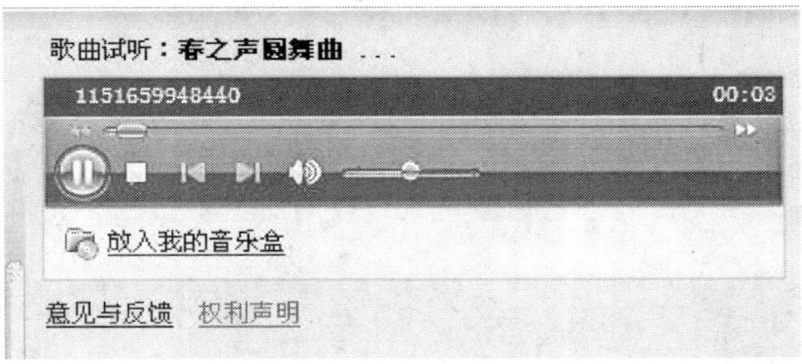

图 8-38　乐曲试听页面

8.5　网上互动交流

现代生活中，人与人之间以多种形式多种手段进行沟通，其中网络聊天是大多数人喜欢的最快捷有效的交流方式。目前主流的网络聊天的工具有 QQ、MSN 等，在您购买电脑时，您可以要求销售商为您安装好 QQ 聊天软件。

下面向您介绍一下如何使用腾迅 QQ 与您的亲朋好友实现在线网上交流。

8.5.1 在线聊天

要进行网上聊天，你可按照以下步骤操作：

步骤1：打开“开始—程序—腾迅 QQ”，登录 QQ，如图 8－39 和图 8－40 所示。

图 8－39　QQ 启动方法

图 8－40　QQ 启动界面

如果您已有 QQ 号码，可以直接登录 QQ，但如果您还没有 QQ 号码，则需要点击“申请号码”进行注册后才可使用 QQ 进行网络聊天。

步骤2：登录 QQ 主页面。图 8－41 我们看到的是 QQ 的主界面。

当您看到好友在线的时候，就可以和好友进行聊天了，首先选中要与之聊天的在线好友，然后双击它的图标，即会出现聊天页面。在聊天区域中输入文字或图形，输入完毕后按“发送”即可将信息即时发放给对方。

8.5.2 视频聊天

通过 QQ，您除了可以和朋友进行即时聊天以外，也可以和好友进行视频聊天，要实现这一功能，您首先要为电脑安装一个摄像头，并连上耳麦，然后安照以下步骤操作。

步骤1：选择您 QQ 上的好友，并打开聊天窗口，如图 8－42 所示。

步骤2：选择 QQ 聊天工具菜单中的视频聊天，QQ 就会向好友发送聊天请求，如图 8－43。

步骤3：点击“开启语音”，您就可以跟好友进行语音和视频聊天了，如图 8－44 所示。

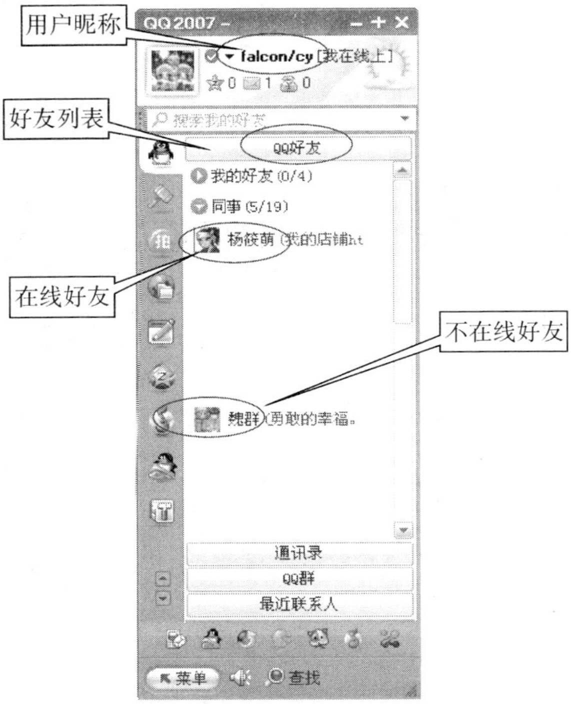
用户昵称
好友列表
在线好友
不在线好友
QQ2007 -
falcon/cy [我在线上]
QQ好友
我的好友 (0/4)
同事 (5/19)
杨筱萌 (我的店铺ht
魏群 (勇敢的幸福。
通讯录
QQ群
最近联系人
菜单
查找

图 8-41　QQ 主界面图

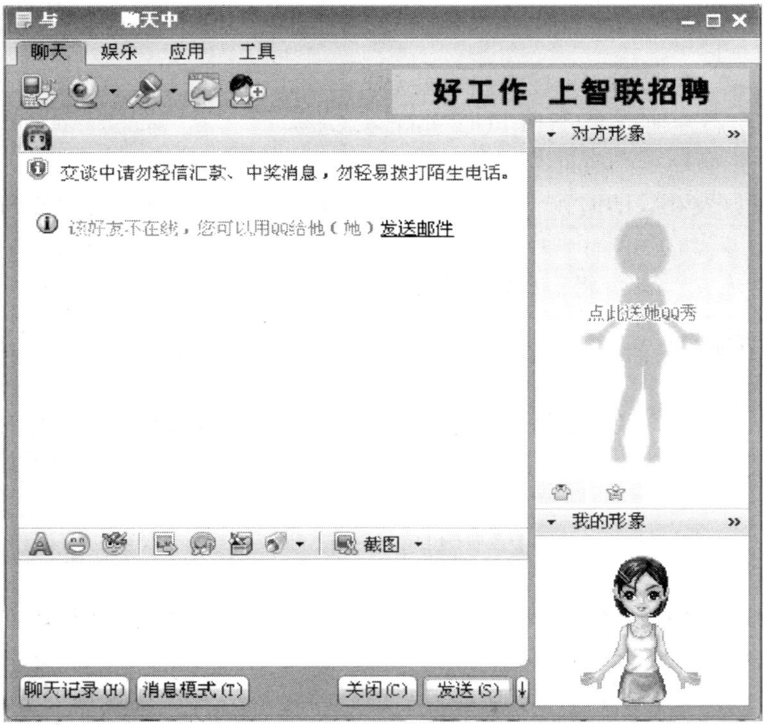
与　聊天中
聊天　娱乐　应用　工具
好工作 上智联招聘
对方形象
交谈中请勿轻信汇款、中奖消息，勿轻易拨打陌生电话。
该好友不在线，您可以用QQ给他（她）发送邮件
点此送她QQ秀
我的形象
截图
聊天记录(H)　消息模式(T)　关闭(C)　发送(S)

图 8-42　QQ 聊天窗口

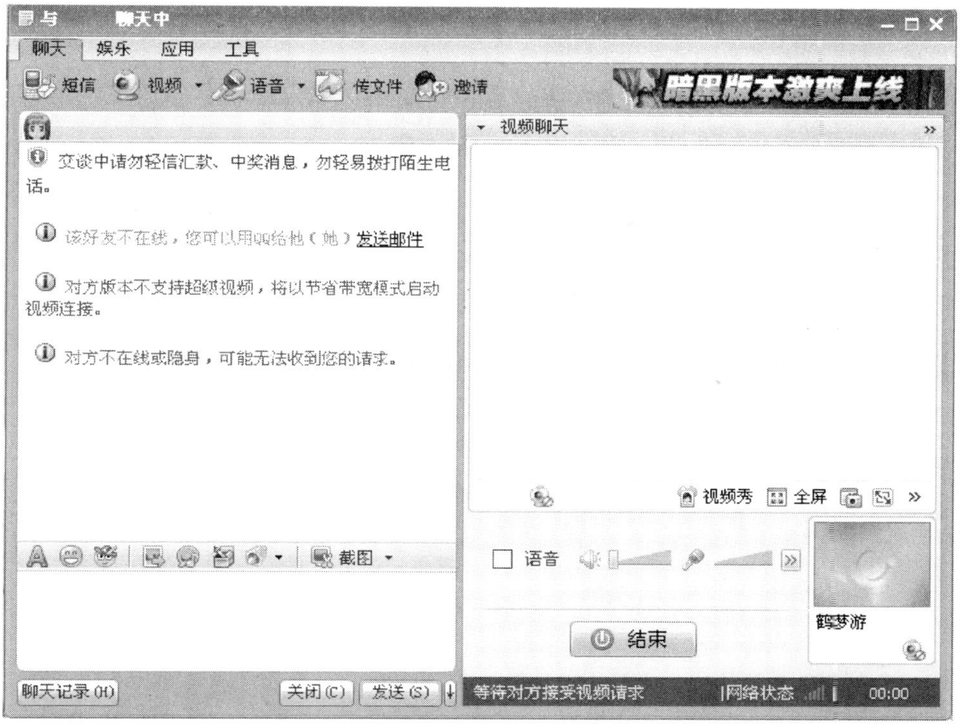
与 聊天中
聊天 娱乐 应用 工具
短信 视频 语音 传文件 邀请
暗黑版本激爽上线
视频聊天
交谈中请勿轻信汇款、中奖消息，勿轻易拨打陌生电话。
该好友不在线，您可以用QQ给他（她）发送邮件
对方版本不支持超级视频，将以节省带宽模式启动视频连接。
对方不在线或隐身，可能无法收到您的请求。
视频秀 全屏
截图
语音
鹤梦游
结束
聊天记录(H) 关闭(C) 发送(S)
等待对方接受视频请求 网络状态 00:00

图 8-43　QQ 视频聊天窗口

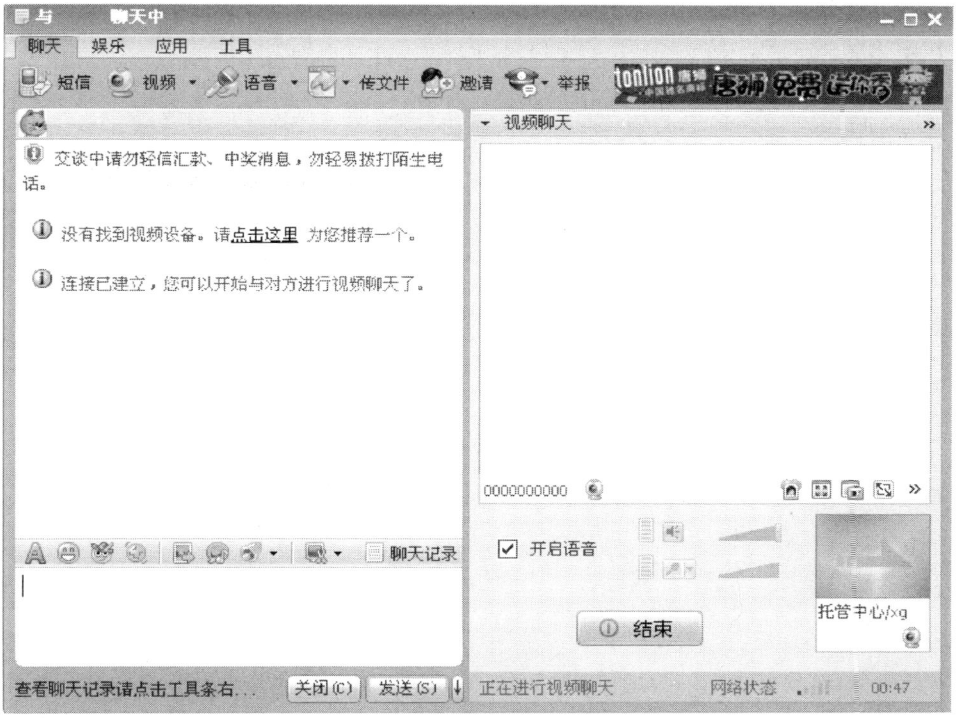
与 聊天中
聊天 娱乐 应用 工具
短信 视频 语音 传文件 邀请 举报
视频聊天
交谈中请勿轻信汇款、中奖消息，勿轻易拨打陌生电话。
没有找到视频设备。请点击这里 为您推荐一个。
连接已建立，您可以开始与对方进行视频聊天了。
0000000000
聊天记录
开启语音
托管中心/xg
结束
查看聊天记录请点击工具条右... 关闭(C) 发送(S)
正在进行视频聊天 网络状态 00:47

图 8-44　QQ 视频聊天成功连接

8.5.3 发送资料

您还可以按照以下步骤通过 QQ 软件为好友传送资料。

步骤 1：打开好友的聊天窗口，然后选择传送文件，如图 8－45 所示。

图 8－45　QQ 文件发送窗口

步骤 2：选择直接发送，软件会打开本地文件选择的窗口，选择要传送给好友的文件打开，如图 8－46 所示。

图 8－46　文件选择窗口

步骤 3：对方点击接受后，文件即开始传送，如图 8－47 所示。

图 8－47　发送文件传输请求

传输结束后，界面如图8-48所示。这样您就完成了给好友的文件传送了。

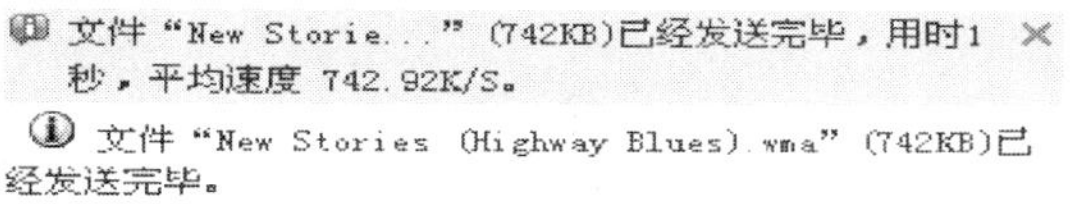

图8-48　文件传送完毕

上面详细介绍了网络聊天工具QQ的即时聊天、查看聊天记录、视频语音聊天以及传送文件等功能，这些功能为您结识新朋友、联系老朋友提供了非常便捷的方式，当然QQ的功能并不止这些，您还可以利用它发送手机短信、建立QQ群、在线玩游戏等，您可以在以后的使用中逐步探索、感受网络互动的快乐。

参考文献

[1] 超级容易学电脑编委会．电脑入门．北京：机械工业出版社，2006.

[2] 时代科技．无师自通——电脑入门篇．北京：人民邮电出版社，2004.

[3] 祁慧．畅通无阻电脑课堂——电脑快速入门篇．北京：中国电力出版社，2005.